权威·前沿·原创

皮书系列为

“十二五”“十三五”国家重点图书出版规划项目

广州市社会科学院　等／编

广州国际商贸中心发展报告（2019）

GUANGZHOU INTERNATIONAL BUSINESS CENTER DEVELOPMENT REPORT (2019)

主　　编／张跃国　刘晨辉　荀振英
副 主 编／杨再高　曹智聪　孙保平
执行主编／何　江　魏　颖

社会科学文献出版社
SOCIAL SCIENCES ACADEMIC PRESS (CHINA)

图书在版编目（CIP）数据

广州国际商贸中心发展报告．2019 / 张跃国，刘晨辉，荀振英主编．-- 北京：社会科学文献出版社，2019.6
（广州蓝皮书）
ISBN 978 - 7 - 5201 - 4920 - 4

Ⅰ．①广…　Ⅱ．①张…　②刘…　③荀…　Ⅲ．①国际贸易中心 - 发展 - 研究报告 - 广州 - 2019　Ⅳ．①F752.865.1

中国版本图书馆 CIP 数据核字（2019）第 102127 号

广州蓝皮书
广州国际商贸中心发展报告（2019）

主　　编 / 张跃国　刘晨辉　荀振英
副 主 编 / 杨再高　曹智聪　孙保平
执行主编 / 何　江　魏　颖

出 版 人 / 谢寿光
责任编辑 / 丁　凡
文稿编辑 / 赵智艳

出　　版 / 社会科学文献出版社 · 城市和绿色发展分社（010）59367143
地址：北京市北三环中路甲 29 号院华龙大厦　邮编：100029
网址：www.ssap.com.cn
发　　行 / 市场营销中心（010）59367081　59367083
印　　装 / 天津千鹤文化传播有限公司

规　　格 / 开 本：787mm × 1092mm　1/16
印 张：21.25　字 数：318 千字
版　　次 / 2019 年 6 月第 1 版　2019 年 6 月第 1 次印刷
书　　号 / ISBN 978 - 7 - 5201 - 4920 - 4
定　　价 / 128.00 元

《广州国际商贸中心发展报告（2019）》编辑委员会

主要编撰者简介

张跃国 文学学士，法律硕士，现任广州市社会科学院党组书记、院长，广州大学客座教授。研究专长为城市发展战略，创新发展，传统文化。主持或参与中共广州市委九届四次会议以来历届全会和党代会报告起草、广州市“十三五”规划研究编制、广州经济形势分析与预测研究、广州城市发展战略研究、广州南沙新区发展战略研究和规划编制，以及市委、市政府多项重大政策文件制定起草。

刘晨辉 广州市商务局党组书记、局长。曾任荔湾区团委书记、区委常委、副区长兼白鹅潭管委会党组书记、主任等职务，在城市规划建设、商旅文融合发展方面具有丰富的实践经验。

荀振英 广州商业总会会长，广百集团原董事长、总经理，“一带一路”国际商会协作联盟筹备组执行组长，高级经济师，中国社会科学院特聘导师，暨南大学兼职教授。广州商贸业的领军人物，先后获得“广州市劳动模范”“广东省五一劳动奖章”“广州新闻人物”“广东省企业文化建设十大风云人物”“中国零售业年度人物”“中国广州最具社会责任感企业家”等殊荣。

杨再高 博士、研究员，现任广州市社会科学院副院长。广州市政府决策咨询专家，广州市优秀中青年社会科学工作者。主要从事区域经济学、区域与城市发展战略规划、开发区发展与规划、产业发展规划等研究。合作出版著作8部，在《经济地理》《南方经济》《农业经济问题》等刊物上发表论文近100篇；主持和参与完成课题多项。

曹智聪 广州市商务局巡视员。长期在经济领域第一线工作，先后在广州市国际投资促进中心、广州市对外贸易经济合作局、广州市商务局担任领导职务，有丰富的经济管理工作经验，熟悉内贸、外贸、利用外资和对外投资等领域并有深入研究。

孙保平 广州商业总会驻会副会长。负责广州商业总会宣传策划和信息工作，会刊《广州商业》主编。曾先后组织编撰《广州——千年商都》丛书、《使命·责任——广州商贸企业社会责任优秀案例选编》，配合政府有关部门策划承办“广州建设国际商贸中心高峰论坛”，组织对近30家广州企业调研并撰写了《广州企业社会责任调研报告》，连续5年策划举办广州商业摄影大赛，等等。

何　江 现任广州市社会科学院现代市场研究所所长，副研究员。主要从事应用经济学研究，研究领域包括产业经济学、数量经济学、流通经济学等。从事经济学研究工作以来，主持和参与省、市各类课题数十项，公开发表论文20余篇，研究成果曾获广东省哲学社会科学二等奖和广州市哲学社会科学二等奖。

魏　颖 广州市社会科学院现代市场研究所经济学副研究员。主要研究城市经济、现代服务业和商贸流通业等相关领域。出版专著两部，参与编撰图书4部，在国内核心期刊公开发表论文20多篇。近三年主持省、市级社科规划委托课题6项，承担和参与各级政府委托的应用决策研究课题60多项，10余项决策咨询课题获得广州市委、市政府领导正面批示。

摘 要

2018 年广州商贸业稳步增长，国际商贸中心功能进一步增强。社会消费品零售总额 9256.2 亿元，连续 31 年稳居全国内地城市第三位，同比增长 7.6%；批发零售业商品销售总额 65140.8 亿元，增长 11.7%，增速在京津沪穗深五大城市中与上海并列第一。实体零售商业发展势头良好，消费对经济发展的基础性作用增强。电子商务保持全国领先地位，跨境电商规模全国排名第二。会展业展览面积达 1020 万平方米，位居全国第二。货物贸易进出口总值增长 1.0%，贸易新业态、新模式快速发展，跨境电商总体规模和市场采购规模居全国第二位。专业批发市场有所回暖，正在向展贸化、电子商务、众创空间和商业综合体方向发展。餐饮业继续保持稳步增长态势，转型创新步伐加快，"食在广州"知名度显著提升。国际物流功能进一步增强，港口集装箱吞吐量达 2191.18 万标箱，排名上升至世界第五位。商贸流通改革创新走在全国前列，南沙制度创新指数连续两年排名全国前三，其中"贸易便利化"指数蝉联全国第一。

2019 年，广州国际商贸中心建设面临错综复杂的国内外环境和一系列不确定因素，同时也有诸多发展机遇和有利条件：当前中国经济结构正经历深刻调整，经济增长从以投资驱动为主开始转向以消费拉动为主；"一带一路"建设深入推进，全面对外开放新格局加快形成；全面增强广州国际商贸中心功能被纳入粤港澳大湾区建设大局。预计 2019 年广州社会消费品零售总额增长 7.0%，达 9891.89 亿元；商品进出口总值增长 5.9%，达 10533.48 亿元。

为了更好地服务新时代广州全面增强国际商贸中心功能，着力建设国际大都市的战略举措，2019 年，编辑部将《广州商贸业发展报告》更名为

《广州国际商贸中心发展报告》，更名后的报告将更加关注城市发展的战略性、体系性、全局性问题，从更高层次、更高目标上研究广州国际商贸中心高质量发展问题及广州在全球城市网络中的角色定位。该报告作为“广州蓝皮书”系列之一，是由广州市社会科学院、广州市商务局、广州商业总会联合组织编撰，由社会科学文献出版社出版，列入“中国皮书”系列并在全国公开发行，每年编辑出版一册。本书是政府工作人员、广大科研工作者以及社会公众了解广州国际商贸中心发展情况和发展趋势的重要参考读物，也是专家学者、业界行家探讨广州国际商贸中心发展、总结经验、相互交流的重要平台。

《广州国际商贸中心发展报告（2019）》由九大部分组成，分别为总报告、综合篇、贸易篇、消费篇、会展篇、物流篇、环境篇、大事记、历年商贸业发展指标。全书共收录了广州地区和国内外有关科研机构、高等院校和政府及业界专家学者相关研究报告或论文20多篇，共30万字左右。本书从多个视角探讨了广州建设国际商贸中心的发展战略，全方位展现了2018年广州国际商贸中心发展的基本情况、特点、亮点，并在多维度分析影响因素的基础上展望2019年广州国际商贸中心的发展趋势。

关键词： 国际商贸中心　国际大都市　广州

Abstract

In 2018, Guangzhou Business Industry had stable development, and the International Trade Center function was further enhanced. The total retail sales of consumer goods was CNY 925.62 billion and took the third place in various cities in China for a continuous 31 years. The year-on-year growth was 7.6% and the growth rate ranked the 4th with Shenzhen in the eight major cities of Beijing, Tianjin, Shanghai, Chongqing, Guangzhou, Shenzhen, Suzhou and Hangzhou. The total sales volume of wholesale and retail products was CNY 6514.08 billion, with an increase of 11.7%. The growth rate ranked the 1st with Shanghai in the five major cities of Beijing, Tianjin, Shanghai, Guangzhou and Shenzhen. The physical retail business had a good momentum of development, and the fundamental role of consumption in economic development increased. Its e-business maintained a leading role in the world and its cross-border e-commerce scale ranked the 2nd in the world. The exhibition area of the exhibition industry reached 10200000 m2, taking the second place in the world. The total import and export value of the product grew by 1.0%. the new business format and mode had rapid development. The overall scale of cross-border e-commerce and market purchase scale took the second place in the world. The specialized wholesale market warmed up, and was developing in the direction of exhibition trading, e-commerce, maker space and commercial complex. The catering industry continued to maintain a stable growth trend and accelerate the transformation and innovation steps. The popularity of "eating in Guangzhou" was promoted significantly. The logistics function of the city was further enhanced, the container handling capability reached 21911800 TEU, and the ranking rose to the 5th in the world. Its reform and innovation on trade circulation was leading in the world. The system innovation index of Nansha took the 3rd place in the world for a continuous 2 years, in which, the "trade convenience" index continued to be the

1st place in China. In 2019, the construction of Guangzhou International Business Center faces complicated domestic and international environments and a series of uncertain factors, as well as many development opportunities and favorable conditions: the present China's economic structure is undergoing profound adjustment, the economy is transforming from high-speed growth to high-quality development, the economic growth is conveying from investment-oriented to consumption-driving, the "B&R" construction promotes the accelerated formation of the comprehensive open-up new pattern and enhances Guangzhou International Business Center function to be included into the general situation of Guangdong-Hong Kong-Macau Greater Bay Area construction. After model calculation, the research group predicts that the total retail sales of consumer goods in 2019 will grow 7.0%, reaching CNY 989.189 billion; the growth of the merchandise exports and imports will be 5.9%, reaching CNY 1053.348 billion.

In order to better serve Guangzhou city development strategy, the editorial office renames *Guangzhou Commerce and Industry Report* into *Guangzhou International Business Center Development Report*, pays more attention to the strategic, systematic and overall problems of the city development, study Guangzhou commerce and trade functional development problems, role and position of Guangzhou in global city network from a higher level and objective. As one of *Guangzhou Blue Book* series, the report is compiled under the joint organization of Guangzhou Academy of Social Sciences, Guangzhou Bureau of Commerce and Guangzhou Business Association, published by Social Sciences Academic Press, listed in "China Red Data Book" series and published in public throughout China. One volume is edited and published every year. This book is an important reference reading book for government staffs, vast science researchers and social public to comprehend the construction and development conditions, characteristics and trends of Guangzhou International Business Center, and one important platform for specialists and scholars, experts of the industry to discuss the development of Guangzhou International Business Center, summarize experience and have mutual communication.

Guangzhou International Business Center Development Report (2019) is constituted by nine parts, which are respectively general report, comprehensive page, consumption, trade, exhibition, logistics, environment, great event and historical business index. The book contains more than 20 research reports or papers of experts and scholars from scientific research institutions, colleges and universities and government and industry in Guangzhou and around the world, having a total of about 300000 words. This book explores the development strategy of Guangzhou International Business Center from multiple perspectives, shows the basic situation, characteristics and highlights of the development of Guangzhou International Business Center in 2018, expects the development trend of Guangzhou International Business Center in 2019 on the basis of analyzing the influential factors from multiple dimensions.

Keywords: International Trade Center; International Metropolis; Guangzhou

目录

Ⅰ 总报告

Ⅱ 综合篇

Ⅲ 贸易篇

Ⅳ 消费篇

Ⅴ 会展篇

Ⅵ 物流篇

Ⅶ 环境篇

Ⅷ 大事记

Ⅸ 附录

皮书数据库阅读使用指南

CONTENTS

Ⅰ General Report

Ⅱ Comprehensive Reports

Ⅲ Trade Reports

Ⅳ Consumption Reports

Ⅴ Exhibition Reports

Ⅵ Logistics Reports

Ⅶ Environment Reports

Ⅷ Key Events

Ⅸ Appendix

总　报　告

General Report

B.1
2018年广州国际商贸中心发展形势分析与2019年展望

何　江　魏　颖　张小英*

摘　要： 2018年广州商贸业稳步增长，国际商贸中心功能进一步增强。社会消费品零售总额9256.2亿元，连续31年稳居全国内地城市第三位，同比增长7.6%；批发零售业商品销售总额65140.8亿元，增长11.7%，在京津沪穗深五大城市中增速与上海并列第一。实体零售商业发展势头良好，消费对经济发展的基础性作用增强。电子商务保持全国领先地位，跨境电商规模全国排名第二。会展业展览面积达1020万平方米，位居全国第二。货物贸易进出口总值增长1.0%，贸易

* 何江，广州市社会科学院现代市场研究所所长，经济学副研究员；魏颖、张小英，广州市社会科学院现代市场研究所经济学副研究员。

新业态、新模式快速发展，跨境电商总体规模和市场采购规模居全国第二。专业批发市场有所回暖，正在向展贸化、电子商务、众创空间和商业综合体方向发展。餐饮业继续保持稳步增长态势，转型创新步伐加快，“食在广州”知名度显著提升。国际物流功能进一步增强，港口集装箱吞吐量达2191.18万标箱，排名上升至世界第五位。商贸流通改革创新走在全国前列，南沙制度创新指数连续两年排名全国前三，其中“贸易便利化”指数蝉联全国第一。2019年，广州国际商贸中心建设面临错综复杂的国内外环境和一系列不确定因素，同时也有诸多发展机遇和有利条件：当前中国经济结构正经历深刻调整，经济由高速增长向高质量发展转变，经济增长以投资驱动为主开始转向以消费拉动为主，“一带一路”建设推动全面对外开放新格局加快形成，全面增强广州国际商贸中心功能纳入了粤港澳大湾区建设大局。预计2019年广州社会消费品零售总额增长7.0%，达9891.89亿元；商品进出口总值增长5.9%，达10533.48亿元。

关键词： 商贸业　国际商贸中心　形势分析　未来展望　广州

一　2018年广州国际商贸中心发展情况分析

2018年是全面贯彻党的十九大精神的开局之年和改革开放40周年，面对复杂的国内外形势，广州深入贯彻落实习近平新时代中国特色社会主义思想、对广东重要讲话和重要指示批示精神，按照高质量发展要求，有序推进商贸领域供给侧结构性改革，加快商贸新旧功能转换，商贸业呈现良好发展态势，国际商贸中心功能进一步增强。

（一）商贸综合实力显著提升，国际商贸中心功能进一步增强

1. 商贸总体规模平稳较快增长

2018 年，广州商贸业规模实现平稳较快增长，商贸综合实力显著提升。全年实现社会消费品零售总额 9256.2 亿元，规模连续 31 年稳居全国内地各大城市第三位，同比增长 7.6%，增速在京津沪渝穗深苏杭八大城市中与深圳并列第四位，高于北京（2.7%）、天津（1.7%）、苏州（7.4%），低于上海（7.9%）、重庆（8.7%）和杭州（9.0%）。广州占全省社会消费品零售总额的比重（23.4%）、对全省社会消费品零售总额的拉动力（1.8 个百分点）均继续位居全省第一。批发零售业商品销售总额 65140.8 亿元，较上年增长 11.7%，增速低于上年 0.3 个百分点，在京津沪穗深五大城市中，与上海持平，高于北京、天津、深圳。货物贸易进出口总值为 9810.1 亿元人民币，增长 1.0%；其中出口 5607.5 亿元，下降 3.2%；进口 4202.6 亿元，增长 7.1%。

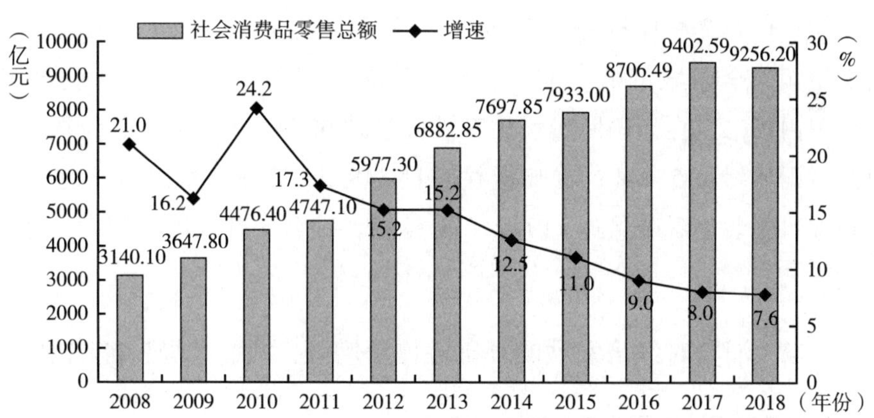

图 1　2008～2018 年广州社会消费品零售总额及增速情况

资料来源：根据《广州统计年鉴》（2009～2018 年）、《2018 年广州国民经济和社会发展统计公报》整理，2018 年统计调数。

2. 主要商贸指标继续位居国内前列

与全国内地主要中心城市比较，广州主要商贸指标继续位居全国前

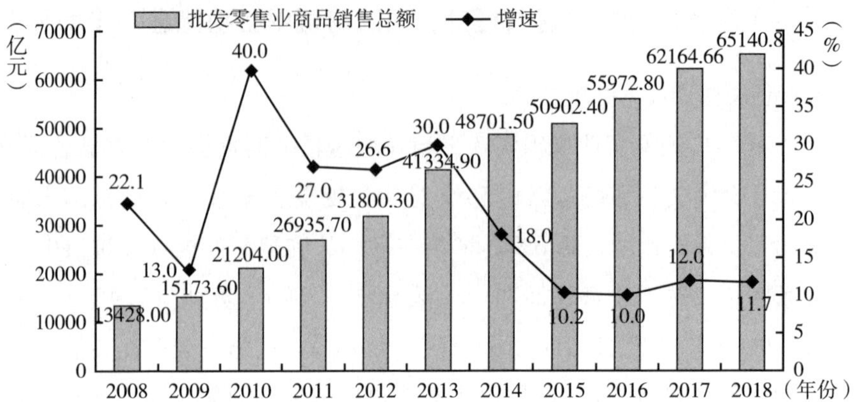

图2　2008～2018年广州批发零售业商品销售总额及增速情况

资料来源：根据《广州统计年鉴》（2008～2018年）、《2018年广州国民经济和社会发展统计公报》整理。

列，国际商贸中心功能进一步增强。2018年，广州社会消费品零售总额仅次于北京和上海，比重庆多486.63亿元，与天津、深圳、苏州等城市相比，广州继续保持超过3000亿元的领先优势。广州人均社会消费品零售额居全国城市第一位。广州会展业展览面积达1020万平方米，位居国内第二。白云国际机场旅客吞吐量达6974.32万人次，位居全国第三，同比增长5.9%；货邮行吞吐量249.33万吨，同比增长6.6%。广州港口集装箱吞吐量达2191.18万标箱，排名上升至国内第四、全球第五。

（二）消费对经济发展的基础性作用增强，消费升级特征明显

1. 消费对经济发展的基础性作用增强

2018年，广州批发和零售业、住宿和餐饮业共实现增加值3752.87亿元，同比增长3.7%，占全市GDP的比重为16.4%，对全市GDP增长的贡献率为11.1%，比2017年（10.3%）提高0.8个百分点。批发和零售业、住宿和餐饮业全年完成税收收入748.43亿元，同比增长6.2%，占全市税收收入的13.7%。消费品市场平稳健康运行，有力地推动了旅

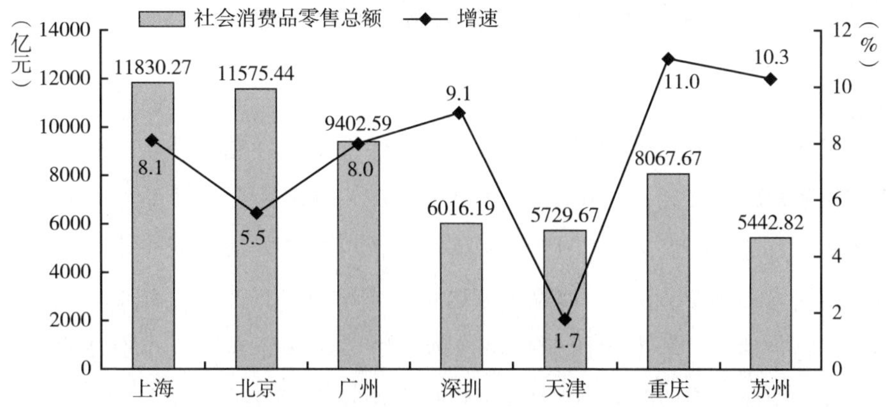

图3　2018 年国内主要城市社会消费品零售总额及增速情况

资料来源：根据北京、上海、天津、重庆、广州、深圳等市《2018 年国民经济和社会发展统计公报》整理。2018 年重庆、天津社会消费品零售总额根据 2017 年社会消费品零售总额 ×（1 +2018 年同比增速）估算而得。

游、快递、会展、物流等相关行业发展。全年城市接待过夜旅游者人数达6532.55 万人次，旅游业实现总收入 4008.19 亿元，同比分别增长 4.1% 和 10.9% 。

2. 消费市场结构持续优化

2018 年，广州实体零售商业发展势头良好，全市有店铺零售增速整体上有所提升，限额以上有店铺零售业零售额 2331.27 亿元，同比增长 7.0% ，增速比 2017 年提高 3.5 个百分点。其中，专卖店、专业店零售额分别为 894.76 亿元和 883.25 亿元，同比增长 9.6% 和 8.6% ，增速分别比 2017 年提高 1.9 个和 7.1 个百分点。限额以上零售业大型超市零售额 175.39 亿元，同比下降 3.5% 。限额以上百货店零售额 242.87 亿元，同比增长 1.1% 。消费商品结构趋向品质化，消费升级特征明显。品质类商品增势良好，化妆品类增长 12.0% ，通信器材类增长 16.5% ，文化办公用品类零售由降转增，消费品结构持续优化升级，消费升级特征明显。刚需类商品零售额快速增长，日用品类、粮油食品类、中医药类、穿戴类分别较上年增长 23.4% 、23.1% 、22.7% 和 8.3% 。

（三）电子商务平稳发展，跨境电商规模全国第二

1. 电子商务保持全国领先地位

2018 年广州电子商务平稳发展，继续保持全国领先地位。广州网上商店零售额 903.6 亿元，同比增长 15.4%，高于全市社会消费品零售总额增速 7.8 个百分点，增速比 2017 年回落 3.9 个百分点，增速低于全国网上零售额增速（23.9%），与上海网上商店零售额增速（15.8%）相差不大。在网络购物带动下，全市快递业快速发展，快递业务量连续五年保持全国第一，并首次突破 50 亿件，达 50.64 亿件，增长 28.8%。2018 年“双十一”投递快递量排名前十城市榜单显示，广州日寄发快件量位居榜首，日投递快递量位居第三。

2. 跨境电商规模全国排名第二

自 2016 年 1 月获国务院批复成为跨境电子商务综合试验区以来，广州跨境电商呈快速发展态势。2018 年，广州跨境电商进出口 246.80 亿元，同比增长 8.4%，占全市进出口的比重为 2.5%，进出口额排名全国第二（仅次于东莞）。其中出口 48.80 亿元，下降 35.6%；进口 198.00 亿元，增长 30.4%，进口额排名全国第一。目前，广州已开展网购保税进口（B2B2C）、直购进口（B2C）和零售出口（B2C）等跨境电商业务，是全国跨境电商业务模式最齐全的城市，并形成了海、陆、空、邮齐头并进的局面。广州进一步完善国际贸易“单一窗口”跨境电商公共服务平台建设，2018 年通过平台累计申报进出口 10022.4 万份清单，同比增长 165.3%，其中进口 5292.6 万份清单，增长 54.6%；出口 4729.8 万份清单，增长 1233.2%。其中“双十一”进出口申报达到 378.4 万份清单，同比增长 74%。

（四）展览品牌继续做大做强，国际会议快速发展

1. 会展业规模稳中有升

2018 年广州会展业景气程度持续回升，展览规模稳中有升，呈现出良

好发展态势。重点场馆共举办展览 628 场，同比增长 23.0%；展览面积达 1020 万平方米，同比增长 3.1%，展览规模继续位居全国第二。近年来广州持续加大对会展业的支持力度，不断优化会展营商环境，加大品牌展会引进和培养力度，促使品牌展会体量不断扩大。2018 年首次在广州举办的展览项目 24 个，展览面积达 36.95 万平方米，其中首届举办展览项目 15 个，新引进展览项目 9 个。

2. 品牌展览继续做大做强

广州展览行业规模化、品牌化水平显著提升，国际和国内影响力显著增强。截至 2018 年底，5 万平方米以上的大型特大型展览 42 场，比 2017 年增加 7 场，展览面积达 734.04 万平方米，占全年展览面积的 72%；广州举办超过 10 年以上品牌展会 81 场，其中 30 年及以上品牌展会 10 场；20（含）至 30 年品牌展会 26 场；10（含）至 20 年品牌展会 45 场。根据《进出口经理人》杂志公布的《2018 年世界商展 100 大排行榜》（2018 年第 7 期），广州有 4 个展览入围，比上年增加 1 个，表明广州品牌展览的国际影响力有所增强。其中，中国（广州）国际建筑装饰博览会首次进入世界商展 100 大榜单，展览面积达 39.36 万平方米，在 100 大榜单中位列世界第四、中国第一。同时，广州积极引进和培育会展新品牌，2018 年成功举办了中国广州国际电子消费品及家电品牌展（CECHINA）、博古斯世界烹饪大赛中国区和亚太区选拔赛、第七届中国饭店文化节暨世界级城市群饭店餐饮合作大会、世界职业教育大会暨展览会、第 80 届全国药品交易会、第 76 届全国摩托车及配件展示交易会、中国会展教育合作创新大会等一系列品牌展会，进一步提升了广州会展业的竞争力。

3. 国际会议保持快速发展势头

近年来，广州围绕建设国际交往中心的战略目标，持续优化国际会议发展的软硬件环境，主动承接和吸引国际会议及各类高端行业会议，使广州作为国际会议目的地城市的吸引力进一步增强。2018 年，广州举办会议 8416 场次，同比增长 8.3%，其中国际会议 66 场次。2018 年，广州成功举办了被誉为全球民航界“奥运会”和“世博会”的世界航线发展大会，来自全球约110个国家的300多家航空公司、700多家机场管理机构、130多家政府及旅游机构，共3500多名代表参会。同期举办了广州旅游推介会、一对一会谈、城市观光游及民俗文艺演出等系列活动，扩大了世界航线发展大会的辐射影响力。2018年广州还举办了广州国际传播圆桌会、中国广州国际投资年会、从都国际论坛等一系列国际会议，这些国际会议展示了广州良好的国际形象，增强了广州国际交往中心功能。另外，2019年世界港口大会、2020年世界大都市协会世界大会等众多高端国际会议已确定在广州举办，这将有助于集聚更多的优质国际会议资源，进一步增强广州作为国际会议目的地的吸引力。

（五）货物贸易表现平稳，服务贸易持续增长

1. 货物贸易平稳增长

2018年广州实现进出口商品总额9810.2亿元，增长1.0%，其中出口5607.6亿元，下降3.2%；进口4202.6亿元，增长7.1%。进出口和出口增速低于国内主要城市，进口增速高于上海（6.4%）、天津（3.8%），低于北京（24.1%）、深圳（19.4%）、重庆（12.5%）、杭州（11.8%）。从贸易方式来看，一般贸易平稳增长，增速达7.5%，占比上升到46.9%；加工贸易持续下滑，增速下降3.3%，占比下降到27.1%。外贸新业态加快发展，市场采购成出口新动力，2018年广州市市场采购出口1580.90亿元，居全国第二位（仅次于义乌），同比增长155.7%，占同期广州外贸总值的16.1%。跨境电商进出口额246.80亿元，同比增长8.4%，跨境电商总体规模排名全国第二。从贸易的空间格局来看，广州初步形成了面向全球的贸易网络，外贸的多元化发展格局明显，与“一带一路”沿线国家贸易往来活跃，全年与沿线国家贸易额达2463.5亿元，占全市进出口总额的25.1%。

2. 机电产品、高新技术产品进口比重提升

近年来，广州进出口产品结构不断优化，高附加值、高技术含量产品越

表 1　2018 年广州货物对外贸易对比

单位：亿元，%

地区	进出口		出口		进口	
	金额	增速	金额	增速	金额	增速
全国	305050. 40	9. 7	164176. 70	7. 1	140873. 70	12. 9
广东	71618. 30	5. 1	42718. 30	1. 2	28900. 00	11. 3
北京	27182. 47	23. 9	4878. 54	23. 0	22303. 93	24. 1
上海	34009. 93	5. 5	13666. 85	4. 2	20343. 08	6. 4
天津	8077. 01	5. 6	3207. 16	8. 6	4869. 85	3. 8
广州	9810. 2	1. 0	5607. 58	-3. 2	4202. 57	7. 1
深圳	29973. 89	7. 0	16270. 19	-1. 6	13703. 70	19. 4

资料来源：根据中国统计局网站、广东省统计局、广州统计信息网数据整理。

来越成为进出口主导产品。2018 年，受中美贸易摩擦等因素影响，机电产品与高新技术产品出口额同比回落，占出口总额比重也有所下降。机电产品出口总额 427. 31 亿美元，同比下降 2. 7%，占出口总额的 50. 36%；高新技术产品出口 133. 01 亿美元，同比下降 10. 6%，占出口总额的 15. 44%。从进口来看，机电产品与高新技术产品进口额增长明显，占进口总额比重也实现不同程度的提升。机电产品和高新技术产品进口额分别增长 17. 8% 和 13. 5%，占比为 47. 07% 和 28. 27%，较 2017 年上升 3. 17 个百分点和 0. 88 个百分点。

表 2　2012 ~ 2018 年广州进出口产品结构变化

单位：亿美元，%

年份	出口总额	机电产品		高新技术产品		进口总额	机电产品		高新技术产品	
		金额	比重	金额	比重		金额	比重	金额	比重
2012	589. 12	309. 42	52. 52	112. 73	19. 14	582. 19	259. 31	44. 54	161. 91	27. 81
2013	628. 07	311. 48	49. 59	107. 20	17. 07	560. 82	236. 27	42. 13	142. 78	25. 46
2014	727. 15	357. 94	49. 22	126. 66	17. 42	578. 85	255. 45	44. 13	160. 75	27. 77
2015	811. 90	411. 69	50. 71	137. 61	16. 95	527. 30	238. 39	45. 21	151. 86	28. 80
2016	786. 10	407. 99	51. 90	140. 79	17. 91	510. 99	221. 72	43. 39	137. 35	26. 88
2017	853. 16	439. 38	51. 50	146. 32	17. 15	579. 17	254. 26	43. 90	158. 63	27. 39
2018	848. 51	427. 31	50. 36	133. 01	15. 44	636. 32	299. 52	47. 07	179. 89	28. 27

资料来源：根据广州海关广州地区历年进出口简报数据整理。

3. 服务贸易持续增长

2018 年，广州服务贸易继续保持增长势头，服务贸易进出口额达 480.95 亿美元（2013 年调整后统计口径），同比增长 5.13%，占对外贸易比重的 24.47%。其中，出口 177.04 亿美元，同比增长 1.40%；进口 303.91 亿美元，同比增长 7.43%。广州作为国家服务贸易创新发展试点城市，积极推进服务贸易创新发展，形成了多项可复制推广的经验和模式，包括服务贸易“单一窗口”建设、进出境生物材料便捷通关、航运监管模式、创新融资租赁模式等。

（六）专业批发市场有所回暖，转型升级有序推进

1. 部分专业批发市场开始回暖

近年来，受电子商务冲击、其他地区竞争和消费者偏好变化的影响，广州专业市场整体经营状况逐步恶化。进入 2018 年，随着实体商业回暖和专业市场自身竞争力增强，一些专业市场的景气状况开始触底回升，其中部分服装专业市场经营状况明显好转。以益民服装城为例，该服装城位于广州三大服装批发市场之一的沙河服装批发市场①，共有 3000 多个商铺。从 2013 年开始，益民服装城的交易额大幅下降，商户经营陷入困境。2018 年经营情况有所好转，商铺出租率达到较高水平，空置率仅为 5%。究其原因，除了宏观经济环境改善和实体商业回暖之外，市场商户越来越注重品牌培育，品牌开发和设计能力增强，服装档次提高也是重要原因。目前，益民服装城的商户以品牌厂商为主，占到了全部商户的 80% 以上。

2. 专业批发市场转型升级有序推进

近年来，广州市高度重视专业批发市场转型升级工作，采取升级硬件设施、提升品牌形象、搭建电商平台、调整市场业态等措施，有计划、有组织、有步骤地推动专业批发市场转型升级。2018 年，广州按照“一市一策”

① 广州三大服装批发市场是沙河、火车站和十三行。其中沙河批发市场实际上是由多个较小的服装批发市场或服装城组成的，益民服装城是其中较大的一个。

的原则，继续分类推动专业批发市场转型升级和有序疏解，中心城区一批专业批发市场向展贸化、电子商务、创客空间和商业综合体的方向转型。越秀区优衣仕九龙国际时装城引入韩国东大门时装设计品牌，天河电脑城建设融合电子竞技、游戏开发、产品体验于一体的众创空间和科技孵化器，白云区安华汇通过“三旧”改造将建材批发市场建设成“家居＋生活”驱动双核MALL项目，番禺区雄峰城由建材批发市场转型改建为“家居市场＋日常消费”商业综合体。荔湾黄沙水产市场、花地湾花鸟鱼虫市场等专业批发市场则启动搬迁，越秀区关闭了3家“三不”（不规范、不合法、不安全）专业市场。

（七）餐饮业高质量发展，“食在广州”知名度显著提升

1. 餐饮业继续保持稳步增长态势

广州餐饮业继续呈现稳步增长态势，2018年实现零售额1092.14亿元，同比增长6.0%，增速比2017年提高0.6个百分点，拉动全市社会消费品零售总额增长0.7个百分点。餐饮业零售额占全市社会消费品零售总额的比重为11.8%，比2017年（11.3%）提高0.5个百分点。广州人均年餐饮消费额超过7300元，居国内大城市首位。广州人均餐饮消费支出连续多年保持全国第一，旺盛的需求为进一步擦亮以岭南文化为底蕴、以粤菜为标志的“食在广州”城市名片奠定了坚实基础。2018年，广州加大了粤菜饮食文化宣传推广力度，举办粤菜发展论坛、粤菜世界文化周等系列活动，推动广州早茶文化、粤菜烹饪技艺等传统文化成功申遗，深入挖掘老字号品牌的文化内涵及经济价值，促进粤菜产业不断发展壮大。2018年底，广州拥有粤菜餐饮门店近12000家，占全国粤菜门店数量的1/8，拥有大湾区1/4的粤菜企业。

2. 餐饮业转型创新步伐加快

2018年广州餐饮企业转型创新步伐加快，向产业化、品牌化、数字化、连锁化方向发展。以广州酒家、半岛餐饮为代表的餐饮企业通过探索中心厨房配送、建设食品产业化生产基地等创新举措，产业化经营趋势明显，经营

业态更加丰富。华集团、陶陶居、莲香楼、黄埔华苑等餐饮企业通过产业化生产、技术化改造和品牌化推广，加快企业餐饮食品产业化步伐，取得较好的市场业绩。粥家庄、客语等老字号餐饮品牌，则加快互联网改造和数字化升级。餐饮业互联网应用推广进一步深化，网络餐饮消费方式日益盛行，全市限额以上住宿和餐饮业通过公共网络实现的餐费收入同比增长 62.4%。餐饮企业连锁化发展速度加快，耀华集团致力打造“鹅仔饭店”连锁餐饮品牌，闻道、新版鹅仔、岭南真味入驻 K11，都城、真功夫等品牌快餐连锁企业通过食品工业化生产，主打单位团餐、社区快餐和白领工作餐市场，取得了较好的市场反响。

3. 餐饮业国际知名度显著提升

2018 年首版《米其林指南·广州》成功发布，共有 63 家餐厅成功入选，其中 8 家餐厅获得一星评级①。广州成为中国大陆第 2 个、全球第 32 个拥有《米其林指南》的城市，这有助于广州餐饮业的国际化进展，进一步擦亮“食在广州”文化品牌。广州成功举办世界美食城市联盟春季会议、广州国际美食节、全球餐饮产业大会、博古斯烹饪大赛亚太区预选赛等国际性活动，多渠道、立体化宣传广州美食文化，促进“食在广州”国际知名度显著提升。广州国际美食节期间，雄峰城中心会场共设置展位 290 个，其中美食展位 152 个；会场展位面积 6.5 万平方米，较 2017 年翻一番；入场人数达 81 万人次，消费额达 1.57 亿元；番禺区“一主五辅”会场入场人数达 94.53 万人次，消费额约 1.72 亿元。

（八）物流业稳步增长，城市物流功能进一步增强

2018 年广州全年货运量 13.13 亿吨，同比增长 8.8%，增速比 2017 年（11.8%）下降 3 个百分点。全年货运周转量 21487.22 亿吨千米，增长 1.07%，增速较上年（39.2%）大幅放缓。白云机场货邮行吞吐量 249.33

---

① 2018 年 6 月 28 日，广州首批米其林星级餐厅出炉，共有 8 家餐厅获得一星评级，分别为炳胜公馆、炳胜私厨、惠食佳、江、愉粤轩、玉堂春暖、丽轩、利苑。

万吨，增长6.6%。广州国际航运功能进一步增强，广州港开拓全球集装箱航线，2018年底共开通集装箱航线209条，其中外贸班轮航线103条，广州港口货物吞吐量61177.72万吨，同比增长3.67%，港口集装箱吞吐量达2191.18万标箱，同比增长7.6%，排名上升至世界第5位。广州获批成为2018年流通领域现代供应链体系建设重点城市和城乡高效配送试点城市，入围全国首批供应链创新与应用试点城市，物流领域试点工作走在全国前列。

表3　2018年广州主要物流指标对比

指标	单位	绝对值	比2017年增长(%)
货物运输量	万吨	131321.60	8.80
货运周转量	亿吨千米	21487.22	1.07
港口货物吞吐量	万吨	61177.72	3.67
港口标准集装箱吞吐量	万标箱	2191.18	7.60
机场货邮吞吐量	万吨	249.33	6.60

资料来源：《2018年广州国民经济和社会发展统计公报》。

图4　2008～2018年广州货运量及增速

资料来源：《广州统计年鉴》（2009～2018年）、《经济综述》（广州市统计局网站）http：//www.gzstats.gov.cn/gzstats/gzsq/201902/f09f94aac5634e66ae4eb6f09dd85d8d.shtml。

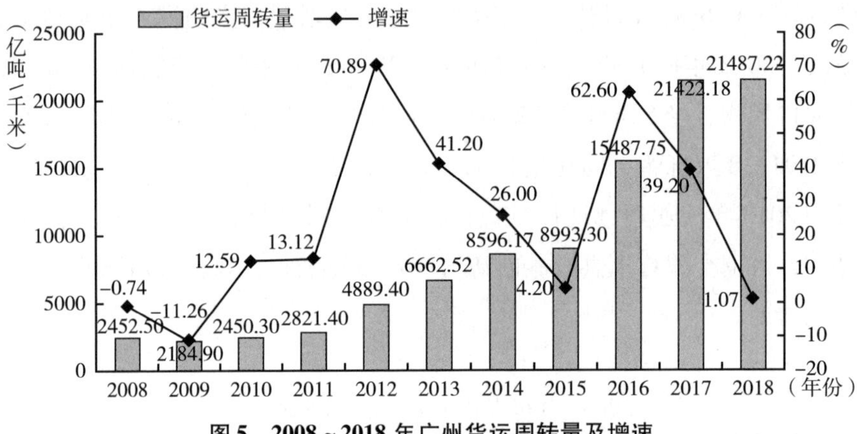

图5 2008～2018年广州货运周转量及增速

资料来源：《广州统计年鉴》（2009～2018年）、《2018年广州国民经济和社会发展统计公报》。

（九）优化营商环境取得新进展，南沙自贸区成改革创新开放先行地

1. 商贸流通改革创新走在前列

2018年，广州商贸流通改革创新继续走在全国、全省前列。获批深化服务贸易创新发展试点、城乡高效配送试点城市、供应链创新与应用试点城市和流通领域供应链体系建设重点城市，服务贸易创新发展试点经验数量位居全国第一，跨境电商综试区、市场采购贸易方式等试点工作稳步推进。商贸政策体系不断优化，制定并发布了《广州市促进老字号创新发展三年行动方案》等政策文件，为商贸高质量发展注入新动力。国际营商环境不断优化，商务诚信试点工作取得显著成效，实现商务备案与工商登记“一口办理”，整个过程“无纸化”“零见面”“零收费”，贸易便利化水平进一步提升。

2. 南沙自贸区营商环境改革创新全国领先

自成立以来，南沙自贸区围绕促进投资贸易便利化，对接国际投资贸易通行规则，着力营造国际化、市场化、法制化营商环境，在改革开放重点领域和关键环节取得实质性进展。2018年，南沙自贸区发布了广东自贸区首张金融业对外开放清单指引——《中国（广东）自由贸易试验区南沙片区金融服务业对外开放清单指引（2018年版）》。在全市率先上线“人工智

能+”商事登记系统，创新“一口受理、五十让联办”模式，推广应用国际贸易“单一窗口”标准版，打造“线上海关”样板间，集装箱通关审单从1小时缩短到5分钟。实现政务服务事项60%（1125项）“零跑动”、159项“即刻办”、107项“全区通办”、164项湾区9城“跨城通办”，启用全国首个“身份证网证”微信政务应用。制度创新走在全国前列，2018年南沙自贸区新增制度创新成果105项，其中17项、16项、31项分别在国家、省、市复制推广。南沙制度创新指数连续两年排名全国前三，其中“贸易便利化”指数蝉联全国第一。

二　2018年广州国际商贸中心发展环境分析

（一）国际环境分析

1. 国际贸易增速放缓，不确定因素有增无减

根据世界贸易组织（WTO）的统计数据，2018年全球贸易增长3%，低于该组织预测的3.9%。总体来看，2018年国际贸易未能延续2017年强劲反弹趋势。2018年增速虽然不及2017年，但要好于2012~2016年的各年份。展望2019年，国际机构普遍下调国际贸易增长预期，世界贸易组织预测2019年货物贸易增长率将从2018年的3.0%降至2.6%；国际货币基金组织预测，2019年世界贸易增速将低于2018年0.2个百分点；世界银行预测，2019年贸易增速将低于2018年0.1个百分点。诸多国际组织预测表明，2019年国际贸易形势将比2018年略差，2019年世界贸易增速比2018年将进一步放缓。从全球经济形势来看，2019年世界经济仍面临诸多复杂挑战：美国经济下行风险，全球金融市场进一步动荡风险，国际直接投资活动低迷，全球债务水平持续提高，各国应对衰退的政策空间受限，贸易摩擦影响以及逆全球化趋势，等等。总体来看，2019年世界贸易条件恶化的可能性加大，贸易政策的风险显著抬升，国际贸易发展的不确定性因素有增无减。在这样的全球经济和国际贸易环境下，广州外贸出口将面临严峻挑战。

2. 贸易摩擦趋于常态化，国际贸易环境严峻复杂

美国总统特朗普秉承美国优先原则，对美国贸易政策进行了较大幅度的调整，并于2018年在全球范围内挑起贸易摩擦，尤其是针对中国的贸易摩擦愈演愈烈。2018年以来，世界范围内生效的加征关税行为大约有14个。加征关税行为涉及金额总数约4395亿美元，约占世界货物出口额的2.48%，关税幅度从10%加征到178.6%。从各方冲突来看，中美之间的贸易摩擦最为激烈。中国被加征关税的金额最多，涉及2500多亿美元的商品。美国被加征关税数额也不少，除中国反制的1134亿美元外，其他国家对美国的反制数额也达到178亿美元。

近期中美贸易磋商虽取得实质性进展，但美国通过“极限施压”迫使中国让步的图谋未变，其全面防范、压制中国扩大影响力的战略方针未变。且从美国内部经济看，国际货币基金组织（IMF）预测，2019年美国经常账户赤字将同比扩大26.4%，年度增幅触及2000年后峰值，表明其贸易逆差正在加速恶化，这将是美国继续实行贸易保护主义的主要动因。因此可以推断，国际贸易摩擦常态化的趋势在2019年难有明显舒缓。国际贸易摩擦打击了市场预期，削弱投资信心和融资环境，将对全球经济形成严重的次生冲击，导致资源配置紊乱、增长效率受损，使得主要经济体结构性改革更具急迫性，拉长本轮国际贸易复苏的瓶颈期。国际贸易摩擦对广州的影响，短期来看不利于外贸出口的稳定增长，中长期来看贸易摩擦会从贸易领域扩张至投资领域，对广州吸引外资和对外投资都会产生较大影响。

3. 主要贸易伙伴经济增速预期回调，外需增长放缓

美国、日本、欧盟是广州外贸出口最主要的贸易伙伴，也是广州的传统出口市场。受美国政府减税政策和扩张性财政政策的影响，美国经济基本面短期向好，但增势不可持续。从美国失业率表现、股票市场价格水平以及美联储加息节奏来看，美国经济极有可能处于冲顶阶段。多个国际机构预测，2019年美国经济将出现回调。欧洲经济增长目前仍处于瓶颈期，其经济增长的内生性问题一直未获得根本性解决。欧盟长期宽松的财政政策和货币政策效果不明显，欧洲经济增势乏力。英国脱欧谈判进程和意大利财政问题不

断发酵，或将导致金融市场动荡。欧盟委员会预计，未来几年欧元区经济增长将放缓。日本经济目前呈现复苏态势，但其经济增长的内生动力并不强劲，IMF 最新预计，2018 年日本经济增长 1.1%，2019 年将放缓至 0.9%。东盟、非洲、拉美是广州外贸出口的新兴市场，这些新兴市场的经济增长出现分化，受到具体国家因素、金融环境收紧、地缘政治风险等不确定因素影响，经济复苏进程具有很大不确定性。总体来看，虽然广州的主要贸易伙伴经济基本上延续复苏态势，但美、日、欧主要发达经济体经济增速预期普遍回调，这表明世界经济下行风险增大，不利于国际贸易有效需求增长。预计，2019 年广州外贸出口仍将维持低位运行。

（二）国内环境分析

1. 经济结构正经历深刻调整，经济由高速增长向高质量发展转变

2019 年是我国经济新常态新阶段的关键一年。当前我国经济仍在减速，而增速下降的最大原因是我国经济结构正在经历深刻调整。我国经济从注重规模扩张、增长速度转向了对发展质量的追求。目前来看，我国经济增速换挡还没有结束，结构性调整刚刚触及本质性问题，新旧动能转化正在推进当中，现在谈经济触底为时尚早。同时，在各种内外压力的共同作用下，我国经济关键性与基础性改革的各种条件已经具备，新一轮改革开放以及供给侧结构性改革的窗口期已经出现。

党的十九大报告指出，我国经济已由高速增长阶段转向高质量发展阶段。2019 年中央经济工作会议再次强调："推动高质量发展是当前和今后一个时期确定发展思路、制定经济政策、实施宏观调控的根本要求。"我国经济转向高质量发展的本质，是要从"物质"生产体系转向"以人民为中心"的消费升级、创新、高效、包容的可持续发展轨道。经济向高质量发展阶段转变，必然会推动各个领域和各个行业向高质量发展，而商贸流通业的高质量发展，必将推进广州国际商贸中心高质量发展，进而促进广州城市综合功能出新、出彩，并以此推动广州国际大都市建设上新水平。

2. “一带一路”引领全球合作，全面对外开放新格局加快形成

“一带一路”重大倡议提出以来，相关建设有力有序有效推进，不断取得新进展、新成就。5 年来，我国同“一带一路”相关国家的货物贸易额累计超过 5 万亿美元，对外直接投资超过 600 亿美元。进入共建“一带一路”第二个五年，“一带一路”建设将从总体布局和顶层设计走向机制完善、规划对接和项目推进，从高速度拓展走向高质量落实。未来 5 年，我国将从“一带一路”参与国家和地区进口 2 万亿美元的商品，对“一带一路”参与国家和地区投资达 1500 亿美元。“一带一路”沿线国家与我国的全方位联系不断加强，经贸关系正从传统的单一物流联系格局转向多元贸易联系格局，“一带一路”地区正成为全球最为重要的增长地带，“一带一路”倡议正在成为引领我国新时代对外开放的鲜明旗帜。

2018 年 4 月，习近平主席在博鳌亚洲论坛上发表《开放共创繁荣创新引领未来》的主旨讲话，宣布我国将在扩大开放方面采取一系列重大举措，标注了开放发展的新高度。2018 年 11 月我国举办了首届国际进口博览会，这标志着我国正在加速发展开放型经济，以推动全球自由贸易进一步向开放和互利方向迈进。国际进口博览会为深化“一带一路”各领域合作，为我国倡导建立人类命运共同体和全球合作伙伴关系网络，提供了又一个十分重要的平台。广州作为国家重要的中心城市、“一带一路”倡议枢纽城市，南沙作为粤港澳深度融合的发展平台和制度创新试验区之一，新一轮开放进程将有助于广州进一步拓宽开放发展空间，加快资本、人力和技术等方面的国际交流与合作，深入融入世界经济体系，全面提高开放型经济发展水平。

3. 我国进入消费拉动型经济发展阶段，新一轮促消费政策相继发布

随着我国的经济总量增大和发展模式的转变，消费对我国经济发展的贡献比例逐步上升，最终消费支出对 GDP 增长的贡献率从 2013 年的 47% 提高到 2018 年的 76.2%，已连续 5 年保持 GDP 增长第一拉动力的地位。这种变化说明我国经济增长的格局已经发生了重大的变革，我国开始进入消费增长型经济发展阶段。党的十九大报告强调，要增强消费对经济发展的基础性作用。这意味着在今后一段时间内，我国宏观政策将进一步培育消费驱动型经

济增长模式，尤其是在消费者愿意消费、便利消费、创新消费、放心消费、有能力消费等核心问题上进一步释放积极因素。不久前，一系列消费体制机制改革方案相继出台。2018 年 9 月，中共中央、国务院发布《关于完善促进消费体制机制　进一步激发居民消费潜力的若干意见》（中发〔2018〕32 号）；10 月，国务院办公厅印发《完善促进消费体制机制实施方案（2018 ~ 2020 年）》（国办发〔2018〕93 号）；2019 年 1 月，国家发展改革委员会等十部门联合印发《进一步优化供给推动消费平稳增长促进形成强大国内市场的实施方案（2019 年）》（发改综合〔2019〕181 号）。2019 年，个人所得税起征点提高和六项费用扣除调整、增值税税率下调、进口关税下降等政策开始实施，随着这些促消费升级政策的实施和减税效应的逐步显现，消费潜力将进一步释放，居民消费结构升级步伐会继续加快，这将为广州打造国际消费中心城市创造有利条件。

（三）区域环境分析

1. 全面增强广州国际商贸中心功能纳入了粤港澳大湾区建设大局

建设粤港澳大湾区是我国经济社会发展进入新时代的重大国家战略。把粤港澳大湾区建设为世界级城市群，将构造我国开放发展的新引擎，并进一步提升广州城市功能定位，为广州国际大都市建设赋予新的动能。2019 年 2 月，中共中央、国务院印发的《粤港澳大湾区发展规划纲要》明确了广州在大湾区的定位，即“充分发挥国家中心城市和综合性门户城市引领作用，全面增强国际商贸中心、综合交通枢纽功能，培育提升科技教育文化中心功能，着力建设国际大都市”。根据这一表述，广州未来发展方向，除了作为国家中心城市应该发挥的综合交通枢纽功能和科教文化功能之外，广州未来将全面增强国际商贸中心功能，建设国际大都市。由此可见，全面增强广州国际商贸中心功能已经纳入建设粤港澳大湾区的大局，这也意味着广州这座千年商都将焕发出新的活力，迎来新的发展黄金期。广州应该抓住这个历史新机遇，顺势而为，抓好重点，补好短板，推进国际商贸中心建设上新水平，巩固与提升广州作为粤港澳大湾区区域发展的核心引擎地位。

2. 广州国际商贸中心建设面临其他城市的激烈竞争

当前我国国际商贸中心城市的功能分工格局依然处于激烈的变动期，还没有完全定型。在未来商贸版图重构过程中广州能否占据有利地位，面临严峻的竞争与挑战。国际商贸中心的金融、信息、商务、会展等行业具有较强的辐射力，能够向距离较远的地区提供服务。这就决定了不同国际商贸中心之间，特别是距离较近的城市之间不可避免地会产生激烈竞争。是否能够恰当应对其他城市的竞争，关系到广州推进国际商贸中心高质量发展的成效。以会展业为例，广州不仅面临来自香港、上海、北京等会展业发达城市的竞争压力，也面临着深圳、重庆、南京、成都等会展业快速发展城市的追赶压力。随着上海国家会展中心的建成和投入运营，广州硬件设施优势已经不再，电梯展、广告展、家具展（秋季）等几个知名展会，已经迁移到上海。

三　广州商贸业景气分析与预测

（一）广州商贸业景气预警系统

建立广州商贸业景气预警系统，简明、直观地反映广州商贸业景气状况，不仅有助于政府部门准确、及时把握广州商贸业运行现状，从而保障相关政策的准确性和时效性，还能够为广大企业经营决策和其他社会各界了解广州商贸业发展提供参考。下面从预警指标、预警灯号、预警指数三个方面，对广州商贸业景气预警系统做简要介绍。

1. 预警指标

借鉴国内外相关研究成果，同时考虑广州商贸业的发展实际以及数据的可得性，一共选择了9个商贸指标作为广州商贸业景气预警指标。如表4所示，这9个预警指标涉及的商贸运行领域比较广泛，涵盖批发、零售、物流、客流、进口、出口、旅游、价格等诸多内容。预警指标的数据全部来自广州统计局宏观经济数据库的“进度报表”，时间跨度为2015年1月至2018年12月。

经济景气分析本质上分析经济指标时间序列的波动特点，从数值形式来看，一般选择绝对量和增长率两种指标进行分析。广州商贸业景气预警指标都是增长率指标，即从增长率视角来考察商贸指标时间序列的变动。这主要是因为广州仍然属于快速增长的经济体，各项商贸指标往往表现出非常明显的增长趋势，从增长率视角进行景气分析，能够更加清晰地观测到不同级别的经济波动，监测指标具有更高的灵敏度。而选择采用水平值作为预警指标，指标的灵敏度不高，长期上升趋势往往掩盖或弱化了短期波动。

2. 预警指标的灯号界限值

沿用国内经济预警系统的一般做法，广州商贸业景气预警系统用“红灯”“黄灯”“绿灯”“浅蓝灯”“蓝灯”五种灯号，分别代表商贸业景气过热、偏热、正常、偏冷、衰退五种状态。合理确定预警灯号的界限值，对于及时监测预警指标的变动情况，以至准确判断商贸业运行状况具有很大的影响。首先对各个预警指标的历史数据进行排序和统计分析，确定初始界限值，使每个预警指标表现为“红灯”“黄灯”“绿灯”“浅蓝灯”和“蓝灯”的概率依次为10%、15%、50%、15%和10%。然后根据广州商贸业发展目标、专家意见和指标的实际波动特点，对基于统计分析的初始预警灯号界限值进行修改，从而得到更加合理的界限值（如表4所示）。

表4　广州商贸业景气预警指标的灯号临界值

单位：%

序号	指标名称	红灯与黄灯	黄灯与绿灯	绿灯与浅蓝灯	浅蓝灯与蓝灯
1	货运量同比增长率	15	10	5	3
2	港口集装箱吞吐量同比增长率	11	9	4	3
3	机场旅客吞吐量同比增长率	10	8	3	0
4	社会消费品零售总额同比增长率	11	8	5	2
5	城市居民消费价格指数(同比)	4	3	1	0
6	商品进口总值同比增长率	15	9	3	0
7	商品出口总值同比增长率	15	9	3	0
8	城市接待过夜旅游人数同比增长率	8	7	5	4
9	旅游外汇收入同比增长率	9	8	4	0

3. 预警指数计算及灯号

让每一种灯号对应不同的分数，“红灯”“黄灯”“绿灯”“浅蓝灯”和

"蓝灯"对应的分数分别为5分、4分、3分、2分和1分。如果有m个预警指标，将m个指标的灯号分数相加，就可以得到综合预警指数。为了使综合指数的大小不受预警指标个数多少的影响，按照m~5×m与0~100的对应比例，将综合指数变换成百分制，即综合指数最高值为100，最低值为0。本文参考工信部的做法，把"红灯"与"黄灯"、"黄灯"与"绿灯"、"绿灯"与"浅蓝灯"、"浅蓝灯"与"蓝灯"的界限值，分别设定为85、70、40和20。需要说明的是，预警指数的灯号界限值并非固定不变，而应根据经济发展阶段和广州商贸发展调控目标进行适当调整。

（二）广州商贸业景气分析

如图6所示，2015年1月至2018年12月的广州商贸业景气预警指数曲线基本反映了广州商贸业的实际走势。2018年广州商贸业景气预警指数呈现出区间震荡态势：2018年第一季度，商贸业景气程度从年中高点连续下滑，3月突破正常区间下沿进入偏冷区间，于是到达年度谷底；此后，商贸业景气程度呈上升趋势；7月和8月为波段高点，9月迅速下探至正常区间下沿；然后又开始回升，年底又回到全年区间波动的高点。整体上看，2018年广州商贸业景气程度不如2017年，但基本上运行在正常区间，呈现出平稳运行态势。从预警指数的曲线形态看，阶段性底部已基本形成。2019年广州商贸业将以巩固提升、平稳运行为主基调，但也不排除由于外部冲击而进一步下行的可能性，需要予以密切关注。

2018年12月，广州商贸业景气预警指数为63，处在正常区间。从表5中可以看出，9个预警指标中，2个指标（商品进口总值、商品出口总值）处于过热区间，2个指标（港口集装箱吞吐量、社会消费品零售总额）处于偏热区间，3个指标（货运量、机场旅客吞吐量、城市居民消费价格指数）处于正常区间，1个指标（旅游外汇收入）处于偏冷区间，1个指标（城市接待过夜旅游人数）处在过冷区间。从灯号的变化情况来看，与上月相比，港口集装箱吞吐量、商品出口总值等3个指标的景气上升，货运量、机场旅客吞吐量等6个指标的景气灯号维持不变，没有景气下降的指标。综合来看，2019年广州商贸业将延续平稳运行态势，景气程度或将探底回升。

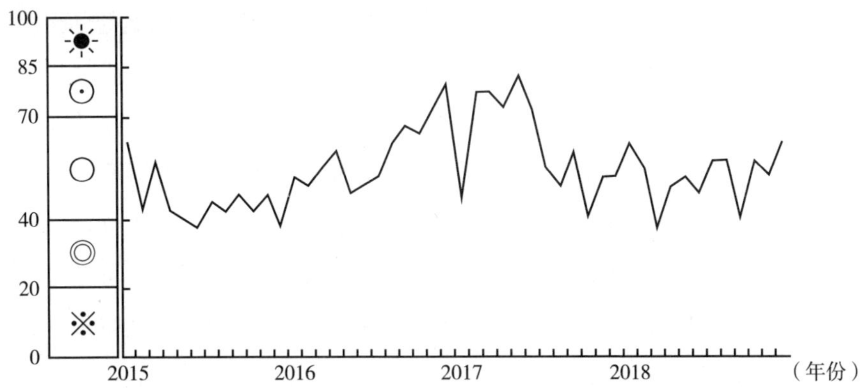

图 6　2015 年 1 月至 2018 年 12 月广州商贸业景气预警指数

说明：✷过热；⊙偏热；○正常；◎偏冷；※过冷。

表 5　广州商贸业景气预警灯号

指标名称	2018 年											
	1 月	2 月	3 月	4 月	5 月	6 月	7 月	8 月	9 月	10 月	11 月	12 月
货运量	◎	※	○	⊙	○	※	○	○	◎	○	○	○
港口集装箱吞吐量	✷	※	※	⊙	⊙	○	○	✷	※	○	○	⊙
机场旅客吞吐量	◎	⊙	⊙	✷	○	⊙	○	○	◎	○	○	○
社会消费品零售总额	⊙	⊙	⊙	○	○	○	○	○	○	○	⊙	⊙
城市居民消费价格指数	⊙	⊙	○	○	○	○	○	○	○	○	○	○
商品进口总值	✷	※	※	※	⊙	○	✷	✷	※	✷	○	✷
商品出口总值	※	✷	※	※	※	※	※	※	✷	✷	⊙	✷
城市接待过夜旅游人数	○	✷	※	◎	○	○	⊙	○	◎	※	※	※
旅游外汇收入	⊙	◎	◎	◎	◎	○	○	◎	◎	◎	◎	◎
综合判断	○	○	◎	○	○	○	○	○	○	○	○	○
	63	55	38	50	53	48	58	58	40	58	53	63

说明：✷过热；⊙偏热；○正常；◎偏冷；※过冷。

（三）广州主要商贸指标预测

1. ARMA 模型简介

本部分使用 ARMA 模型，对 2019 年广州社会消费品零售总额、商品进口总值、商品出口总值等三个指标进行预测。ARMA 模型不依据任何经济理论，属于乏力理论模型。这种预测方法秉持“让数据自己说话”的理念，着重于分析时间序列本身的概率或随机性质，而不是试图建立经济意义明确的单一方程或联立方程模型。从 ARMA 模型提出以来的应用情况看，它在经济预测方面还是比较成功的，特别是在短期预测方面表现得更好。ARMA 方法要求使用平稳的时间序列建模，对于非平稳的时间序列，一般是通过差分把它转变为平稳序列。如果用于建模的时间序列需要差分才能变成平稳序列，ARMA 模型就转变为 ARIMA 模型。ARIMA 模型的一般形式为 ARIMA（p，d，q），其中 p、d、q 分别表示自回归的阶数、差分的次数和移动平均的阶数。ARMA 建模与预测主要包括数据预处理、模型识别、参数估计、模型诊断、预测等几个步骤，建模过程就是一个不断反复的过程，可能要多次重复上述步骤。

2. 平稳性检验和模型识别

建模所使用的数据是社会消费品零售总额、商品进口总值、商品出口总值三个同比增长率的 TC（趋势和周期）序列，即经过了季节调整的序列，代表了趋势和周期的影响。根据 Dickey - Fuller、Phillips - Perron 等检验结果，社会消费品零售总额同比增长率 TC 序列、商品进口总值同比增长率 TC 序列可以视为平稳时间序列，而商品出口总值同比增长率 TC 序列则需经过一阶差分才能成为平稳序列。表 6 举例给出了社会消费品零售总额同比增长率 TC 序列的 Dickey - Fuller 检验结果，其中扩展的 Dickey - Fuller 检验统计量值为 -4.36，统计上非常显著，可以在 0.0011 的显著性水平上拒绝非平稳性假设，因此不需要对原序列做差分变换。

表 6　社会消费品零售总额同比增长率 TC 序列的 ADF 检验

		t - Statistic	Prob.
Augmented Dickey - Fuller test statistic		-4.358892	0.0011
Test critical values	1% level	-3.577723	
	5% level	-2.925169	
	10% level	-2.600658	

根据平稳时间序列的自相关图和偏自相关图，可以简单直观地初步识别ARMA（p，q）模型的类型和阶数，即利用样本自相关函数和样本偏自相关函数的截尾或拖尾特点来进行判定。如表7所示，以社会消费品零售总额同比增长率TC序列为例，自相关函数AC呈正弦衰减，滞后三阶以上的自相关函数都落入了平稳区间，更多地呈现出拖尾现象；偏自相关函数PAC则呈现出明显的截尾现象，滞后二阶以上的偏自相关函数都落入了平稳区间。因此，可以初步判断社会消费品零售总额同比增长率TC序列适合ARMA（2，3）模型。采用类似的模型识别方法，可以初步确定商品进口总值、商品出口总值同比增长率TC序列分别适合ARIMA（3，1，1）和ARMA（2，2）模型。

表7　社会消费品零售总额同比增长率TC序列的自相关函数与偏相关函数

Autocorrelation	Partial Correlation		AC	PAC	Q-Stat	Prob.
		1	0.874	0.874	39.029	0.000
		2	0.638	-0.538	60.233	0.000
		3	0.358	-0.169	67.087	0.000
		4	0.115	0.071	67.810	0.000
		5	-0.039	0.131	67.895	0.000
		6	-0.095	0.048	68.414	0.000
		7	-0.087	-0.072	68.860	0.000
		8	-0.068	-0.148	69.139	0.000
		9	-0.078	-0.123	69.512	0.000
		10	-0.126	-0.050	70.513	0.000
		11	-0.193	0.008	72.935	0.000
		12	-0.248	0.017	77.026	0.000
		13	-0.260	0.021	81.652	0.000
		14	-0.216	0.032	84.936	0.000
		15	-0.122	0.053	86.018	0.000
		16	-0.004	0.047	86.020	0.000
		17	0.101	0.004	86.809	0.000
		18	0.161	-0.044	88.891	0.000
		19	0.160	-0.070	91.008	0.000
		20	0.103	-0.061	91.920	0.000
		21	0.018	-0.023	91.949	0.000
		22	-0.061	-0.000	92.290	0.000
		23	-0.105	0.010	93.357	0.000
		24	-0.105	0.009	94.463	0.000

3. 模型估计与诊断

表 8、表 9 和表 10 分别列示了三个模型的 OLS 估计结果。三个模型的估计结果都比较理想，系数估计值很显著，模型的拟合度也非常高，都满足 ARMA 模型的平稳性和可逆性条件，误差项也都通过了平稳性检验。模型诊断结果表明，三个模型的设定是合理的，可以用于预测的目的。

表 8　社会消费品零售总额 ARMA（2，3）预测模型估计结果

被解释变量:社会消费品零售总额同比增长率 TC 序列

Variable	Coefficient	Std. Error	t - Statistic	Prob.
C	1. 070934	0. 004969	215. 5406	0. 0000
AR(1)	1. 642999	0. 080773	20. 34098	0. 0000
AR(2)	-0. 804684	0. 080070	-10. 04977	0. 0000
MA(1)	1. 941233	0. 156566	12. 39879	0. 0000
MA(2)	1. 463135	0. 252835	5. 786927	0. 0000
MA(3)	0. 307945	0. 148483	2. 073939	0. 0446
R - squared	0. 997957	Durbin - Watson stat		1. 859188

表 9　商品进口总值 ARIMA（3，1，1）预测模型估计结果

被解释变量:商品进口总值同比增长率 TC 序列一阶差分

Variable	Coefficient	Std. Error	t - Statistic	Prob.
AR(1)	1. 860916	0. 152718	12. 18529	0. 0000
AR(2)	-1. 330352	0. 260407	-5. 108745	0. 0000
AR(3)	0. 314370	0. 152357	2. 063374	0. 0454
MA(1)	0. 932970	0. 058964	15. 82273	0. 0000
R - squared	0. 981021	Durbin - Watson stat		2. 069404

表 10　商品出口总值 ARMA（2，2）预测模型估计结果

被解释变量:商品出口总额同比增长率 TC 序列

Variable	Coefficient	Std. Error	t - Statistic	Prob.
C	1.052376	0.029113	36.14857	0.0000
AR(1)	1.604109	0.089862	17.85080	0.0000
AR(2)	-0.746938	0.085609	-8.724953	0.0000
MA(1)	1.868194	0.064661	28.89212	0.0000
MA(2)	0.994893	0.065246	15.24837	0.0000
R - squared	0.996863	Durbin - Watson stat		1.959580

4. 模型预测结果

使用上述三个模型进行预测，得到同比增长率的月度预测值，据此可以计算 2019 年社会消费品零售总额、商品进口总值和商品出口总值的各月预测值（如图 7、图 8 和图 9 所示）和全年的预测值。根据模型预测结果，2019 年，广州社会消费品零售总额增长 6.9%，商品进口总值增长 7.4%，商品出口总值增长 3.8%。上述预测结果依赖于过去时间序列数据变化特点，如果经济条件发生较大改变，预测结果可能会出现较大的误差。为了是预测结果更加准确，应根据经验进行定性分析，把模型预测和经验判断结合起来进行综合研判。

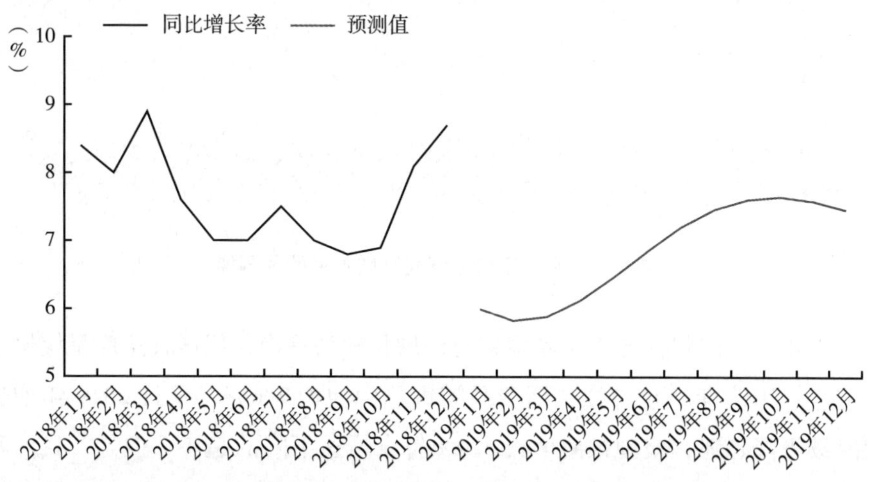

图 7　广州市社会消费品零售总额同比增长率的预测值

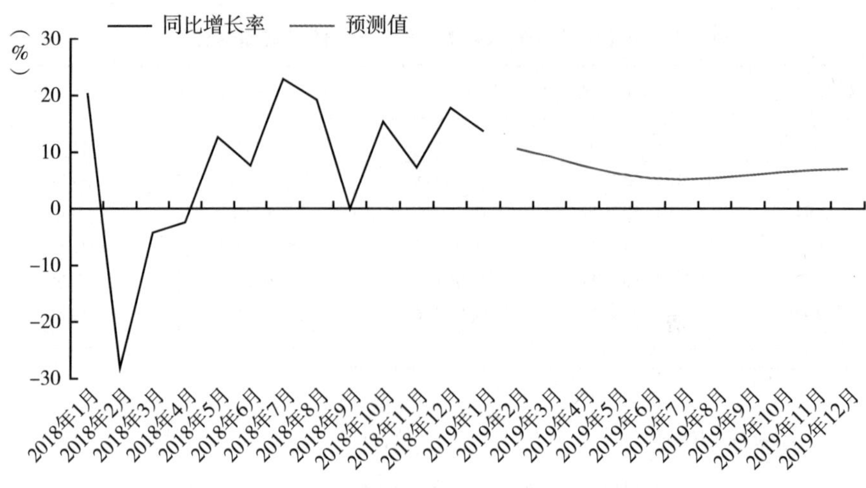

图8　广州市进口总值同比增长率的预测值

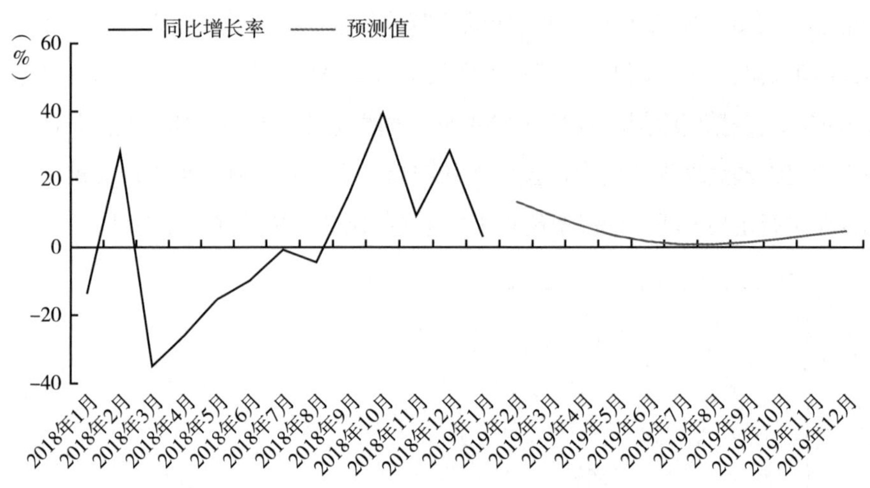

图9　广州市出口总值同比增长率的预测值

近年来，广州社会消费品零售总额增长较为平稳，但增长速度呈缓慢下降趋势。2018 年，全市社会消费品零售总额增长 7.6%，预计 2019 年增速会延续下降趋势，模型预测增长 6.9% 符合增速下降的趋势。但是，目前我国正在经历新一轮消费升级，消费已成为经济增长的第一驱动力，我国政府正在采取各种举措释放消费红利，使消费更好地发挥对经济发展的基础性作用。在这样的背景下，广州社会消费品零售总额有望继续保持良好增长态势，预计增长7.0%，达到9891.89亿元，略高于模型预测结果。

2018年，广州商品进出口总值增长1.0%，其中进口增长7.1%，出口下降3.2%。从2018年的情况看，进口呈现出加快增长的势头，而出口乏力的特征非常明显。当前我国主动扩大进口的一系列举措正在加快落地，2019年广州进口总值有望保持较快的增长速度。再看出口，当前全球经济增长的不确定性增强，贸易保护主义抬头和经贸摩擦紧张局势仍未得到缓解，导致全球贸易景气程度进一步下滑，再加上加工贸易举步维艰，2019年广州出口乏力的状况难以改观。在2018年出口都出现较大幅度负增长的情况下，预计2019年广州出口总值将小幅增长。综合来看，广州对外贸易前景谨慎乐观，预计全年商品进出口总值增长5.9%，进出口总值将突破10000亿元，达10533.48亿元。其中，进口有望加快增长，预计增长10.0%，实现进口总值4630.03亿元；出口将小幅增长，预计增长3.0%，实现出口总值5903.45亿元，如表11所示。

表11　2019年广州社会消费品零售总额、商品进出口总值的预测结果

单位：%，亿元

指标名称	2018年增长率	2019年预期增长率	2019年预测值
社会消费品零售总额	7.6	7.0	9891.89
进口总值	7.1	10.0	4630.03
出口总值	-3.2	3.0	5903.45
进出口总值	1.0	5.9	10533.48

四　促进广州国际商贸中心发展的对策建议

（一）加快培育国际消费中心，支撑新一轮消费升级

1. 积极申报国家国际消费中心试点城市

目前国家正在推进国际消费中心建设，未来将打造一批国际消费中心城

市和国家消费中心城市，吸引境外消费回流，这为广州先行先试打造国际消费中心提供了难得的机遇。广州应顺应消费全球化的新趋势，把握中国经济增长动力从投资切换到消费、新一轮消费升级蓬勃发展的新形势，积极申报国家国际消费中心试点城市，努力打造立足国内、辐射周边、面向世界的国际消费中心。

2. 加强中高端消费供给

广州要建设国际消费中心，就应补齐中高端供给不足的短板，聚焦高端商贸资源，提升都市消费能级。加强规划引领，优化城市商圈整体布局，形成布局合理、错位发展、相互联动的商圈发展格局。积极鼓励和支持天河路商圈、北京路商圈及上下九商圈对标国际一流商圈，加快国际化、高端化、体验化、品牌化的建设步伐，打造成全球知名的商圈。着力培育消费新热点，积极推进信息、绿色、旅游休闲、教育文体、养老健康家政等领域消费工程实施。促进消费领域互动融合和创新发展，特别是强化商品消费和服务消费间的融合互动，促进旅游、文化、购物、娱乐、健康、餐饮等行业之间的集聚和一体化发展。进一步吸引和培育高品质国内外知名产品品牌和服务品牌，聚集国际高端品牌、原创品牌和新消费品牌，推动顶尖奢侈品牌、高端品牌、轻奢品牌、老字号品牌、原创品牌在商圈协同发展。

3. 大力推进商旅文融合发展

广州应大力推进商旅文融合发展，挖掘旅游市场潜力，促进旅游消费，打造国际旅游目的地集散地。大力推进标志性商圈、特色商圈、特色商业街以及大型购物中心等实现“商旅文 + 互联网”模式发展。抓住体验消费兴起的发展契机，大力发展与吸引能带来大规模客流的服务项目。积极引进迪士尼主题乐园（海洋主题）、极地海洋世界、环球影城等世界级文化旅游项目，形成与长隆旅游度假区、万达文旅城的协同发展格局，产生“1 +1 +1 >3”的集聚效应。推动建设南沙、黄埔大型邮轮（游艇）码头，加强与港澳地区邮轮旅游业合作，吸引国内外大型邮轮公司入驻，拓展国际航线邮轮业务，打造广州游艇旅游品牌。充分发挥广州展贸资源丰富的优势，依托交易会、大型展会、品牌展会，扩展旅游观光功能，促进展贸与旅游的融合发展，形成展贸旅游经济。继续引进和培育世界顶级赛事和国际文化活动，将“广州国际购物节”“广州时尚周”等办成广州的标志性节庆，提升节庆品牌化、国际化运作水平。充分认识“花城”对于建设国际旅游目的地的重大意义，做好“花城”文章，将广州建设成独具人文魅力和绿色发展优势的“世界著名花城”。

4. 完善促进消费的体制机制

积极推进消费领域的简政放权和放管服改革，通过优化进口审批手续、简化离退税手续等举措，进一步完善促进消费增长的体制机制。完善境外旅客购物离境退税政策，研究在火车东站设立退税点，提升退税便利化程度。实施更加开放的免税购物政策，增设免税店、扩大退税商品种类和免税购物限额。建立完备的消费者权益保障体系，规范市场秩序，优化消费环境。在重点商圈和旅游区域全部更换为中英文标识，精心规划设计标识信息，提升旅游标识系统的国际化、人性化水平。提高国际签证便利化程度，利用72小时落地免签政策，与过境免签政策城市建立互联互动机制，实现异地出入境的联动效应。充分发挥白云国际机场国内外旅客集散枢纽功能，大力发展过境消费和免税消费。发挥跨境贸易电子商务服务试点城市的政策优势，加快推进保税商品展示交易中心、跨境电子商务国际仓贸保税中心建设。

5. 加快传统商业转型升级

顺应国内消费升级发展趋势，推进商贸业转型升级，增强竞争力。一是积极推动零售业转型创新发展：创新零售商业模式，推动传统零售业向体验化、智能化、服务化和社群化转型，实现零售业自我突围；鼓励零售企业利用互联网技术推进实体店铺数字化改造，增强店面场景化、立体化、智能化展示功能；鼓励大中型零售企业发展服务于供应链的小贷公司和消费金融公司，积极介入国内外优势品牌总经销领域，以及商业物业开发建设等领域，延伸上下游产业链；创新发展“老字号”，支持和引进现代经营理念、管理方式和生产工艺，推动股份制改造或建立企业集团，吸引社会资本参与改组改制。二是促进推进餐饮业转型升级，提升广州国际美食之都品牌影响力。加强餐饮聚集区规划建设，通过完善服务设施配套、加强形象景观建设、引导业态调整、加强品牌招商、餐旅文融合发展等措施，打造“食在广州”文化标杆。抓住米其林进驻广州的机遇，促进广州餐饮业向国际化方向迈进。加强与国际知名餐饮品牌合作，积极引进国际餐饮品牌和新业态入驻。

（二）全力打造贸易强市，推动形成全面开放新格局

1. 积极打造高水平开放平台

扩大开放构筑区域竞争新优势，积极打造高水平开放平台，加快广州建设成为粤港澳大湾区城市群核心城市、泛珠地区合作龙头城市、“一带一路”枢纽城市。探索建设自由贸易港，加强政策研究，完善广州自由贸易港建设思路，形成以服务“一带一路”和粤港澳大湾区为特色的广州自由贸易港建设方案。深化南沙自贸试验区建设，以更大力度推进制度创新，形成与国际投资规则相衔接的制度框架，积极复制推广自贸试验区创新经验。积极参与粤港澳大湾区建设，从港区一体化、监管制度、税收体系、市场准入、特色产业等方面构架主体框架，打造粤港澳大湾区深度合作示范区；立足以南沙为粤港澳全方位合作重大平台，推动南沙在促进投资便利化的营商环境建设中率先突破体制机制障碍，与港澳实现更高层次的开放合作。

2. 加快培育外贸新业态新模式

研究制定外贸新业态、新模式的认定办法和支持措施，加大政策扶持力度。重点发展跨境电商、跨境电商综合服务、市场采购、汽车平行进口、检测维修等贸易新业态和新模式，争取新业态、新模式占全市外贸比重大幅上升。优化跨境电商模式，以做大做强 B2B 为重点，积极发展跨境电商零售业务（B2C）、保税网购进口业务（B2B2C），支持出口企业建设“海外仓”。培育一批集通关、物流、退税、金融、保险于一体的外贸综合服务企业。探索发展离岸贸易，研究支持离岸贸易发展的政策体系。

3. 做大做强服务贸易

一方面是进一步加大服务业对外开放力度。支持外资广泛参与“广州服务创新 2025”发展战略，积极引导外资投向邮轮游艇旅游、育幼养老、建筑设计、会计审计、商贸物流、金融保险、电子商务等重点领域。落实国

家大幅度放宽市场准入和扩大服务业对外开放政策，争取允许外商在自贸试验区内独资经营国际船舶运输企业、医疗机构、增值电信等业务。深化CEPA下自贸试验区对港澳服务业开放，进一步降低港澳金融、教育、文化、医疗等机构的准入门槛。另一方面是大力发展服务贸易进口，扩大咨询、研发设计、节能环保、环境服务等知识及技术密集型生产性服务进口和旅游进口。推动服务贸易创新发展，促进高技术、高附加值的服务业发展，促进与港澳服务贸易自由化。加快发展邮轮经济，支持建设国际邮轮母港、拓展国际邮轮业务、完善产业配套和服务。

4. 主动扩大进口规模

针对广州进口规模偏小的现状，今后应积极拓展进口贸易，促进出口与进口平衡发展。以建设国家跨境电子商务综合试验区为契机，发展“保税 + 贸易”模式，利用南沙自贸区、白云机场综保区和广州保税港区的政策优势，建设商品进口口岸分拨中心。发展“会展 + 贸易”模式，探索在空港经济区或者南沙自贸区建设国别商品展销展示交易中心，展销来自发达国家的高新科技产品和优质消费品，以及“一带一路”沿线国家或地区的特色商品。

（三）积极建设“现代网络商都”，助推产业转型升级

1. 巩固和提升跨境电子商务领跑地位

充分发挥广州作为跨境贸易电子商务综合试验区先行先试优势，叠加广东自贸试验区南沙新区片区政策优势，打造中国跨境电子商务发展高地和亚太地区跨境电子商务中心城市。采用“平台 + 机制”建设思路，构建具有“广州元素、中国特色”的跨境电子商务发展促进体系，将综试区打造成为外贸优化升级的加速器和网上“一带一路”主枢纽。加快建设一批跨境电子商务示范基地和功能区，加大财政、税收、金融、用地、人才激励等方面的政策扶持力度，培育本土跨境电子商务示范和龙头企业，同时大力引进国内外优秀跨境电子商务企业落户发展。创新跨境电商的新模式和新业态，推动跨境电商 B2B 出口、直购进口和网购保税进口的发展，探索网购保税出

口试点，等等。完善“海外仓”运营机制，建立线上线下融合机制，推进跨境电商公共服务平台建设，提升完善广州国际贸易“单一窗口”，优化产业发展保障机制。

2. 大力发展互联网交易平台

以琶洲互联网创新集聚区为核心载体，集聚电子商务研发、支付、营销、运营等高端要素，打造世界电子商务发展高地。促进荔湾区花地河、黄埔区状元谷国家电子商务示范基地提质升级，发展黄花岗科技园、天河智慧城等电子商务特色集聚区。依托专业批发市场，积极发展 B2B 产业互联网平台，打造一批垂直领域电子商务平台，深化“广货网上行”。鼓励传统零售企业建立或应用现有网络购物平台，加快推广线上线下互动购物方式。推动 O2O、C2B、P2P 等新型商业模式快速发展，积极培育微商等新型业态。聚焦娱乐、教育、医疗、电视等领域，支持发展相应的互联网交易平台和市场。

3. 鼓励发展互联网金融

规划建设互联网金融集聚区，加快建设广州国际金融城，推动广州民间金融街建设华南互联网创新基地，培育发展中经汇通、易票联、广物支付等一批本地互联网金融企业，鼓励广州互联网金融企业与腾讯、阿里巴巴、网易等企业开展战略合作，设立或引进一批在线互联网小额信贷公司、互联网融资担保公司、在线保险公司等互联网金融企业，大力发展网络支付、P2P、电子保单等金融业务。鼓励发展在线供应链金融，推进供应链服务、物流服务、金融服务“三位一体”的供应链综合服务，提升线上供应链的综合竞争力。

（四）全面强化城市会展功能，加快打造国际会展之都

1. 积极推进会展场馆建设改造

紧紧围绕建设国际会展中心的目标，优化会展设施布局，规划新建一批会展场馆，扩大广州会展场馆的承载力和会展业的发展空间。针对广州缺少大型国际会议中心的现状，合理选址、高标准规划建设广州新

国际会议中心，为举办更高层次、更高级别的国际会议奠定基础。结合广州国际航空枢纽建设，研究在空港经济区或第二机场附近建设一个中等规模、现代化的新国际会展中心。推进原有场馆升级改造，提升场馆功能，打造集会议、展览、餐饮、娱乐、大卖场等为一体的会展场馆综合体。尽快盘活流花展馆，将流花展馆打造成为以新型会展经济为引领的现代商贸综合体。

2. 补齐国际会议发展短板

积极推进国际会议之都建设，大力发展高端国际会议，提升广州国际交往中心功能。策划和筹办“一带一路”沿线城市高峰论坛，搭建“一带一路”沿线城市战略合作常态化平台，加强沿线城市政府、企业、学者的交流与合作。打造广州国际投资年会、达沃斯“广州之夜”等品牌招商活动，搭建高规格、高层次国际推介平台。积极举办国际学术交流活动，建设国际学术会议之都。与联合国专门机构、中国外交部保持紧密沟通，了解外交部各司的国际会议动向，争取国家支持，积极承接相关国际会议。

3. 提高展览业国际化和专业化水平

“借力+助力”广交会创新发展，打造以广交会为龙头、以专业品牌展览为支撑的全球展览中心。支持更多专业展发展成为世界一流的大型品牌展会，扶持一批中小型展会、战略性新兴产业展会做大做强。加大会展业招商力度，引进国际知名展览公司来广州单独或合作办展。大力发展境外展览，特别是“一带一路”沿线城市的国际展览，重点打造几个境外展览，争取获得国际UFI认证。深化穗港澳大湾区会展业合作，推动穗港澳三地合作办展，探索实施“一展三地”等设想。加大支持力度，增加国际认证的企业和展会数量。

4. 推动展览与会议融合发展

今后应秉持大会展理念，推动会展业跨界融合发展，大力培育新型会展模式。大力推进展览与会议的融合发展，鼓励品牌展会同期举办行业高端论坛或会议，以展带会，以会强展。大力发展会奖旅游，整合与挖掘会奖旅游资源，建立会奖旅游项目引进和申办机制，增强广州作为国际会奖旅游目的地的吸引力。支持会展业与相关产业融合发展，打造服务实体产业的会展平台，特别是要着眼于构筑广州产业体系新支柱，促进高端、高质、高新产业发展，形成以业带展、以展促业的良性发展格局。

（五）打造全球资源配置中心，进一步提升“广州价格”的影响力

1. 着力完善现代市场体系

市场对资源配置起决定性作用。逐步完善以专业服务市场、期货市场、互联网交易平台等为代表的现代市场体系，增强广州全球资源配置能力。加快营造法治化、国际化、便利化的营商环境，健全公平、开放、统一的市场环境，促进现代市场体系高效运行。规范市场竞争秩序，通过营造公平竞争、宽松有序的市场秩序，保障各类市场健康运行。

2. 积极争取设立期货交易所

期货交易所等国际性金融交易平台，是城市全球资源配置能力的重要表现。目前国内只有上海、郑州、大连拥有期货交易所，华南地区还没有期货交易所，广州应积极向国家申请设立期货交易所，将其作为一项重大战略任务，精心规划，精心组织，常抓不懈。研究成立广州交易所和结算中心集团，负责在广州开展期货或远期的相关事宜，如合约设计、交易结算、风险监控等。探索开展碳交易及其期货交易，以及气温、日照小时数、降雨量、空气污染物等天气期货交易的可行性。

3. 加大专业批发市场升级改造力度

推动专业批发市场向展贸市场、创客空间、综合商业载体方向发展。鼓励批发市场创新盈利模式，通过不断完善配套服务功能，提升综合服务、增值服务能力和水平，实现盈利主要依靠“租金”向“租金＋增值服务收入”的模式转变。优化市场商户结构，引进品牌厂商、代理商，扶持和引导市场商户打造自主品牌。改变现有的陈旧经营模式，减少低端的现货批发业态，推进业态整体升级。同时，推动和鼓励有条件的市场可定期或不定期举行各类最展销等活动，发布和展示最新产品，并引入专业买手制，形成“以会展带动市场商业运营”的经济模式，向现代化展贸式市场转型升级。优化

存量资源配置，引导与支持批发市场商户开展设计、研发活动，促进传统市场向创客空间、创业孵化器等运营模式转型升级。

（六）建设国际航空航运中心，打造高水平国际门户枢纽

1. 加大国际航空枢纽建设力度

加快推进广州航空枢纽的基础设施建设，规划“1+N”多机场格局，尽快建设第二国际机场，提升航空枢纽的容量和空间。加快白云机场国际航空货运基础设施建设，进一步发展连接世界重要枢纽机场和主要经济体的航空物流通道，大力支持扶持开通国际货运航线，完善陆空衔接的现代综合运输体系，提升货运中转和集疏能力。以联邦快递亚太转运中心、顺丰速运华南枢纽快件中心等为重点，加快引进航空物流龙头企业，带动跨境电商、服务贸易等新兴商贸业发展。充分认识集聚客流的重要意义，通过充分发挥国际性综合交通枢纽的优势，吸引各类人群特别是中高端人群，为人员往来广州提供各种便利。依托航空航线集散全球资源要素，加快建成世界旅游目的地城市、国际交往门户城市和国际消费城市，形成机场与城市经济发展相互支撑、相互促进，协同打造具有浓厚航空元素的国际商贸物流中心。

2. 提升航运与城市物流功能

在货物贸易仍将是世界贸易重心的趋势下，瞄准下一代港口发展方式，继续加快航运基础设施建设，促进港口智能化、信息化升级，建设智能港口、物联港口。优化国际航运物流网络，立足节点、塑造枢纽、辐射全球，不断开辟新航线、培育与吸引航运新主体，建设全球港航供应链网络国际控制中心。创新港口设施建设投融资模式，优化和改革港口经营管理体制，加快互联互通的集疏运体系建设，高度重视发展多式联运，促进各种运输方式的协调发展。抓住全面深化改革重要契机，大力发展航运金融及衍生服务、航运经纪、船舶交易与管理、邮轮游艇等高端航运服务业。进一步加强航道、码头、物流仓储、商务配套设施建设，加快疏港铁路建设，形成海铁联运的港口综合交通网络，同步推进物联网、安全信息

系统建设。鼓励物联网、云计算、大数据、人工智能等技术的广泛应用，促进城市智慧物流快速发展。

（七）着力优化营商环境，提高投资和贸易便利化水平

1. 提高贸易便利化水平

大力提升贸易便利化水平。按照“广州特色、全省标准、全国领先”的思路，持续有序推进国际贸易“单一窗口”建设，不断丰富完善涵盖进出口各领域、各环节的功能模块。探索推进“单一窗口”平台与港澳、“一带一路”沿线国家口岸的互联互通。深化“三化”大通关改革，创新监管模式，广泛实施进口“提前报关、实货放行”“一机双屏”“船舶联合登临检查、联网放行”等改革措施。依托自由贸易试验区和海关特殊监管区域，争取对飞机保税维修先行探索。探索利用电子围网管理，推动“一般纳税人资格”“仓储货物按状态分类监管”“内销选择性征收关税”等试点政策加快落地。

2. 开展商事制度综合改革

深化“多证合一”“证照分离”改革，分类分批改革涉企行政审批事项，推动“照后减证”。推行开办企业“一网通办、并行办理”服务模式，推进“人工智能+机器人”全程电子化商事登记全覆盖，打通开办企业全流程信息共享链条。加快推进外资商事服务“穗港通”“穗澳通”，实现港澳企业商事登记“足不出境，离岸办理”。探索进一步放开港澳个体工商户经营范围限制。建设企业合格假定监管示范区，选取特定行业试行“无条件准入、登记式备案、免审批准营、信用制监管”的合格假定监管模式。

3. 全面推进营商环境法治化建设

依法平等保护各种所有制经济产权，依法保护民营企业、中小企业的合法权益，营造公平竞争环境。建立健全快捷公正的多元商事争议解决机制。提高商事诉讼的审判效率，推行案件简繁分流制度。健全商事合同纠纷非诉解决、速调速裁机制，探索国际商事网上调解方式，引导商事主体选择网络仲裁，快速解决商事争议，努力建设商事法律服务最便捷城市。积极发挥广

州互联网法院的作用。建立与境外仲裁机构的合作机制，推动国际仲裁机构在南沙自贸区开展法律服务，加快中国南沙国际仲裁中心建设。建立常态化、制度化的法律事务合作协调机制。争取国家支持，推动与港澳建立大湾区法律问题协调与合作小组。加强对港澳商业行会规则的研究和学习，实现行业内三地企业的连接与交流。

综　合　篇

Comprehensive Reports

B.2
全球城市体系中广州国际商贸中心高质量发展研究

杨再高　何　江*

摘　要： 国际商贸中心一定是全球城市，而全球城市却不一定是国际商贸中心。对于具有商贸传统和优势的城市来说，完全可以通过提升商贸功能、建设国际商贸中心而跻身全球城市体系的前列。近年来随着全球贸易格局的变化和电子商务的兴起，广州作为"千年商都"面临新的机遇和挑战。为了在未来世界商业版图中占据有利地位，新时代广州建设国际商贸中心不能沿用原有的发展模式，而必须走高质量发展之路，把推进国际商贸中心高质量发展作为国际大

* 杨再高，广州市社会科学院副院长、经济学研究员；何江，广州市社会科学院现代市场研究所所长、经济学副研究员。

都市建设的一条主线。

关键词： 全球城市　国际商贸中心　国际商贸中心指数

一　国际商贸中心的基本特征

（一）国际商贸中心的功能特征

国际商贸中心的功能可以划分为消费、货物贸易、服务贸易、会展、客流、物流等细分功能（如表1所示）。其中，消费功能和货物贸易功能是国际商贸中心的基本功能。消费功能最突出的表现是世界级的商业街，货物贸易功能的表现形式不尽相同，比如：依托优越地理位置和良好港口条件而发展起来的转口贸易，具有国际影响的批发市场和商品期货市场，拥有国际竞争力较强的外向型制造业等等。

表1　商贸功能的分类

商贸功能	具体表现
消费	拥有世界级商业街；顶级奢侈品牌聚集；引领时尚潮流；文化旅游资源丰富
服务贸易	发达的高端生产服务业
货物贸易	货物进出口规模巨大；转口贸易发达；商品批发市场活跃；制造业国际竞争力强；商品期货市场发达
会展	展览规模大；品牌展览多；国际会议层次高、数量多
客流	机场旅客吞吐量大；拥有多个机场；卓越的服务和便捷的设施
物流	巨大的港口货物吞吐量；发达的航运市场；众多的国际航线和航班

如果一个城市各项商贸功能都很突出，就属于综合型国际商贸中心，如伦敦、纽约、东京、新加坡等城市。如果只有部分突出的商贸功能，则属于特色型国际商贸中心，如迪拜、米兰、芝加哥等城市。其中，米兰的消费、贸易、会展功能较为突出，客流、物流功能相对较弱。迪拜的消费、货物贸

易、客流、物流功能比较突出，服务贸易、会展功能相对较弱；而芝加哥由于地处内陆，作为物流枢纽的功能相对较弱。

（二）国际商贸中心发展的阶段性特征

15 世纪末到 16 世纪初的“地理大发现”，使欧洲市场与其他各大洲市场连接起来，经济全球化进程开始启动，国际商贸中心随之出现并不断演进，大体上经历了 5 个发展阶段（如表 2 所示）。目前，国际商贸中心发展进入信息与综合服务主导阶段，城市商贸功能发展仍在很大程度上依赖信息技术进步来推动。而且，国际商贸中心作为综合服务中心，服务功能更加强大，服务内容更加丰富，不仅提供面向企业的生产服务，还要提供面向个人的消费服务，二者处于同等重要的地位，不应过于强调生产服务，而轻视消费服务。

表 2　国际商贸中心发展的阶段性特征

阶段名称	航海贸易主导阶段	贸易与制造主导阶段	贸易与物流主导阶段	金融与商务服务主导阶段	信息与服务主导阶段
形成时间	“地理大发现”之后，工业革命之前	18 世纪 60 年代以后，“二战”前	“二战”之后，20 世纪 70 年代	20 世纪 80 年代，20 世纪初	20 世纪以后
代表城市	巴塞罗那、里斯本、阿姆斯特丹	伦敦、纽约、鹿特丹	东京、香港、新加坡	伦敦、纽约、芝加哥	还未形成代表性城市
技术制度经济	航海技术 重商主义 工场手工业	工业革命 自由贸易主义 机器大工业 流水线生产	集装箱技术 贸易自由化 关贸总协定	计算机、通信 全球化 2.0 世界贸易组织 生产性服务业	信息技术 全球化 3.0 要素自由流动 个人服务业
功能特点	航海贸易	商品集散	加工增值 商品集散	综合资源配置生产服务中心	互联互通 综合服务中心

纵观国际商贸中心的发展历史，技术进步、制度创新和经济发展是推动国际商贸中心功能演进的基本动力，特别是近年来在信息技术革命的推动下，各项商贸功能的重要程度、具体内容、实现形式都发生了较

大变化。通过对“传统”和“新型”商贸功能进行比较（如表3所示），可以看出，未来国际商贸中心功能的元素主要包括：服务贸易；新型市场体系；异地消费、体验型消费；更加强大的会展、航空枢纽和城市物流功能等。

表3　国际商贸中心功能的比较：传统与新型

类别 功能	传统商贸功能	新型商贸功能
贸易	货物贸易 传统批发市场	服务贸易 专业服务市场、期货市场、互联网交易平台
消费	本地消费 购物型消费 零售业态相对独立	异地消费 体验型消费 与其他行业深度融合
会展	功能以促进贸易为主 会展的地位不甚突出	功能更加丰富、重要 会展的地位非常突出
物流	航运中心地位突出 港口物流	航运中心地位相对弱化 航空物流、城市物流
客流	客流的重要性还未凸显	客运航空枢纽地位突出

二　广州国际商贸中心发展的国际比较

（一）综合评价指标体系

为了客观评价广州国际商贸中心在全球城市体系中的地位，找准发展短板和今后的努力方向，课题组构建了国际商贸中心指数进行国际比较，为此共选取了5个一级指标和13个二级指标（如表4所示）。指标选择和权重设定基本上体现了全球城市商贸功能的发展趋势。例如，把货物贸易与服务贸易分开，服务贸易单独作为一个一级指标，体现了服务贸易的重要性；又如，把机场旅客吞吐量的指标权重设为0.6，大于物流指标的权重，体现了客流和航空枢纽的重要性。

表4　国际商贸中心指数的评价指标及权重

一级指标	一级指标权重	二级指标	二级指标权重
消费	0.2	全球著名商业街年租金(美元/平方英尺)	0.50
		入境旅客数量(万人次)	0.20
		旅游总收入(亿美元)	0.30
货物贸易	0.2	货物进出口总额(亿美元)	0.50
		全球知名期货交易所数量(个)	0.50
服务贸易	0.2	全球金融中心指数	0.50
		全球城市分级排名	0.50
会展	0.2	世界商展100强排行的商展数量(个)	0.15
		世界商展100强排行的展会面积(平方米)	0.15
		城市最大展馆面积(万平方米)	0.20
		ICCA国际会议数量(个)	0.50
客流物流	0.2	机场旅客吞吐量(万人次)	0.60
		港口集装箱吞吐量(万标箱)	0.40

(二)国际商贸中心城市指数比较排名

本部分选取伦敦、纽约、巴黎、东京、新加坡、香港、迪拜、悉尼、米兰、芝加哥、孟买、台北、多伦多、首尔、阿姆斯特丹、布鲁塞尔、洛杉矶、法兰克福、北京、上海、广州21个国际国内城市进行，计算这些全球城市的国际商贸中心指数并进行比较。根据城市的国际商贸中心指数大小及名次，可以将21个城市分为四个梯队。

第一梯队：纽约、伦敦、香港、新加坡、上海。这5个城市综合得分为50~65分，属于综合性的国际商贸中心城市。与2016年排名相比，这5个城市排名均保持前5位，纽约排名上升1位，伦敦下降1位，新加坡上升1位，上海下降1位，香港保持不变。该梯队城市各项商贸功能的得分大都比较靠前。比如伦敦的国际服务贸易中心功能得分居第2位，国际消费中心、国际会展中心居第3位；纽约的国际消费、国际服务贸易中心功能都名列第1位，除了国际会展会议中心功能得分排名较靠后外，其他两项功能得分分别排名第3位和第7位。新加坡的商贸分项功能排名均居前5名。香港的商贸分项功能排名也位居前 7 名。

第二梯队：巴黎、东京、芝加哥。这 3 个城市综合指数得分为 30 ~ 49 分，也属于全球性的国际商贸中心。该梯队城市排名与 2016 年排名相比，巴黎、东京排名保持不变，芝加哥由 2016 年的第 10 位上升至第 8 位。该梯队城市拥有某些特别突出的商贸功能，得分甚至超过了第一梯队城市，显示了全球范围的影响力。然而，这些城市也有一些短板，制约了它们成为综合性的国际商贸中心。例如，芝加哥的货物贸易枢纽功能得分排名第 4 位，但国际消费中心功能仅排名第 18 位。

第三梯队：迪拜、北京、首尔、法兰克福、洛杉矶、广州、悉尼、多伦多、米兰、阿姆斯特丹、台北。这 11 个城市的国际商贸中心指数得分为 10 ~ 29 分，也显示了一定的全球影响力，但作为国际商贸中心的整体影响力相对较弱。与 2016 年相比，该梯队城市排名次序变动较大。迪拜保持第 9 名；排名上升的城市有 3 个，其中首尔、洛杉矶均上升 1 位，广州上升 5 位；排名下降的城市有 6 个，其中北京、悉尼下降 2 位，法兰克福、多伦多、米兰、阿姆斯特丹、台北下降 1 位。虽然这些城市商贸功能的综合评分不高，但也有一些城市在某项功能上表现突出，显示出了较强的全球影响力。例如：北京的国际服务贸易中心功能居第 6 位；迪拜的国际客流物流枢纽功能居第 5 位；米兰和法兰克福是公认的国际会展之都，其国际会展中心功能分列第 5 位和第 6 位。它们凭借自身优势发展成为特色国际商贸中心。

第四梯队：布鲁塞尔、孟买。这两个城市的国际商贸中心指数得分为 5 ~ 9 分，它们的排名与 2016 年持平。两个城市综合评分较低，各个具体功能的评分排名也很靠后，表明这两个城市仅在区域或者国家层面具有影响力，但在全球范围的辐射影响力较弱。

（三）国际商贸中心城市指数排名与 GaWC 全球城市分级排名的关系

世界城市或全球城市研究的代表人物弗里德曼（John Friedmann，1986）认为，全球城市是全球经济系统的中枢，集中控制和指挥世界经济的各种职

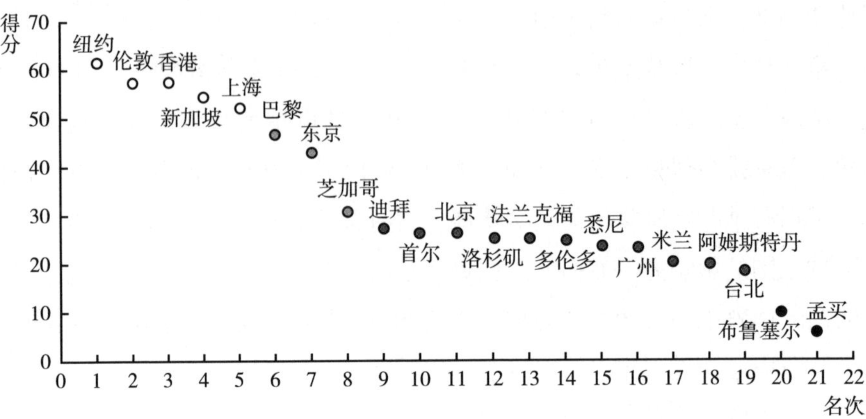

图1 部分全球城市国际商贸中心指数排名和得分

能，世界城市间有着密切的经济联系和紧密的社会互动。从图1中可以看出，全球城市也是经济中心，而商贸流通是经济中心功能的重要内容。因此，全球城市与国际商贸中心城市存在密切的联系。为了考察这种联系，下面采用相关分析方法，分析新型国际商贸中心城市指数排名与GaWC全球城市分级排名的关系。

表5 国际商贸中心指数与GaWC全球城市排名相关分析

		GaWC 世界城市排名	新型国际商贸中心指数排名
GaWC 世界城市排名	Spearman Correlation	1	0.731 **
	Sig.（2－tailed）		0.000
	N	21	21
国际商贸中心指数排名	Spearman Correlation	0.731 **	1
	Sig.（2－tailed）	0.000	
	N	21	21

说明：**. Correlation is significant at the 0.01 level（2－tailed）.

分析结果显示，国际商贸中心城市与全球城市分级排名存在较强的正相关关系，等级相关系数为0.731，并在统计意义上非常显著，表明全球城市与国际商贸中心这两个概念有着密切的联系，二者的影响力存在较强的正相关关系（如表 5 所示）。全球城市之所以具有较强的全球影响力和辐射力，发达的商贸业发挥了重要作用。另外，国际商贸中心指数排名与 GaWC 全球城市分级排名又有一定差异，这是因为国际商贸中心指数排名专注于商贸功能，而 GaWC 全球城市分级排名则主要依据金融业、会计、法律等高端生产性服务业的发展水平及全球连接情况。

（四）广州国际商贸中心发展的比较评价

1. 综合比较评价结果

在 2017 年 GaWC 全球城市名录中，广州属于 Alpha－级，排名第 40 位，在这 21 个城市中排名垫底。根据本文所计算的国际商贸中心指数大小，广州与迪拜、首尔、北京等 10 个城市同属第三梯队。在 21 个全球城市中广州的国际商贸中心指数排名第 14 位，比全球城市排名高出 7 位。可见，广州作为国际商贸中心的地位更加突出，商贸功能是广州发挥全球影响力的重要凭借和依托。

跟 2017 年国际商贸中心指数排名比较，2018 年广州从第 19 位上升到第 14 位，上升 5 位（如表 6 所示）。近年来广州金融业实力不断增强，会展业也取得较大发展，促使广州国际商贸中心地位不断提升。例如：根据 2018 年最新发布的“全球金融中心指数”，广州排名第 19 位，比 2017 年上升了 9 位；2017 年广州举办 ICCA 国际会议数量 22 个，较上年年增加了 6 个；广州有 4 个展览进入《2018 年世界商展 100 大排行榜》，较上年增加 1 个。

表 6　2017 年和 2018 年国际商贸中心指数排名变化

城市	2017 年国际商贸中心指数		2018 年国际商贸中心指数		排名变化情况
	分数	排名	分数	排名	
纽约	60.32	2	59.86	1	+1
伦敦	61.50	1	57.60	2	-1
香港	57.64	3	56.94	3	0

续表

城市	2017 年国际商贸中心指数		2018 年国际商贸中心指数		排名变化情况
	分数	排名	分数	排名	
新加坡	54.48	5	54.41	4	+1
上海	55.68	4	52.96	5	-1
巴黎	49.78	6	47.21	6	0
东京	48.19	7	43.05	7	0
芝加哥	30.97	10	31.22	8	+2
迪拜	31.62	9	27.50	9	0
北京	34.16	8	26.55	10	-2
首尔	25.95	12	26.37	11	+1
法兰克福	28.20	11	25.74	12	-1
洛杉矶	24.46	14	25.37	13	+1
广州	18.14	19	24.17	14	+5
悉尼	25.31	13	23.58	15	-2
多伦多	23.81	15	21.27	16	-1
米兰	21.27	16	21.03	17	-1
阿姆斯特丹	20.75	17	20.09	18	-1
台北	18.17	18	19.73	19	-1
布鲁塞尔	7.83	20	10.10	20	0
孟买	7.32	21	5.54	21	0

说明：+表示上升，-表示下降。

2. 分项比较结果

从分项商贸功能得分情况来看（如表 7 所示），广州在客流物流、会展等方面表现出一定的比较优势，但在货物贸易、服务贸易、消费等方面表现出较大劣势。特别是货物贸易，广州仅排在第 19 位，这是因为广州的货物贸易规模偏小，而且没有期货交易所等较为高级的市场形式。

表 7　部分全球城市的国际商贸中心指数及分项功能得分

城市	国际商贸中心指数		消费		货物贸易		服务贸易		会展		客流物流	
	总分数	排名	分数	排名	分数	排名	分数	排名	分数	排名	分数	排名
纽约	59.86	1	17.47	1	8.47	7	20.00	1	2.25	18	11.67	3
伦敦	57.60	2	12.72	3	10.55	5	14.76	2	9.97	3	9.60	8
香港	56.94	3	15.85	2	12.50	2	12.05	4	6.92	8	9.62	7
新加坡	54.41	4	7.42	5	13.86	1	12.27	3	8.99	4	11.87	2
上海	52.96	5	3.42	14	9.09	6	9.87	5	12.59	2	17.99	1
巴黎	47.21	6	11.67	4	4.57	9	7.54	12	16.46	1	6.98	11
东京	43.05	7	6.96	7	11.06	3	9.31	6	5.38	11	10.35	4
芝加哥	31.22	8	1.45	18	10.98	4	7.43	13	4.24	15	7.12	10
迪拜	27.50	9	5.22	10	2.95	13	8.16	9	1.48	19	9.68	5
北京	26.55	10	2.19	17	2.62	15	9.05	7	6.15	9	6.54	12
首尔	26.37	11	7.22	6	0.57	20	4.99	16	7.36	7	6.24	13
法兰克福	25.74	12	1.21	20	5.50	8	7.79	10	7.53	6	3.71	15
洛杉矶	25.37	13	3.50	13	3.90	10	7.19	14	1.10	20	9.67	6
广州	24.17	14	3.16	15	0.57	19	6.52	15	5.03	13	8.89	9
悉尼	23.58	15	6.83	8	2.50	16	8.37	8	3.45	16	2.42	18
多伦多	21.27	16	4.89	11	3.25	12	7.60	11	3.41	17	2.13	19
米兰	21.03	17	5.93	9	2.19	17	2.91	19	8.49	5	1.52	20
阿姆斯特丹	20.09	18	2.26	16	3.27	11	4.41	18	6.09	10	4.07	14
台北	19.73	19	4.63	12	2.72	14	4.87	17	4.64	14	2.86	17
布鲁塞尔	10.10	20	0.87	21	1.44	18	2.67	20	5.13	12	0.00	21
孟买	5.54	21	1.21	19	0.20	21	0.41	21	0.45	21	3.26	16

3. 广州国际商贸中心发展的优劣势

虽然 2018 年广州国际商贸指数排名明显上升，但广州与知名全球城市相比，在城市商贸功能方面仍然存在较大的差距，还有不少发展短板亟待补齐（如表 8 所示）。具体表现为：一是消费方面，国际知名品牌渗透率较低，作为国际旅游目的地的吸引力较弱；二是货物贸易方面，国际货物贸易的规模偏小，虽然传统批发市场发达，但缺少期货交易所等高级市场形式；三是服务贸易方面，服务贸易总量小，信息、金融等高端服务业发展滞后；四是会展方面，展览业具有国际比较优势，但国际会议发展短板明显；五是客流物流方面，机场旅客吞吐量与北京、上海差距较大，国际航空枢纽功能有待加强。

表 8　广州国际商贸中心发展的优劣势

商贸功能	优势	劣势
消费	商业街规模大、人气旺 “美食之都”享誉全球	国际知名品牌渗透率低 国际旅游吸引力较弱
货物贸易	商品集散功能较强 专业批发市场辐射力较强	国际贸易规模偏小 没有期货交易所
服务贸易	商务服务发展相对较好	服务贸易总量小 信息、金融等高端服务短板突出
会展	展览规模大、品牌展览多	国际会议的发展短板明显
客流物流	物流功能位居全球前列	航空枢纽功能有待加强

三　推进广州国际商贸中心高质量发展的基本思路

（一）高质量发展的意义

当前广州作为国际商贸中心，不仅面临来自外部的严峻挑战，自身也存在明显的短板或弱项，为了在未来世界商业版图中占据有利地位，新时代广州建设国际商贸中心必须走高质量发展之路。

新时代推进广州国际商贸中心高质量发展具有重要意义。其一，符合国家新一轮对外开放的战略需要，有利于更好地发挥广州对外开放窗口和平台作用，从而更好地促进我国企业参与国际合作与竞争，这既是国家赋予广州的战略任务，更是广州的责任担当。其二，巩固与提升“千年商都”地位的必然要求。当前广州面临新的机遇与挑战，为了更好地抓住机遇、应对挑战，新时代广州建设国际商贸中心就不能沿用原有的发展模式，必须把高质量发展摆在突出的位置，走高质量发展之路，再造竞争新优势。其三，推进广州国际大都市建设的重要举措。目前广州正在着力建设国际大都市，面临完善城市服务功能的战略任务，推进国际商贸中心高质量发展有助于将这一任务落到实处。

（二）高质量发展的内涵

高质量发展主要包括以下四个方面的内涵。

一是稳中求进。“稳”是广州国际商贸中心高质量发展的基础和前提，要求商贸业保持持续平稳发展态势，避免大起大落。“稳”还体现在政策的连续性、稳定性上，要一张蓝图绘到底，把高质量发展作为当前和今后一个时期广州建设国际商贸中心的确定发展思路，并据此制定相关发展规划和具体措施。“进”是高质量发展的目标，在“稳增长”的基础上，争取在某些时期或领域实现快速发展。

二是提质增效。“质量第一、效益优先”是广州国际商贸中心高质量发展的核心内涵和基本路径。新时代广州建设国际商贸中心，不应过度追求商贸业规模的快速扩张，而是把质量第一作为发展的核心价值取向，贯彻新发展理念，更加注重创新发展、开放发展、绿色发展、协调发展和融合发展，使商贸业的质量效益特征更加明显，同时尽量减少商贸业对生态环境的负面影响，使绿色低碳成为高质量发展的重要标志。

三是动能转换。实现商贸业高质量发展，关键在于新旧发展动能的接续转换。今后应紧紧抓住供给侧结构性改革这条主线，重点在“补”“去”“降”上下功夫，为广州国际商贸中心高质量发展注入新动能。“补”是补足创新动力，强化商贸领域的体制机制创新、技术创新、模式创新、业态创新、管理创新，使创新真正成为商贸业发展的主要引擎；“去”是要去除无效供给，逐步淘汰落后商贸模式和业态；“降”是继续降低商业企业负担的显性和隐性制度性成本，大力改善营商环境。

四是结构优化。当前广州商贸业不平衡不充分发展体现在多个方面。例如：进出口总额中进口所占比例偏小，服务贸易和国际会议发展存在明显短板，改善型、高品质消费服务的有效供给不足，传统商贸业仍占较大比重，部分商贸业转型升级步伐较慢，等等。今后要聚焦广州商贸领域存在的发展不平衡、不充分问题，突出补短板、强弱项，通过结构优化来实现商贸业高质量发展。

四　推进广州国际商贸中心高质量发展的对策建议

强大的商贸功能是国际大都市辐射影响力的重要体现，也是国际大都市不可或缺的城市功能。未来广州应把提升商贸功能作为建设国际大都市的一条主线，按照“走在前列”的要求，着力推进国际商贸中心高质量发展。

（一）以培育新业态新模式为重点，打造贸易强市

一是积极培育外贸新业态和新模式。研究制定外贸新业态、新模式的认定办法和支持措施，加大政策扶持力度。重点发展跨境电商、跨境电商综合服务、市场采购、汽车平行进口、检测维修等贸易新业态、新模式，争取新业态和新模式占全市外贸比重大幅上升。优化跨境电商模式，以做大做强B2B为重点，积极发展跨境电商零售业务（B2C）、保税网购进口业务（B2B2C），支持出口企业建设“海外仓”。培育一批集通关、物流、退税、金融、保险于一体的外贸综合服务企业。探索发展离岸贸易，研究支持离岸贸易发展的政策体系。

二是做大做强服务贸易。大力发展物流、金融保险、信息软件、文化旅游、教育培训、商务会展等服务贸易，积极培育数字贸易、服务外包和技术贸易。推进“服务贸易创新发展试点”建设，探索建立服务贸易负面清单管理模式。深化CEPA下自贸试验区对港澳服务业开放，进一步降低港澳现代服务业的准入门槛。研究编制出台服务贸易促进指导目录，搭建服务贸易公共服务平台。

三是主动扩大进口规模。针对广州进口规模偏小的现状，今后应积极拓展进口贸易，促进出口与进口平衡发展。以建设国家跨境电子商务综合试验区为契机，发展“保税＋贸易”模式，利用南沙自贸区、白云机场综保区

和广州保税港区的政策优势，建设商品进口口岸分拨中心。发展“会展+贸易”模式，探索在空港经济区或者南沙自贸区建设国别商品展销展示交易中心，展销来自发达国家的高新科技产品和优质消费品，以及“一带一路”沿线国家或地区的特色商品。

（二）以提升综合体验功能为主线，打造国际消费中心

一是积极申报国家国际消费中心试点城市。广州应顺应消费全球化的新趋势，把握我国经济增长动力从投资切换到消费、新一轮消费升级蓬勃发展的新形势，积极申报国家国际消费中心试点城市，努力打造立足国内、辐射周边、面向世界的国际消费中心。

二是完善促进消费的体制机制。积极推进消费领域的简政放权和放管服改革，进一步完善促进消费增长的体制机制。完善境外旅客购物离境退税政策，提升退税便利化程度。实施更加开放的免税购物政策，增设免税店、扩大退税商品种类和免税购物限额。建立完备的消费者权益保障体系，规范市场秩序，优化消费环境。

三是引进与发展大型文化旅游项目。积极引进迪士尼主题乐园（海洋主题）、极地海洋世界、环球影城等世界级文化旅游项目，形成与长隆旅游度假区、万达文旅城的协同发展格局，产生“1+1+1>3”的集聚效应。推动建设南沙、黄埔大型邮轮（游艇）码头，加强与港澳地区邮轮旅游业合作，吸引国内外大型邮轮公司入驻，拓展国际航线邮轮业务，打造广州游艇旅游品牌。

四是提升城市商圈的辐射影响力。加快城市重点商圈改造升级，支持商业街向综合体验方向发展，着力提升商圈品质。吸引国际高端时尚消费品牌入驻，发展国际时尚酒店、主题餐饮、影视、娱乐、休闲等业态，促进购物业态与体验业态协同发展。通过举办国际购物节、美食节、动漫节、时装周、艺术表演，以及引进和培育世界赛事、国际文化体育会展等活动，促进天河路商圈商旅文融合发展，打造世界级的旅游目的地。推进线上线下互动发展，打造时尚化“智慧商圈”。

五是充分发挥“食在广州”和“花城”的引流作用。抓住米其林进驻广州的机遇，促进餐饮业国际化。充分认识“花城”对于建设国际消费中心的重大意义，做好“花城”文章，让“花城”品牌走向世界。合理规划赏花地点，打造一批规模大、有品位、上档次的城市赏花景观点。重视发展“赏花经济”，促进花卉种植与旅游、餐饮、农产品加工、精细化工等行业融合发展。

（三）以国际化和专业化为导向，打造全球会展之都

一是积极推进会展场馆建设改造。针对广州缺少大型国际会议中心的现状，合理选址、高标准规划建设广州新国际会议中心，为举办更高层次、更高级别的国际会议奠定基础。结合广州国际航空枢纽建设，研究在空港经济区或第二机场附近建设一个中等规模、现代化的新国际会展中心。尽快盘活流花展馆，将流花展馆打造成为以新型会展经济为引领的现代商贸综合体。

二是补齐国际会议发展短板。积极推进国际会议之都建设，大力发展高端国际会议，提升广州国际交往中心功能。策划和筹办“一带一路”沿线城市高峰论坛，搭建“一带一路”沿线城市战略合作常态化平台，加强沿线城市政府、企业、学者的交流与合作。打造广州国际投资年会、达沃斯“广州之夜”等品牌招商活动，搭建高规格、高层次国际推介平台。积极举办国际学术交流活动，建设国际学术会议之都。

（四）以琶洲互联网创新集聚区为核心，打造“网络商都”

一是大力发展互联网交易平台。以琶洲互联网创新集聚区为核心载体，集聚电子商务研发、支付、营销、运营等高端要素，打造世界电子商务发展高地。促进荔湾区花地河、黄埔区状元谷国家电子商务示范基地提质升级，发展黄花岗科技园、天河智慧城等电子商务特色集聚区。依托专业批发市场，积极发展 B2B 产业互联网平台，打造一批垂直领域电子商务平台，深化“广货网上行”。鼓励传统零售企业建立或应用现有网络购物平台，加快推广线上线下互动购物方式。推动 O2O、C2B、P2P 等新型商业模式快速发展，积极培育微商等新型业态。聚焦娱乐、教育、医疗、电视等领域，支持

发展相应的互联网交易平台和市场。

二是巩固与提升跨境电商领跑地位。积极将广州打造成我国跨境电子商务发展高地和亚太地区跨境电子商务中心城市。大力培育本土跨境电子商务示范企业，吸引一批跨境电商综合服务企业落户发展。促进跨境电子商务直购进口、保税备货、闪购等新业态发展，探索跨境电商 B2C 海外仓模式。继续完善跨境电子商务领域一站式服务。

推广新一代信息技术的应用。继续推动互联网技术、移动互联网技术在电子商务领域的应用，重点推动传统商贸业转型升级。鼓励物联网、云计算、大数据、虚拟现实、人工智能和区块链等新一代信息技术的广泛应用，推动商贸流通向网络化、数字化、虚拟化、智慧化方向发展。制定大数据收集、管理、开发、应用等标准规范，组建广州超算中心研究院，支持高等院校开设超算研究和应用专业，深化大数据在生命科学、新药研制、新车型研发、气候变化等方面的应用。规划建设大数据应用产业园，建立以企业为主体、以市场为导向的大数据信息协作创新体系。

（五）以完善现代市场体系为目标，打造全球资源配置中心

一是着力完善现代市场体系。逐步完善以专业服务市场、期货市场、互联网交易平台等为代表的现代市场体系，增强广州全球资源配置能力。加快营造法治化、国际化、便利化的营商环境，健全公平、开放、统一的市场环境，促进现代市场体系高效运行。规范市场竞争秩序，通过营造公平竞争、宽松有序的市场秩序，保障各类市场健康运行。依托广州专业批发市场的发展优势，推动传统专业批发市场向展贸、电子商务、综合服务等方向转型升级，进一步提升“广州价格”的影响力。

二是积极争取设立期货交易所。广州应积极向国家申请设立期货交易所，将其作为一项重大战略任务，精心规划，精心组织，常抓不懈。研究成立广州交易所和结算中心集团，负责在广州开展期货或远期的相关事宜，比如合约设计、交易结算、风险监控等。探索开展碳交易及其期货交易，以及气温、日照小时数、降雨量、空气污染物等天气期货交易的可行性。

（六）以先进城市为标杆，打造国际一流营商环境

一是深入推进南沙自贸区建设。借鉴香港、新加坡等自由贸易港的经验，不断完善贸易便利化举措，营造宽松、自由的贸易环境，努力把南沙自贸区打造成为开放层次更高、营商环境更优、辐射作用更强的开放新高地。鼓励南沙自贸试验区以更大力度推进制度创新，进一步深化投资管理体制改革，形成与国际投资规则相衔接的制度框架。

二是大力提升贸易便利化水平。按照“广州特色、全省标准、全国领先”的思路，持续有序推进国际贸易“单一窗口”建设。探索推进“单一窗口”平台与港澳、“一带一路”沿线国家口岸的互谅互通。深化“三化”大通关改革，创新监管模式。

三是切实降低贸易成本。整合和规范进出口环节经营性服务和收费。全面推进实施跨境贸易跨部门一次性联合检查，确保出口查验率不超过2%，支持优化检验检疫和进口通关流程，继续组织实施免除查验没有外贸企业吊装移位仓储费用试点工作。

（七）以第二机场建设为重要抓手，打造国际航空航运枢纽

一是加大国际航空枢纽建设力度。加快推进航空枢纽的基础设施建设，规划“1+N”的机场发展格局，尽快建设第二国际机场，推进白云国际机场扩建工程及软硬件配套建设，提升航空枢纽的容量和空间。发展中远程国际航线和洲际航线，增设国际直飞航线，搭建“空中丝路”。改善机场服务和城市服务，提升航空枢纽的国际竞争力。

二是提升航运与城市物流功能。对标世界一流水平打造广州国际枢纽港，增加“一带一路”沿线外贸集装箱班轮航线，积极拓展海外腹地，增加欧洲、美洲、澳新航线。进一步加强航道、码头、物流仓储、商务配套设施建设，加快疏港铁路建设，形成海铁联运的港口综合交通网络。鼓励物联网、云计算、大数据、人工智能等技术的广泛应用，优化城市物流配送系统，促进城市智慧物流快速发展。

参考文献

广州市委、市政府：《广州市委市政府关于建设国际商贸中心的实施意见》，2012。

国际大会及会议协会（ICCA）：《ICCA 国际会议市场年度报告（2016）》，2017。

何明珂、刘文纲：《国际商贸中心研究》，经济科学出版社，2012。

黄爱光：《对北京国际商贸中心现代零售业发展的思考》，《北京财贸职业学院学报》2011 年第 3 期。

黄丙志：《新加坡国际贸易中心转型以及贸易发展与便利化政策研究》，《经济师》2011 年第 3 期。

黄丙志、石良平：《世界城市视角下国际贸易中心的当代“节点”特征》，《上海经济研究》2010 年第 11 期。

Baldwin, R. E., R. Forslid, P., Martin, G. I. P. Ottaviano, and F. Robert - Nicoud, 2003, Economic Geography and Public Policy, Princeton, NJ; Princeton University Press.

Friedman J. The world city hypothesis. Development and change, 1986 (17).

Fujita M., Krugman P., Mori T. (1999) On the evolution of hierarchicalurban systems. European Economic Review 43.

Fujita, M., P. R. Krugman, and A. J. Venables, 1999, The Spatial Economy; Cities, Regions, and International Trade, Cambridge, MA: MIT Press.

B.3
在粤港澳大湾区建设中全面增强广州国际商贸中心功能

董小麟*

摘　要：《粤港澳大湾区发展规划纲要》阐明了广州在大湾区建设中的定位，其中全面增强国际商贸中心功能是发挥整体功能定位的重要抓手，影响与制约着其他各项功能的实现。广州要以创新发展的思路，为国际商贸中心注入新内容新功能；并以合作、协同的理念，扩大国际商务服务相关产业群及支撑性产业体系的建设。要联手港澳，共同打造国际一流营商环境，为全面增强国际商贸中心功能提供坚实的环境与制度保障。

关键词：粤港澳大湾区　广州国际商贸中心　发展定位

建设粤港澳大湾区是我国经济社会发展进入新时代的重大国家战略。把粤港澳大湾区建设成为世界级城市群，将构造我国开放发展的新引擎，并进一步提升广州城市功能定位，为广州国际大都市建设赋予新的能级。2019年2月中共中央、国务院印发的《粤港澳大湾区发展规划纲要》（以下对该文件简称《规划纲要》）阐明广州在大湾区的定位，即“充分发挥国家中心城市和综合性门户城市引领作用，全面增强国际商贸中心、

---

* 董小麟，广东外语外贸大学教授、粤港澳大湾区广州智库学术委员、全国科技名词审定委员会经贸名词审定委员，研究方向为领域为城市经济、开放型经济和粤港澳大湾区建设等。

综合交通枢纽功能，培育提升科技教育文化中心功能，着力建设国际大都市”①。根据这一表述，我们要把全面增强广州国际商贸中心纳入建设粤港澳大湾区的大局，顺势而为，抓好重点、补好短板，确保广州在粤港澳大湾区中的功能定位全面实现。

一　广州增强国际商贸中心功能在粤港澳大湾区建设中的意义

全面增强国际商贸中心功能，对于广州而言不仅是发挥其传统城市功能之优势，更是与广州在粤港澳大湾区中被赋予的各项功能定位具有密切联系，对广州全力参与大湾区建设具有重要意义。

（一）增强广州国际商贸中心功能是新时代进一步升华传统商贸优势的需要

广州自古以来就是中国重要的商业城市和对外贸易的枢纽城市。从《汉书·地理志》等古籍记载可知，广州对外贸易史长达2000年左右，在公元初年即发展对外贸易的大都会；又从中央政权先后在广州首设市舶使（唐代）、市舶司（宋代）等专司对外贸易管理的专职官员及机构等事实可见，广州自隋唐以来面向海外的贸易量居全国之首（除南宋末及元初共百年由泉州夺魁外），以至国家给予特别重视；而在明清期间，广州成为中国唯一不曾间断开放的贸易口岸，从欧洲各国与我国的贸易商船自1720年起基本集中到了广州，以及1784年美国对华贸易的商船首航亚洲就以广州为目的港并随之通过广州而认识中国和东亚的事实，可以证明广州作为我国外贸枢纽的地位非常明显，它所联系的海上丝绸之路到清代中期已经覆盖了大半个地球。与此同时，广州逐渐形成的是一个国际化的大型贸易平台，在国

① 引自《粤港澳大湾区发展规划纲要》，《人民日报》2019年2月19日。以下有关该文献的引用，出处相同，不再另行注明。

际商贸活动聚集力和辐射力方面具有国际领先地位，各国商贾利用这个平台相互开展贸易，不仅带动我国内地商品在此进行国际集散，也拉动着各国商品在这里向海内外的再分流。

新中国成立初期，在与西方发达国家尚未建交情况下，为打开对外贸易窗口而在广州设立"广交会"，使之成为当时我国外贸主渠道。而改革开放在广州的率先起步，也是从搞活商品流通开始，比如放开塘鱼价格、把农贸市场引入城市市区、发展超级市场等新业态、组建消费者委员会等举措，都是广州首先推出并产生全国性影响的标志性改革事件。

新时代，我们面对的是国内社会供给侧结构性改革的推进和国际社会经济全球化的挑战，二者均与市场问题紧密相关，而粤港澳大湾区的一大特征是具有对接国际市场前沿的优势。广州如果能够在历史的新起点上进一步增强国际商贸中心的功能，对广州自身更好地体现其在大湾区建设中的作用，对大湾区更好地发挥在国家经济发展和对外开放中的支撑引领作用，具有重要的时代意义。

（二）增强国际商贸中心功能有利于全面实现广州在粤港澳大湾区建设中的定位

从《规划纲要》对广州在粤港澳大湾区发展中的定位所作的系统描述来看，全面增强国际商贸中心功能是更好地实现该系列定位的关键抓手。

首先，"充分发挥国家中心城市和综合性门户城市引领作用"，要求广州必须全面增强国际商贸功能。作为国家中心城市，必然是经济、文化等综合实力相对强大的城市；而综合性门户枢纽，不仅其在历史上的形成与国际商贸有关，在当今经济全球化条件下更应强化其与国际经贸关系的联结，其商流、物流、金融流、信息流及人流的规模、强度与范围必然更大。所以，增强广州国际商贸功能，对建好国家中心城市和综合性门户城市具有基本的支撑作用。

其次，"综合交通枢纽功能"则要求广州必须全面增强国际商贸功能。交通枢纽固然需要有航空、航运、公路、铁路的建设，但交通枢纽功能的发挥，则在于它所承载的“吞吐量”，即完成运载的客流量、货运量等。如果经济不繁荣、商务功能不足，客流量会受影响；如果商贸不发达，货物吞吐量就不能做大，由此造成交通功能下降、运力闲置，从而交通枢纽的地位便无从谈起。所以，强大的商贸功能所带来的商品集散和商务活动的丰富，既需要发达的交通条件的配套支持，又反过来影响和制约着综合交通枢纽功能的实现。

再次，关于“培育提升科技教育文化中心功能”。虽然科技文化与商贸活动的强盛与否，在历史上没有非常直接和等价的联系，但从当今的发展态势看，科技文化功能中包含一定的产业化比例。当今的商贸内容，远远超出传统商业限于一般物质商品的范畴，已包含大量的非物质形态的产品或权利的交易。比如其中的科技因素，知识产权交易已成为高端市场的重要组成部分，而发达的文化产业更带来大量文化产品贸易的机会……所以，从扩展着和提升着的商贸内容来看，增强广州商贸中心功能仍将对科技文化教育中心功能的培育产生积极的影响。

最后，关于“着力建设国际大都市”，更需要强化商贸中心功能。从国际上著名的大都市，比如纽约、东京、香港、新加坡等来看，都需要把强大的商贸功能作为其发挥国际影响力、竞争力的一个主要抓手。因为在当代，国际商贸已经不能仅仅理解为外贸口径，而是围绕国际商贸已经形成丰富的国际商务服务体系，涵盖金融、物流、财务、法律、运输等，构成了服务于商贸的强大产业链。从现代国际社会评价世界城市或全球城市看，国际商贸以及围绕它所发展起来的跨国投资等商务活动的相关指标，都构成了重要的观测点。

二　广州全面增强国际商贸中心功能的重要创新点

创新是发展的第一动力。商贸领域的创新也适应着社会整体创新发展的要求，不断实现着方式、内容与功能的创新。从一般意义上观察这一演进过程，再结合我国改革开放带来的商贸活动领域的拓展过程看，大体循“消费品的市场化交易—生产资料的市场化交易—要素的全面市场化交易”的路径推进，这种过程实质体现一国或一地贸易层次提升及贸易过程的深化，带来的是资源配置能力由弱渐强的变化。另一线索是循“实体商品贸易—服务贸易”的轨迹发展，当今主要体现为发达国家服务贸易的优势及发展中国家大多面临服务贸易竞争力亟待提升的状况，而服务贸易的内容也在不断深化。

广州要增强国际商贸中心功能，应从创新着手，抓住粤港澳大湾区给予的机遇，从若干方面着力加强。

（一）推进技术与知识产权交易市场发展

技术与知识产权交易市场是广州增强国际商贸中心功能的一项重要抓手，是服务贸易高端化的主要内容。科技创新是粤港澳三地合作的一个重要领域。《规划纲要》提出要“推进‘广州—深圳—香港—澳门’科技创新走廊建设，探索有利于人才、资本、信息、技术等创新要素跨境流动和区域融通的政策举措，共建粤港澳大湾区大数据中心和国际化创新平台”，要“共建创新发展示范区。强化粤港澳联合科技创新，共同将广州南沙打造为华南科技创新成果转化高地”，等等。今后在大湾区科技资源整合和科技创新成果转让转化中，必然会形成许多涉及技术与知识产权交易。广州在2014年12月已经获批建立广州知识产权交易中心，其功能在不断充实，并且已开始加强与国际的联系。目前广州还构建了国内相对领先的知识产权服务体系，并借力国家所建的广州知识产权法院，集聚了优质高端的知识产权服务要素。当前广东、广州的知识产权交易在全国已经相对领先，由广州市人民政府联手广东省市场监督管理局（知识产权局）、中国专利信息中心在广州举办的广东知识产权交易博览会（以下简称“知交会”）的功能与达成的交易额都在不断攀升，2018年的这届知交会整体场地超过2万平方米，比2017年扩大了66.7%；展位增至239个，比2017年翻一番；达成知识产权投资意向90亿元，知识产权交易金额10.4亿元，比2017年增长44.7%①。

① 《“2018广东知识产权交易博览会”成功举办，助推加快建设全国知识产权交易中心》，《南方日报》2018年11月9日A10版。

可以预测，在我国进一步加强知识产权保护政策与法制建设的基础上，在粤港澳科技与知识交流将在大湾区有更大发展的背景下，作为科技、文化资源密集和具有从事科技成果与知识产权交易良好条件的广州，完全有必要也有可能做强这个领域的市场。我们要按照《规划纲要》所述，着力增强“依托现有交易场所，开展知识产权交易，促进知识产权的合理有效流通”的能力，为增强广州国际商贸中心功能注入新的高能量。

在进一步提升知识产权交易质量与规模的同时，广州应加快把大数据交易及其规范按照知识产权交易的要求加以提质。广州是华南地区大数据产业发展中心，也是大数据交易的重要市场。大数据产业领域广泛，数据的生产、采集、存储、加工、分析、传输服务等相关经济活动都被涵盖。大数据交易的知识产权问题包括两个方面：一是原始数据生产者或拥有者的主权，二是大数据交易过程的各方的权益的界定。首先，这种大数据交易关系与一般商品交易不同，通常不涉及最终所有权的完整让渡，而主要是使用权的让渡。其次，这种使用权的让渡又不同于如国有土地在一定时期的排他性的使用权让渡，数据的使用权让渡不具有排他性。所以会带来两个基本问题：一是是否侵权，二是如何估价。广州要依托大数据行业并借力知识产权法院组织力量推进这个领域的工作。

（二）创新发展碳交易市场和创新型期货交易

2012 年 9 月广州碳排放交易所成立。至 2014 年已有 7 个省市开展碳排放权交易试点，其中广东包括广州、深圳两处交易所。2015 年 11 月，习近平主席在巴黎气候大会上提出我国将把建立全国碳排放交易市场作为应对气候变化的重要举措。2017 年 12 月，全国统一的碳排放市场交易启动。《规划纲要》明确提出，“支持广州建设绿色金融改革创新试验区，研究设立以碳排放为首个品种的创新型期货交易所”，这是基于广东省发生的碳排放交易规模与潜力领先全国的需要（含深圳在内全广东碳排放交易额近几年平均占内地碳排放交易量的四成），因而广州的碳排放交易的市场基础较好。同时也体现面向国际社会倡导绿色发展的需要，因此其功能需要升级。碳排放交易市场首先是个金融属性的交易市场，它赋予服务贸易以新的内容层次，非常有利于广州金融服务业的特色发展，并促进广州增强更高层次的与金融结合的商贸服务功能。根据《规划纲要》，广州的碳排放交易要在基于配额的即期和初步开展的部分远期合约交易基础上，研究设立以碳排放为首个品种的创新型期货交易所，我们必须及时借鉴国际先进经验，进一步把碳排放交易业务范围扩大到立足大湾区面向全国和全球，并借此推进绿色金融服务及创新型期货交易所建设，在创新型期货品种的开发与市场化方面努力先行，进一步凸显广州国际商贸中心在粤港澳大湾区中的新特色和新实力。

（三）增强对商贸规则与制度创新的介入

增强国际商贸中心的创新发展能力，还必须从整体商贸服务功能改进和水平提升着手，这离不开某些制度和规则的拟定。其中，《规划纲要》提出“支持广州南沙建设全球进出口商品质量溯源中心”，就是商贸活动的一种制度性和规则性的提质。广州在2016年就已经建立中国内地首个进出口商品全球质量溯源体系，人们通过扫描“CIQ溯源码”，便可查询到商品的20项相关信息，对从产地到发货地等相关环节的情况的真实性加以把控，使产品进入国内的流通变得可查可证，很好地解决了购买者以往对跨境电商进口的商品难以查证溯源的难题，大大有利于保护下游购买者和消费者权益，对跨境电商的健康发展也具有非常积极的意义。相应地，其他有关国际商贸活动制度性管理的内容，比如电商外贸的行业标准等的拟订，在今天应该成为我们增强广州国际商贸中心功能需要率先做好的工作。这类工作的意义也可以解释为：具有规则制订的话语权，将令广州国际商贸中心的地位更加显著和更加稳固。《规划纲要》要求粤港澳大湾区要“对接高标准贸易投资规则”，我们相信，在国际规则的对接中，不断提升参与贸易规则制定的意识和能力，是我们应有的态度和责任，毕竟当前已有越来越多新商贸业态和商贸方式以中国为发源地，即使一些传统领域的传统规则，在发生变化时也有参与规则再修订的机遇。

三 在协同发展中实现广州国际商贸中心功能全面增强

当代产业间的关联性、渗透性和交叉性在不断加强，而中心城市功能的提升也需要体现在与所在城市群其他城市间的协同。所以产业协同与区域协同，产业群与城市群的共建，是全面增强广州国际商贸中心功能的必要条件。在粤港澳大湾区世界级城市群建设中，珠三角与港澳的城市群内部，既有各成员的个性化定位与发展特色，更应有的是城市群的协同性、系统性的合力运作，方可取得整体功能大于部分之和的积极效应。所以，在《规划纲要》中，合作、协同是关键词，是基调。广州要全面增强国际商贸中心功能，一定要对加强区域内外协同、产业纵横合作给予高度重视和采取积极措施。

（一）注重商贸与文化、旅游等产业的协同发展

在市场经济条件下，市场作为资源配置和价值实现的决定条件，使基于国内外市场的商贸活动与其他各类产业之间存在必然联系，同时也是消费者实现购买力和消费的主要载体或媒介。所以，全面增强国际商贸中心功能，必须突破狭义商贸的局限，通过“商贸＋”的方式，提高产业间合作与协同水平。

《规划纲要》强调要“构建现代服务业体系。聚焦服务业重点领域和发展短板，促进商务服务、流通服务等生产性服务业向专业化和价值链高端延伸发展，健康服务、家庭服务等生活性服务业向精细和高品质转变，以航运物流、旅游服务、文化创意、人力资源服务、会议展览及其他专业服务等为重点，构建错位发展、优势互补、协作配套的现代服务业体系”。在这段阐述开始提到的“商务服务、流通服务”就是商贸中心建设的基本内涵，它的外延包括其他各类服务在市场上的交换和贸易。

当前，在政府行政体制改革中已经带来了有利于“文商旅一体化”协同发展的制度条件，《规划纲要》提出的与广州相关的若干文化、旅游项目

建设，与广州商贸中心功能的增强是一致的，完全可以从多方面实现协同发展。比如：一是《规划纲要》提出的完善“文化创意产业体系”“繁荣文化市场”“支持广州建设岭南文化中心和对外文化交流门户”等内容，客观上都包含了与商贸结合的要求。文化创意产业的主要内容属于市场化的产业，文化市场的发展更是商贸中心功能的重要延伸，对外文化交流门户的功能也同样包含属于产业化可贸易的文化产品的“走出去”和“引进来”。二是《规划纲要》提到的支持广州等地“弘扬特色饮食文化，共建世界美食之都”，反映了广州商贸饮食业的特色化优势，它同时具有“商贸 + 旅游 + 民生”的可协同发展属性。目前广州饮食业在社会商品零售额中的占比居一线城市之首，是国际上少见的可以容中外各主要饮食类别于一城的都市，是可持续增强广州国际商贸中心功能的一大支柱。三是《规划纲要》提出，“有序推动香港、广州、深圳国际邮轮港建设，进一步增加国际班轮航线，探索研究简化邮轮、游艇及旅客出入境手续”。邮轮母港建设是广州谋求商旅一体化并提升国际商贸中心功能的一个重要举措。结合广州岭南文化的弘扬，近年来广州已明显增强作为旅游目的地的吸引力，广州要抓住粤港澳大湾区建设的机遇，发扬自身在国内一线城市中历史文化传统最悠久的优势，包括国际商务活动和商业文化较发达的优势，进一步整合文、商、旅的资源与功能，形成全面增强国际商贸中心功能的新的增长极。

（二）注重各种商务相关服务业多种业态间的协同发展

国际商贸中心功能的全面增强，在狭义商贸以外，影响最大的是直接服务于商贸业的专业性产业如物流、仓储、融资租赁等，以及为商贸业发展提供载体的产业如交通运输、会展、网络平台等，都需要进一步做强其对商贸的支撑力。

《规划纲要》对粤港澳大湾区加快发展现代服务业做出专门的阐述，其中大多与商贸产业具有重要关联性。例如，广州物流、仓储类产业发展规模较大，但按照商贸功能做强的需要，仍有新的发展需求。根据《规划纲要》所述“推进粤港澳物流合作发展，大力发展第三方物流和冷链物流，提高供应链管理水平，建设国际物流枢纽”，广州目前宜从以下四个方面加强物流、仓储产业：一是结合传统批发市场改造，以做大做强第三方物流，对物流、仓储业的布局进行优化及规模整合，为中心城区腾出空间及改善宜居宜商环境；二是结合粤港澳大湾区国际贸易总量巨大的特点，结合广州电商外贸在国内发展的先行优势，依托广州综合性交通枢纽领先华南的条件，加快在广州建设华南地区最重要的国际物流枢纽；三是要根据《规划纲要》所提的，做强重要的战略物资的储备规模；四是适应电商外贸布局的需要，加大力度，主动布局海外仓。

在商贸功能的支撑性产业方面，综合性交通枢纽建设是最重要的领域，它对国际商贸中心功能的增强作用是不可替代的。按照《规划纲要》关于“提升客货运输服务水平”“加快广州—深圳国际性综合交通枢纽建设”等要求，为实现广州全面增强国际商贸中心功能，其综合性交通枢纽建设宜从以下三个方面继续加强。一是城市交通体系建设要充分考虑商贸活动的布局及活动规律，解决目前局部存在的二者不协调问题，充分实行商贸布局规划与交通体系建设规划等规划的一体化，以“多规合一”协调增进彼此的经济与社会效益；二是加强广州交通体系与粤港澳大湾区整体交通网络体系的高效对接及相互配套，在港口、公路、轨道交通方面，不仅实行同类（如港口与港口的合作、轨道与轨道的衔接等）协同，还要加强不同交通手段的彼此衔接，带动大湾区整体人流、物流效率的提高；三是加快综合性交通枢纽中一批重点项目建设，包括以第二机场、南沙港疏港铁路等项目建设促进广州商流、物流、人流的输送能力和效率，同时注重南沙邮轮母港建设应发挥拉升区域旅游商贸业的效应，并以邮轮母港延伸的商贸旅游区建设吸引海外邮轮来此停靠，更好地带旺区域商贸旅游的人气。

加快提升国际商贸活动的组织力与影响力，是广州全面增强国际商贸功能的应有之义。要寻找整合湾区资源、加强湾区内部合作的机会，可拓展以下四个方面的工作。一是加强重要企业来穗设立总部或功能性总部和区域性总部，特别是港澳与海外有影响的行业领军企业或骨干企业，便于加强与它们的联系、沟通，以构建广州发展国际商贸活动的雄厚的“社会资本”。这些企业不限于商贸业，应同时包括制造业、航空航运业等有利于促进商贸中心功能的行业。二是抓住机遇加强按照分行业类别组建大湾区协会、商会的工作，实现商贸及商务服务类更多行业组织在广州的集聚，这点对于提升广州在参与国际商贸活动中获取话语权、协调权，具有重要的影响力。其中在外贸电商、碳排放交易、航运、会展、仓储、文化产业等领域，广州若牵头组建大湾区协会、商会是具有优势条件的。三是除在大湾区内加强协同外，广州应同时注重发展非基于地缘关系的城市群合作，即拓展基于全球城市网络联结的城市群的合作，主要指与广州同属较高层次的国际大都市（全球城市、世界城市）的合作，增强与国际一线城市商贸活动的密切联系，包括发展商会合作、贸易业务合作、会展会议合作等多种形式，以体现广州国际商贸中心的全面增强，促进广州国际商贸中心影响力的全球化推进。四是加强商贸活动的各类认证服务工作，包括借助建立国际商品溯源体系的机会，携手在规则研究领域较有条件的香港，实现国内外市场认证工作的对接，共同占领该领域在大湾区的制高点。

（三）以营商环境的协同改进推动广州国际商贸中心功能全面增强

粤港澳大湾区的营商环境目前已居全国前列。不仅香港、澳门的营商环境长期得到国际社会的好评，广州也获得过包括福布斯等国际评价的中国内地营商环境第一的荣耀；近年来国内评价的内地主要城市营商环境质量，前四位城市中，深圳、广州都在大湾区。所以，在粤港澳大湾区已经最大强度聚集了我国营商环境优秀的城市和特别行政区。这是粤港澳大湾区建设有竞争力的世界级城市群、实现高水平的全球资源配置的良好环境基础。

与此同时，粤港澳大湾区作为“一国两制”三个关税区的制度差异，以及原有珠三角九市营商环境质量的差异，对大湾区加强市场与资源整合又构成一定的限制性影响。因此，《规划纲要》高度重视大湾区共同打造一流营商环境的问题，指出要“深化粤港澳合作，进一步优化珠三角九市投资和营商环境，提升大湾区市场一体化水平，全面对接国际高标准市场规则体系，加快构建开放型经济新体制，形成全方位开放格局，共创国际经济贸易合作新优势，为‘一带一路’建设提供有力支撑”。广州在大湾区建设中要全面增强国际商贸中心功能，必然有赖于“提升大湾区市场一体化水平”，而这种一体化水平的形成，又有赖于营商环境的相对一致性。但这种一致性不是以平均水平为依据，而是要以先进的水平为标杆。按照世界银行 2018 年 10 月 31 日发表的《2019 年营商环境报告》，香港在便利营商排名榜位置从上年的全球第五位升至全球第四位。毫无疑问，香港的营商环境应该作为大湾区营商环境优化的主要标杆。但考虑到《规划纲要》未将粤港澳大湾区整体作为自贸港区进行规划，因此香港或澳门基于自由港的某些营商规则也难以完全移植到整个湾区。尽管如此，求大同、存小异，而且把“小异”尽可能缩小，应该是谋求大湾区市场一体化及营商环境基本一体化的努力方向。

《规划纲要》明确提出：“发挥香港、澳门的开放平台与示范作用，支持珠三角九市加快建立与国际高标准投资和贸易规则相适应的制度规则，发挥市场在资源配置中的决定性作用，减少行政干预，加强市场综合监管，形成稳定、公平、透明、可预期的一流营商环境。”既然是“一流营商环境”，当然是国际一流，那就要把相对差距大的方面、差距大的某些市，尽快加以提升。这个过程显然不会是香港等地先进营商环境自动进入珠三角九市，而是需要珠三角九市主动学习和主动提升自身营商环境建设。为此建议广州发起或牵头研究大湾区营商环境协调建设的问题，一是组织研讨和评估活动，比如发起组织“粤港澳大湾区国际一流营商环境协调建设论坛”或开展“粤港澳大湾区一流营商环境建设评价”工作等，把香港、澳门营商环境建设的经验，以及此前深圳前海、广州南沙、珠海横琴等广东自贸区各片区创造的先行先试的营商环境建设中可复制、可推广的经验，进行相互借鉴，研究出若干通用规则；二是把上述先进经验措施予以整合打包，率先在广州市范围内进一步试验性复制、推广，同时对《规划纲要》已经明晰的营商便利化措施加快落地实施，进而提供经过实践验证的广州范例，为大湾区整体营商环境特别是内地的珠三角地区营商环境的改善提供参考。

B.4

广州加快形成全面开放新格局研究

何 江　张小英　赖长强*

摘　要： 习近平总书记在参加十三届全国人大一次会议广东代表团审议时发表重要讲话，要求广东及广州在形成全面开放新格局上走在全国前列。在此背景下，本文梳理总结了改革开放40年广州对外开放取得的巨大成就和宝贵经验，建立对外开放综合评价指标体系，对标国内城市找准广州地位，提出广州当好国家新一轮对外开放排头兵的总体要求、角色定位和战略目标，推进实施"十大开放工程"，为我国发展更高层次开放型经济探索新路、贡献广州力量。

关键词： 对外开放　国际大都市　全球资源配置中心

近年来经济全球化遭遇了不少阻力和挫折，但经济全球化的大趋势没有改变，并不断向纵深发展。党的十九大报告提出："中国开放的大门不会关闭，只会越开越大"，"推动形成全面开放新格局"。2018年3月，习近平总书记在参加十三届全国人大一次会议广东代表团审议时发表重要讲话，要求广东在形成全面开放新格局上走在全国前列。贯彻习近平总书记讲话精神，广州作为改革开放前沿城市、国家重要中心城市和广东省省会，应努力当好国家新一轮对外开放的排头兵，为我国发展更高层次开放型经济探索新路、贡献广州力量。

---

* 何江，广州市社会科学院现代市场研究所所长、副研究员；张小英、赖长强，广州市社会科学院现代市场研究所副研究员、助理研究员。

一　现状判断：广州开放的基础较好

（一）基础条件

改革开放之初，广州成为我国对外开放的前沿和窗口，肩负起了先行先试的重任。经过40年改革开放，广州对外开放取得巨大成就，为新时代广州形成全面开放新格局打下了坚实基础。

1. 国际贸易枢纽功能日益突出

对外贸易不断实现跨越发展。广州商品进出口总额从1987年的80.81亿元增长到2018年的9810.2亿元（如图1所示）；服务贸易持续快速增长，2018年服务贸易总额为480.95亿美元，占对外贸易总额的比重上升到24.5%。

贸易新业态和新模式成进出口新动力。广州跨境电商的发展领跑全国，2018年跨境电商进出口246.80亿元，跨境电商总体规模排名全国第二；市场采购出口额1580.90亿元，占同期广州外贸总值的16.1%，市场采购规模位居全国第二。

进出口产品结构不断优化。中国加入WTO以来，广州机电产品、高新技术产品出口增长较快，出口额占比分别从2000年的35.4%和6.9%增长到2018年的50.36%和15.44%，高附加值、高技术含量产品逐渐成为出口主导产品。

2. 国际投资合作水平不断提升

已成为全球企业青睐的投资目的地。外商直接投资规模不断增长，实际利用外资从1979年的165万美元增长到2018年的66.11亿美元（如图2所示）。截止到2017年底，世界500强企业中有297家在广州投资，累计投资设立项目921项，其中120家企业在广州设立了总部或者地区总部。

重点投资领域从制造业转向服务业。外商直接投资不断由一般生产项目向基础设施、高新技术、服务领域等领域拓展，制造业直接投资趋于下降，而金融保险、批发零售等服务业的外商投资不断增加，成为外商直接投资的中坚力量。

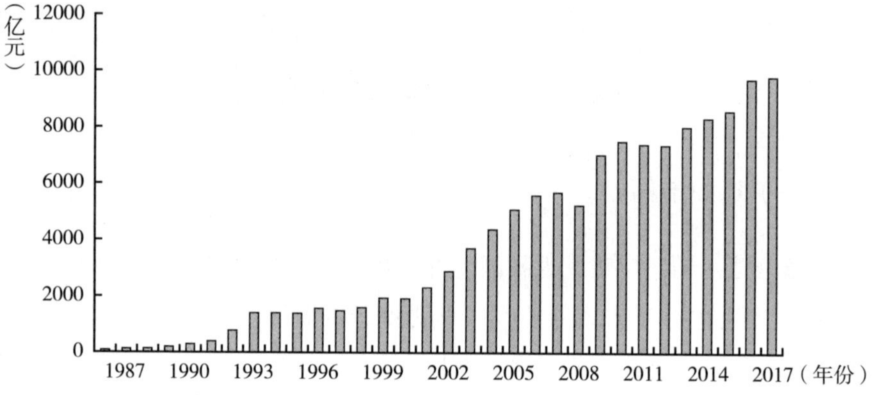

图1　1978～2018年广州商品进出口总额

从单向投资转变为双向投资。近年来广州企业"走出去"步伐加快，呈现出"引进来"与"走出去"双向发展的态势。2016年广州新增对外投资企业（机构）263个，中方协议投资额达52.83亿美元。

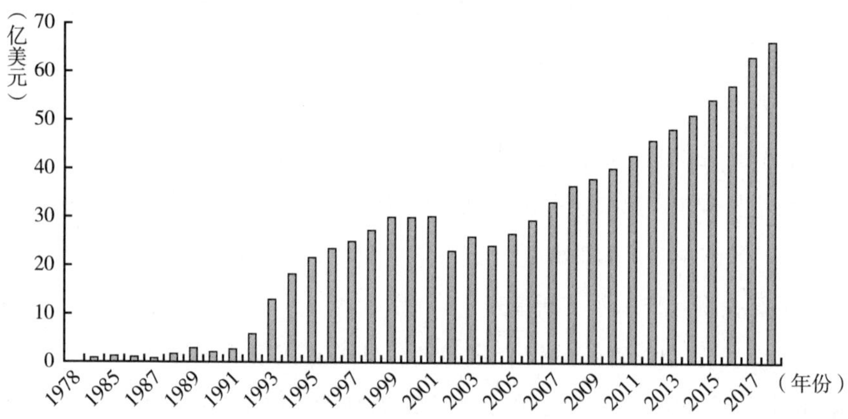

图2　1978～2018年广州实际利用外资

3. 国际消费功能发展位居全国前列

城市消费规模连续30年稳居全国第三。2018年广州社会消费品零售总额为9256.2亿元，连续30年稳居全国各大城市第三位。优越的营商环境对跨国零售企业产生了强大吸引力，华润万家、家乐福、宜家、百安居、"7－11"

便利店、“OK”便利店等零售巨头先后进入广州。

已初步发展成为国际旅游目的地。广州对境外游客的吸引力不断增强，2018 年入境旅客规模超过 900 万人次，旅游外汇收入达 64. 82 亿美元。

4. 开放载体和平台建设成就斐然

多种开放载体建设国内领先。广州先后设立了开发区、保税区、保税物流园区、服务外包示范基地、自由贸易试验区等对外开放载体，发挥了对外开放的窗口和基地作用。广州是全国最早创办经济技术开发区的城市之一。南沙自贸区挂牌以来，累计形成 408 项改革创新成果，其中 36 项在全国复制推广，90 项在全省复制推广，171 项在全市推广实施，“跨境电商监管模式”“企业专属网页”政务服务新模式入选商务部“最佳实践案例”。

会展的开放平台作用越来越突出。广交会是我国重要的对外开放平台，单展面积稳居世界第一。广州照明展、家具展等展会规模继续保持世界同类展会第一，建博会、美博会、酒店用品展、汽车展等大型展会进一步做大做强。近年来广州加大了高端国际会议的引进和培育力度，成功举办了《财富》论坛、世界航线发展大会等一系列高端国际会议。

5. 市场化法治化国际化营商环境建设成效显著

近年来广州努力营造市场化、法治化、国际化营商环境，取得显著成效。例如，积极开展商事登记制度改革，推行全程电子化商事登记模式，在全国首推外资网上审批服务系统；完善国际贸易单一窗口，推进“三互”大通关建设，推出区域通关一体化和出口退税分类管理、“互联网 + 易通关”等贸易便利化改革。广州凭借良好的营商环境，五次被福布斯评为中国大陆最佳商业城市第一位。

6. 国际门户枢纽地位日益增强

广州已成为亚太地区重要的国际航空枢纽。截止到 2018 年底，白云国际机场已开通航线 313 条，其中国际航线 163 条，通航点遍布五大洲，旅客吞吐量达 6974. 32 万人次，同比增长 5. 9%；货邮行吞吐量 249. 33 万吨，同比增长 6. 6%。广州已成为我国与东南亚、大洋洲以及太平洋、印度洋周边国家联系的重要航空枢纽。

国际航运枢纽功能不断提升。截止到2018年底，广州港已开通集装箱航线209条，其中外贸班轮航线103条，连通100多个国家和地区的400多个港口，2018年港口集装箱吞吐量达2191.18万标箱，居世界第5位。南沙邮轮母港建设启动，先后开通往来香港、三亚、岘港、宫古岛的航线。开辟陆上对外通道也取得重大突破，至2017年底，广州“中欧班列”共开行58列，发运货物4796标箱。

（二）经验总结

改革开放40年，广州取得了巨大的对外开放成就，积累了不少宝贵经验，新时代广州推动形成全面开放新格局，要把这些成功经验传承下去并不断发展创新。这些经验主要包括：（1）解放思想，实事求是，勇于创新，敢为人先，是抢占开放先机的思想保障；（2）只有坚持全球视野，才能在国际分工格局中找准定位，更好地融入全球经济体系；（3）发挥中心城市辐射带动作用，与周边城市互利共赢，是形成开放新优势的重要途径；（4）对外开放与城市发展相互促进、相互制约，必须要处理好二者的关系，才能实现协同发展。

二　比较对标：广州开放的差距明显

（一）对外开放综合评价指标体系

只有弄清楚对外开放的概念内涵，才能在内涵范围之内选择恰当的评价指标。从党和国家领导人讲话、中央文件的有关内容来看，对外开放明确指的是经济领域的对外开放，而非涵盖多个领域、宽泛的对外开放。而且，对外开放一般是与经济发展一起提出来的，被看作促进经济发展的重大举措。例如，党的十九大报告提出了“贯彻新发展理念，建设现代化经济体系”的六大举措，其中一个举措就是推动形成全面开放新格局。

从社会再生产（或价值链）的环节来看，对外开放至少应包括国际贸易、国际投融资、国际创新、国际消费、国际会展等领域的对外开放。由于很难获得具有可比性的国际创新指标的数据，本文暂时选择四个领域进行综合评价。如表 1 所示，对外开放综合评价指标体系包括 4 个一级指标和 13 个二级指标。

表 1　对外开放综合评价指标体系

一级指标	一级指标权重	序号	二级指标	二级指标权重
国际贸易	0.3	1	外贸依存度①(%)	0.2
		2	货物进口总额(亿美元)	0.15
		3	货物出口总额(亿美元)	0.15
		4	服务贸易进出口总额(亿美元)	0.5
国际投融资	0.4	5	实际利用外资金额(亿美元)	0.5
		6	金融机构境外存款(亿元)	0.25
		7	金融机构境外贷款(亿元)	0.25
国际消费	0.15	8	外国旅游者人数(人次)	0.4
		9	旅游外汇收入(亿美元)	0.4
		10	国际奢侈品牌店铺数(个)	0.2
国际会展	0.15	11	UFI 展览数量(个)	0.25
		12	UFI 会员数量(个)	0.25
		13	ICCA 国际会议数量(场)	0.5

说明：1. 一级指标和二级指标的权重都根据经验设定；2. 采用极差标准化方法对二级指标进行无量纲化处理，取值范围为 0 ~ 100 分。

（二）对外开放的综合比较

本文共选取了 11 个国内城市进行比较②。根据各个城市对外开放的综合得分，可以将这些城市划分为四个梯队③（如图 3 所示）。广州对外开放综合评分排名第四，与天津共同组成第三梯队。广州的综合评分（25.5 分）处于中下

① 外贸依存度 =（货物贸易进出口总额 + 服务贸易进出口总额）/GDP。

② 评价比较数据是 2017 年数据。

③ 根据对外开放综合评分进行聚类分析，可以把 11 个城市划分为 4 组。

游水平，不仅大幅低于上海（90.3分）、北京（67.8分），也明显低于深圳（37.2分），表明广州对外开放水平偏低，与国内先进城市相比差距明显。

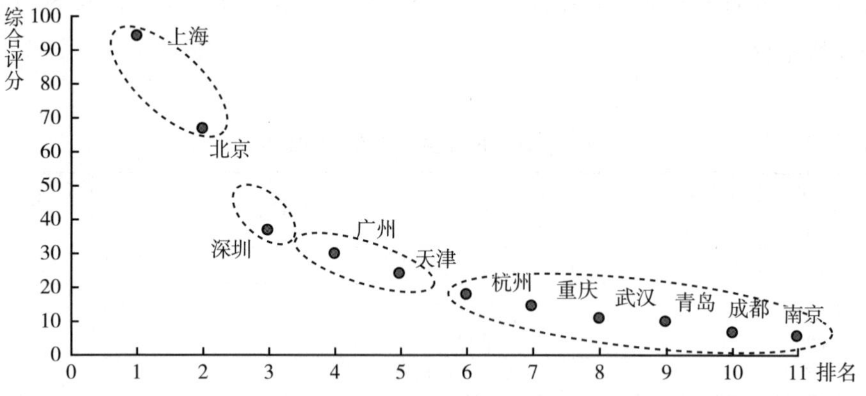

图3　2017年国内部分城市对外开放综合评分及排名

从四个一级指标来看（如表2所示），广州在国际消费和国际会展领域具有比较优势，两者的评分都排名第三，但国际会展得分仅略微高于深圳，优势并不明显。国际贸易评分排名第四，得分仅4.1分，大幅低于第三名深圳（10.4分）。广州国际投融资评分也排名第四，但与上海、北京和深圳的差距较大，国际投融资对外开放的短板更加明显。

表2　国内部分城市对外开放分项评分及排名

城市	国际贸易		国际投融资		国际消费		国际会展	
	分数	名次	分数	名次	分数	名次	分数	名次
广州	4.1	4	7.9	4	8.7	3	4.8	3
上海	30.0	1	32.9	1	15.0	1	12.4	2
北京	12.4	2	31.5	2	9.8	2	14.2	1
深圳	10.4	3	16.7	3	5.6	6	4.5	4
杭州	2.1	6	3.9	9	5.9	5	1.8	5
天津	3.1	5	6.9	5	5.9	4	1.3	7
重庆	1.5	8	6.4	6	3.3	7	0.5	11
武汉	0.0	11	5.8	8	2.5	9	1.1	9
成都	1.1	10	6.2	7	3.0	8	1.4	6
南京	1.3	9	0.5	10	0.2	11	1.2	8
青岛	1.8	7	0.0	11	0.8	10	1.1	10

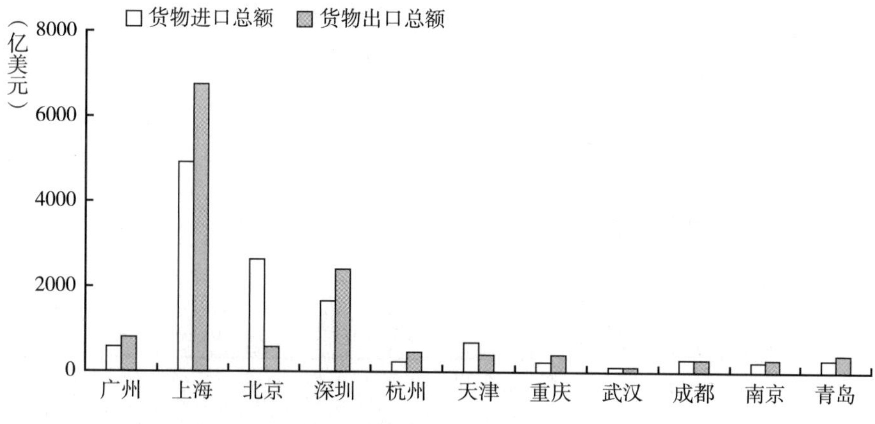

图 4　2017 年我国部分城市的货物进口和出口总额

（三）对外开放的分项比较

1. 国际贸易规模较小，进口占比低，服务贸易发展相对滞后

2017 年广州货物进出口贸易总额为 1438.78 美元，仅相当于上海的 12%、深圳的 35% 和北京的 44%。如图 4 所示，广州进口和出口贸易发展不平衡，货物出口排名第三，进口仅排名第五，进口规模偏小。广州建设贸易强市，要注重进出口均衡发展，不仅要扩大出口，还应主动扩大进口。

广州服务贸易发展相对滞后，主要表现在服务贸易规模小。如图 5 所示，2017 年广州服务贸易额为 457.5 亿美元，不仅大幅低于上海（1955.0 亿美元）和北京（1434.3 亿美元），也明显低于深圳（571.7 亿美元）。

2. 利用外资规模偏小，“走出去”步伐较慢

如图 6 所示，2017 年广州实际利用外资 62.89 亿美元，在所比较城市中仅排名第九。实际利用外资占广州全社会固定资产投资的比重仅为 7.2%，低于北京（18.4%）、上海（15.8%）、深圳（9.7%）、武汉（8.3%）、杭州（7.6%）等城市。从外商投资企业年底注册登记情况来看，广州外商投资企业注册资本总额为 1068.89 亿美元，约为上海的 17%、北京的 31%、深圳的 38%，再次表明广州利用外资规模偏小。

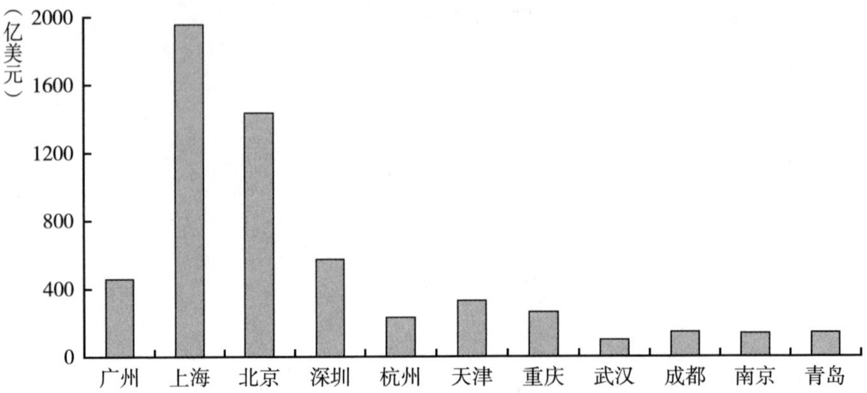

图5　2017年我国部分城市的服务贸易额

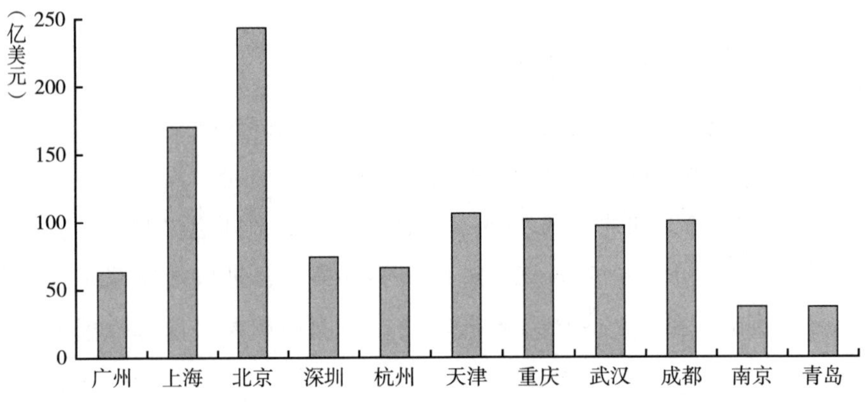

图6　2017年我国部分城市实际利用外资

从广州企业“走出去”的情况来看，至2017年底，广州境外直接投资中方投资额累计197.67亿美元，当年新增投资额25.97亿美元，这两个指标远低于上海（1521亿美元和110.83亿美元）、北京（544亿美元和156亿美元），反映广州企业“走出去”步伐相对缓慢。

3.吸储境外资金能力较强，但整体金融开放明显落后于先进城市

2017年末广州金融机构境外存款1817.52亿美元，国内排名第三（如图7所示），超过了北京，表明广州对境外资金具有较强的吸引力，显示出一定的比较优势。广州金融机构境外贷款排名第四，境外贷款业务发展相对

滞后。综合来看，广州境外存贷款规模明显落后于上海、北京、深圳，特别是境外贷款规模差距较大。

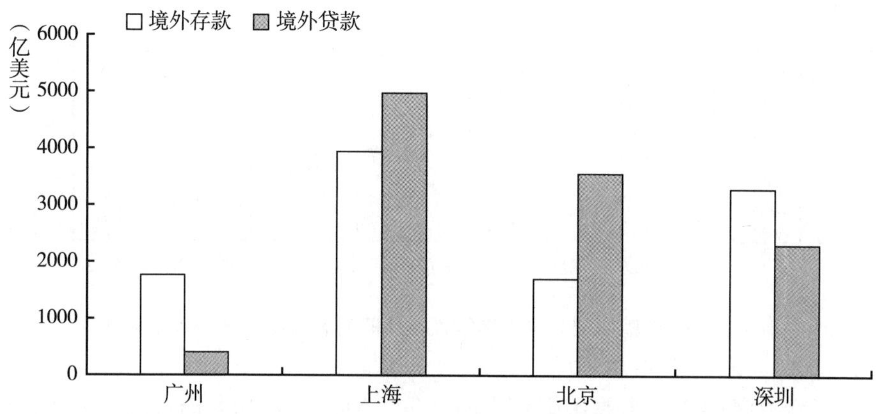

图 7　2017 年国内部分城市金融机构境外存款和境外贷款

广州在外资金融机构、金融开放平台等方面的差距更加明显。上海各类外资金融机构众多，并拥有证券交易所、商品期货交易所、金融期货交易所等全球性金融交易平台。北京作为国家金融管理中心，具有金融开放的独特优势，国内大型金融机构总部和外资金融机构云集，拥有全国最大的债券发行市场、新三板市场。深圳拥有证券交易所，而且前海地区在金融改革创新方面先行先试，成为我国金融业对外开放试验示范窗口，金融比较优势得到了进一步强化。

4. 国际旅游吸引力较强，但国际知名消费品牌渗透率较低

国际消费中心城市都是知名的国际旅游目的地，对境外游客具有强大吸引力。如图 8 所示，2017 年广州接待外国游客 345. 74 万人次，全国排名第二，超过了北京（332 万人次），仅低于上海（671. 21 万人次）。广州旅游外汇收入 63. 14 亿美元，仅略微低于上海（68. 1），全国排名第二。综合来看，广州作为国际旅游消费目的地的吸引力较强，表现出了很高的消费开放度。

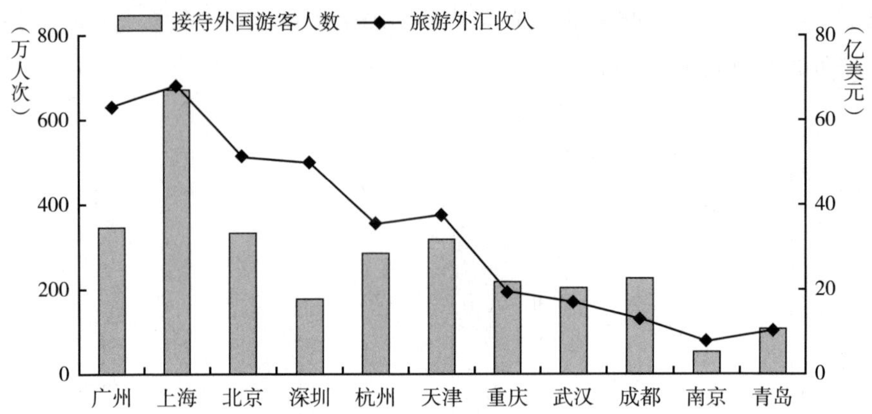

图 8　2017 年国内部分城市接待入境外国游客人数和旅游外汇收入

国际消费中心城市是国际商家的必争之地，国际知名消费品牌云集，渗透率较高。从国际知名消费品牌的渗透情况来看，如图 9 所示，广州的奢侈品牌数量不仅少于北京、上海，甚至还少于一些二线城市。根据《中国大陆城市奢侈品店铺数量排行榜（2017 年）》，从所考察的 36 个奢侈品牌来看，广州仅有 37 家店铺，远低于上海（141 家）和北京（133 家），也低于杭州（57 家）、成都（55 家）、重庆（46 家）等城市。

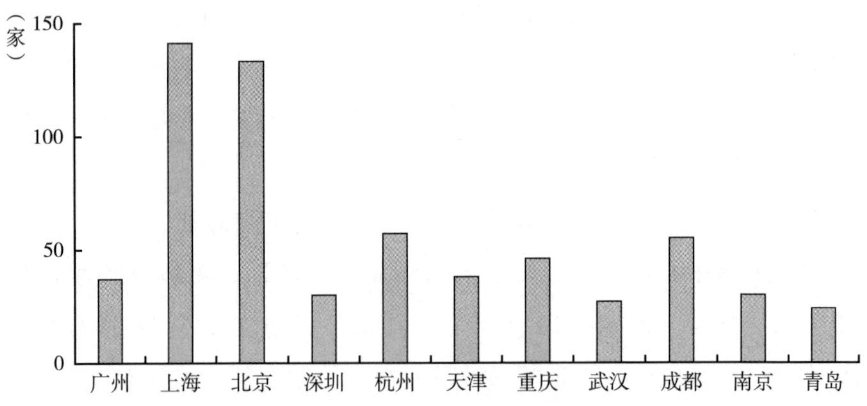

图 9　2017 年国内部分城市奢侈品店铺数量

说明：奢侈品牌店铺数为 36 个样本品牌在各城市的店铺数。

5. 展览国际化水平较低，国际会议发展短板明显

广州是我国三大会展中心城市之一，展览面积连续多年位列全国第二，但展览业国际化水平偏低。从国际展览联盟（UFI）会员和项目数量来看，2017 年广州 UFI 会员数量为 11 个，少于北京（29 个）和上海（24 个），与深圳持平；UFI 展览认证项目数量为 8 个，少于北京（14 个）、上海（18 个）、深圳（10 个）。

广州举办国际会议尤其是高端国际会议的数量偏少，国际会议的发展短板明显。国际大会及会议协会（ICCA）发布的全球会议城市年度报告显示，2017 年广州共举办国际会议 22 场，虽然在数量上市率与西安并列国内城市第三，但远远低于北京（81 场）和上海（61 场）。

三　战略谋划：当好全面开放的排头兵

广州作为我国改革开放的先行者和排头兵，扩大对外开放的基础条件较好，也积累了不少可贵的经验。现广州自身条件具备，国内外形势有利，为更好地抓住机遇、应对挑战，当好国家新一轮对外开放的排头兵，下面提出推动广州形成全面开放新格局走在全国前列的总体要求、角色定位和战略目标。

（一）总体要求

新时代广州要在形成全面开放新格局上走在全国前列，一定要解放思想，继续弘扬“大胆地闯、大胆地试”“杀出一条血路”的勇气和精神。

1. 务必增强危机感和紧迫感

虽然广州经济社会总体发展水平较高，稳居北上广深四大一线城市行列，然而在开放水平方面与北京、上海、深圳等城市差距甚大。目前广州已经进入全球城市行列，但“国际范”仍然不足，极大地制约了广州全球影响力和显示度。改革开放之初，广州曾经抓住了我国改革开放的重大历史机遇，对外开放走在了全国前列。现在一定要正视广州的开放短板，增强危机

感和紧迫感，认清面临的严峻形势，自我加压，勇于担责，以强烈的责任感补短板增优势，牢牢抓住国家新一轮对外开放的机遇。

2. 继续发扬“杀出一条血路”的精神

改革开放初期，广州作为我国的开放前沿，对全国对外开放起到了试验和示范的作用。过去，广州能成为对外开放的先行者，正是因为坚持解放思想，敢为人先，敢于担当，发扬了“杀出一条血路”的精神。今天，广州再次面临对外开放的重大机遇，要传承和发扬过去的成功经验，进一步解放思想，有敢为人先的勇气和担当，坚决冲破不符合全面开放要求的思想观念束缚和思维定式，大力推进对外开放的体制机制创新。新时代再次要求“杀出一条血路”，以新的更大作为开创全面开放新局面。

3. 切实落实国家开放战略

目前我国正在推进新一轮全面开放战略，出台了一系列扩大开放的重大举措，推动形成全面开放新格局。新时代广州要坚持以习近平新时代中国特色社会主义思想为统领，积极贯彻落实国家全面开放战略。一方面，对于中央提出的全局性、战略性部署，广州要积极对接、融入，尽快出台贯彻落实方案，避免出现落实不到位或执行偏差的情形。另一方面，对于原则性、方向性的政策，要结合广州实际大胆探索创新，提出具有可操作的方案，争取先行先试，努力形成可以推广的经验。

4. 坚持全球视野和全球城市定位

新时期广州推进全面开放，要坚持全球视野和全球城市定位。首先，要对标国内外最优、最好、最先进，特别是知名全球城市，以更高标准更严要求谋划对外开放。其次，要提高站位，从国家战略层面来看待广州推进全面开放的重大意义。广州形成全面开放新格局，不仅是广州自身的需要，还要为区域以至国家发展更高层次开放型经济提供支撑，因此要符合国家新一轮对外开放的战略需要，增强大局意识和整体意识，当好全国对外开放的排头兵。

5. 顺应经济全球化的新趋势

虽然近年来全球化遭遇了不少阻力和挫折，但全球化的大趋势没有改变，并呈现出一些新的发展趋势。例如，全球城市在经济全球化格局中地位越来越重要，贸易新业态和新模式不断涌现，各国对高端资本和高素质人才的争夺日趋激烈，跨境消费越来越普遍等。这些全球化新趋势不仅为广州新时期对外开放提供了难得的机遇，同时也使广州面临培育国际经济合作和竞争新优势的严峻挑战。为了更好地抓住机遇、应对挑战，广州必须顺应经济全球化的大趋势，不断拓展开放的广度和深度，敢于突破原有的开放边界和政策限制，使新时期广州全面开放更加契合时代潮流。

（二）角色定位①

合理的和准确的开放定位，不仅能够提高世界对广州的认知度，而且可以为广州形成全面开放新格局提供方向指引。要以更宽广的视野、更高的站位来谋划广州全面开放，既要立足国家重要中心城市建设，在我国全面开放新格局中，充分发挥对所在区域乃至全国的辐射带动作用，又要着眼于中国特色社会主义引领型全球城市建设，在全球城市体系乃至世界经济全球化大格局中，找准自己的定位、发挥不可替代的作用。具体定位如下。

1. 既面向全国更面向世界的“一带一路”重要枢纽

要提高站位，既面向全国，充分发挥广州对泛珠三角区域乃至全国的辐射带动作用，更面向世界，深度参与“一带一路”建设，主动对接发达国家先进生产力，成为“一带一路”重要枢纽。广州要在粤港澳大湾区建设中起到开放引领作用，推动穗港澳合作取得新进展。要真正形成面向全球的贸易、投融资、生产、服务网络，双向的对外开放格局更加明显，出口市场、外资来源进一步朝多元化方向发展，对单一市场或单一投资主体的依赖程度进一步减轻。

2. 开放平等包容、宜居宜业宜学的国际创新创业中心

广州要打造具有全球影响力的创新创业中心，一定要营造开放平等包容

① 角色定位是一个人力资源管理的概念，指在一个组织系统中拥有相对的不可代替性的定位。这里借用角色定位这个概念来展望广州对外开放的愿景，是为了强调广州要在未来我国全面开放新格局乃至经济全球化格局和全球城市体系中，拥有不可替代的地位，发挥独特的作用。

的激励创新文化。这种文化氛围对吸引境外高素质人才、充分发挥他们的创新潜力至关重要。广州作为国际创新创业中心还应该具有宜居、宜业、宜学的特点，其中“宜学”指的是具有良好的学风和学术传统，充满学术气息。广州应该发挥高等教育比较优势，弘扬学术研究、学术探索风气，为创新创业提供人才和智力支持。通过打造国际创新创业中心，促进创新能力开放合作，逐步构建广州特色、面向全球的国际创新网络。

3. 进口与出口、货物与服务平衡发展的新型国际贸易枢纽

坚持对外贸易平衡发展，这是广州建设新型国际贸易枢纽的重要取向之一。目前广州对外贸易存在发展不平衡问题，特别是服务贸易、进口贸易还有很大的发展空间。今后要继续拓展对外贸易，加快培育贸易新业态和新模式，打造贸易强市，巩固和提升“千年商都”地位。与此同时，要抓重点、补短板、强弱项，促进贸易结构更加平衡。进口贸易要以更快速度增长，基本实现经常项目收支平衡。大力发展服务贸易，提高对外贸易总额中服务贸易的比重。

4. “引进来”“走出去”并重、外向金融特色发展的全球投融资高地

抓住国家新一轮扩大对外开放的机遇，着力改善营商环境，把广州打造成为高端国际资本的投资首选地和发展地。提高外资占全社会总投资的比例，使外资在广州经济社会发展中发挥更加重要的作用。争取设立广州期货交易所，在全球金融交易平台建设方面取得突破。吸引外资金融机构加快进入广州，进一步完善广州金融服务体系。把建设科技创新枢纽和完善金融服务体系两大战略有机结合在一起，大力吸引国外风险投资机构进驻广州。加快“走出去”步伐，不断创新对外投资方式，逐步形成面向全球的投资网络。

5. 境外游客青睐、知名品牌云集的综合体验型国际消费中心

消费是广州的强项，广州拥有消费规模和人气优势，以及“花城”、粤菜、长隆等独特的体验型优势，充分发挥这些优势，再弥补短板创造新优势，广州国际消费中心的地位将会更加突出。顺应消费全球化趋势，完善促进国际消费的体制机制，不断增强对国际游客的吸引力，把广州打造成为重要的国际旅游消费目的地。促进商、旅、文深度融合，促进体验业态与购物业态协同发展，持续提升天河路商圈的国际知名度和影响力。大力发展时尚

经济、时尚消费，使广州成为创造和传播时尚的最前沿。提升餐饮业国际化水平，把“食在广州”进一步发扬光大。

（三）战略目标

从现在起到2035年，广州应推动形成全面开放新格局，可以考虑设定如下“三步走”战略目标。

第一步，从现在到2020年，是新一轮广州全面开放的窗口期和机遇期，用两年多的时间，尽快贯彻落实国家开放战略，为下一步全面开放打下坚实基础。

第二步，到2025年，市场化、国际化、法制化营商环境进一步优化，开放型经济新体制基本建立。深耕“一带一路”、对接发达国家的全面开放格局初步形成，开放合作平台建设成效显著。国际创新能力开放合作取得重大进展，国际创新创业中心初具雏形。“千年商都”优势得到巩固和提升，对外贸易规模达到3500亿美元。对外资的吸引力持续增强，外资金融机构加速进入。国际旅游消费中心的地位基本确立，每年外国旅游者人数达到550万人次。

第三步，到2035年，国际投资和贸易通行规则与国际全面接轨，开放型经济新体制更加完善。“一带一路”重要枢纽地位显著提升，既面向全国、更面向世界的全面开放格局基本形成。具有全球影响力的创新创业中心基本形成，成为全球创新网络重要枢纽。“千年商都”优势进一步增强，成为新型国际贸易枢纽典范，对外贸易规模超过6000亿美元。全球企业投资首选地和最佳发展地的地位突出，对外资具有强大吸引力，金融外向度大幅提升。国际旅游消费中心的地位进一步巩固，每年外国旅游者人数超过1000万人次。

四　重点突破：实施九大开放工程

为更好完成形成全面开放新格局的战略任务，应该以“九大开放工程”为抓手重点突破，引领广州构建全面开放新格局开花结果、落地生根、走在前列。九大开放工程包括：

1. 广州 IAB 国际创新岛建设工程

大学城和生物岛是广州拥有的独特优势，在这里极有可能建成世界级的创新创业中心。以大学城、生物岛为核心建设 IAB 国际创新岛，争取列为粤港澳大湾区建设的重点项目。吸引国内外风险投资机构进驻，将该中心打造成为我国乃至全球重要的风险投资聚集地。培育和引进一批国际化的创业孵化器，推进跨国创业投资。建立健全创新岛境外人才服务体系，简化境外人才来穗工作、注册企业、办理多次签证或者居留证件等手续。

2. 国际贸易新业态新模式培育工程

重点发展跨境电商、跨境电商综合服务、市场采购、融资租赁、汽车平行进口、检测维修等贸易新业态新模式，争取新业态新模式占全市外贸比重大幅上升。优化跨境电商模式，以做大做强 B2B 为重点推进方向，大力推进跨境电商零售业务（B2C）、保税网购进口业务（B2B2C），完善“海外仓”运营机制，促进线上线下融合发展。加大对外贸新业态新模式的政策扶持、政务服务和招商力度，研究制定外贸新业态新模式的认定办法和支持措施。

3. 投资自由化便利化政策创新工程

根据国家、广东省出台的外资政策，加快制定符合广州发展特色的“广州版外资十条”，从市场准入、人才支撑、研发创新、金融服务、知识产权保护等方面进行政策创新。进一步扩大市场准入领域，推进制造业、服务业、金融业等扩大对外开放，放宽汽车制造、船舶设计、飞机维修等外资股比限制，放宽外商投资银行、证券公司等外资股比和业务范围限制。提升投资便利化水平，支持外资科技研发创新，提高外资财政奖励效率，创新重大外资项目用地模式。

4. 促进境外游客消费的体制机制创新工程

积极争取申报国家国际消费中心城市试点，在国际消费体制机制改革创新上先行先试，走在全国前列。实施更加开放的免税购物政策，扩大退税商品种类和免税购物限额。完善境外旅客购物离境退税政策，提升退税便利化程度。建立完备的消费者权益保障体系，优化提升消费环境。提高国际签证便利化程度，利用 72 小时落地免签政策，与过境免签政策城市建立互联互动机制，实现异地出入境的联动效应。

5. 大型国际化文旅项目引进和打造工程

抓住体验消费兴起的发展契机，积极引进迪士尼主题乐园（海洋主题）、极地海洋世界、环球影城等世界级文化旅游项目，形成与长隆旅游度假区、万达文旅城协同发展格局，产生“1 +1 +1 >3”的集聚效应，增强广州国际旅游目的地的辐射能级。支持长隆等文化旅游项目加强新一代信息技术的推广应用，提升项目服务能力和游客体验。抓好万达文旅城的建设，保证其顺利投入运营，把万达文旅城打造成为国际化的文旅城。

6. 广州期货交易所申请设立工程

积极争取国家和广东省的支持，设立广州期货交易所。选择木材、水产品、热带经济作物等大宗商品开展远期或期货交易，增强广州定价中心功能和资源配置能力。鉴于近年来国际气象金融市场发展较快，探索开展气温、日照小时数、降雨量、空气污染物等天气期货交易，为市场主体提供规避天气风险的手段和工具。未来碳市场、碳交易的发展空间较大，探索开展碳交易和期货交易的可行性。

7. “一带一路”沿线城市合作平台搭建工程

打造“一带一路”沿线城市战略合作常态化平台，推动广州与“一带一路”沿线城市互联互通、共赢发展。设立“一带一路”沿线城市高峰论坛，通过定期举办主题论坛、成立智库联盟、签订战略协议等多种形式，加强沿线城市政府、企业、学者的交流与合作，为城市间国际合作模式创新提供政策及智力支持。举办“一带一路”沿线城市国际博览会，促进沿线城市经贸交流合作，实现共赢发展。

8. 新国际会展场馆规划建设工程

为扭转广州“会展场馆优势正在弱化或丧失”的不利局面①，广州应围

① 国内10万平方米以上的特大型展馆中，广州仅有1个广交会展馆，且为对外贸易中心所有，而上海有两个展馆（国家会展中心和上海新国际博览中心）。2019年深圳国际会展中心投入使用之后，广州也将被深圳超越。同时，广州与深圳国际会展中心、国家（上海）会展中心等新建场馆相比，技术和功能上也处于明显劣势。另外，广州还没有一个国际性的商务会议中心，可容纳超过300人的商务会议场所很少。

绕建设全球会展中心的目标，规划新建一批会展场馆。针对广州缺少大型国际会议中心的现状，合理选址建设地标性的现代化国际会议中心。结合广州国际航空枢纽建设，研究在空港经济区或第二机场附近建设一个中等规模、现代化的新国际会展中心。

9. 国别商品展示展销中心建设工程

积极争取国家、广东省支持，在空港经济区或者南沙自贸区建设国别商品展销展示中心，具有保税展示、线上线下交易、仓储物流等综合服务功能，展销来自发达国家的高新科技产品和母婴、红酒、食品、水果、日化商品、化妆品等优质商品，以及“一带一路”沿线国家或地区的特色商品，满足国内外消费者需求。

贸　易　篇

Trade Reports

B.5
中美贸易新背景下广州外经贸影响研究

陈　和　李立城*

摘　要： 2018 年以来世界贸易形势不断变化，给广州外经贸持续带来了不稳定因素。本文基于国际贸易新形势，深入分析了中美贸易新背景穗美整体外贸情况、广州主要出口行业以及广州重点发展的支柱产业的可能影响，并从企业和政府两个层面提出政策建议：企业应加强开拓美国以外新市场，提高自主创新能力，遵守东道国法律法规；政府应主动与企业沟通，为企业提供技术资金支持，继续深入形势跟踪协助企业应对新挑战。

关键词： 中美贸易新背景　支柱产业　广州

---

* 陈和，广东外语外贸大学国际服务外包研究院副院长、副教授，经济学博士；李立城，广东外语外贸大学经济贸易学院研究生。

一 当前国际贸易新背景

2018 年是国际金融危机全面爆发 10 周年，也是国际贸易大变革、大调整的重要转折点。2018 年国际贸易新背景从技术、结构、规则等各层面深刻影响未来较长时期经济全球化进程和国际贸易走势。深受“逆全球化”思潮再次兴起和贸易保护主义日趋严重影响国际贸易，当前世界贸易形势面临着更多不确定不稳定的因素，全球贸易面临的政策环境出现不利变化，保持稳定增长难度较大。

2016 年以来，美国通过实施“货币政策正常化 + 大幅度减税 + 贸易保护主义 + 构建高标准贸易规则”的政策组合，已经并继续冲击全球经济贸易的运行状态，深刻影响着国际贸易的发展格局。货币财政政策使更多国际资本主动流向美国，多起贸易限制措施导致更多贸易伙伴反制，显著提高全球关税和非关税壁垒水平，国际贸易自由化水平受到影响，通过谈判以“零关税、零非关税壁垒、非汽车工业零补贴”为核心的多边贸易新规则既强化发达经济体之前的战略协调，更对发展中国家形成“资本流出 + 经贸规则被边缘化”的双重压力。因此，当前国际贸易背景下，国际贸易环境严峻复杂。

在当前中美贸易新背景下，美国和中国是全球经济体量最大的两个国家，也是全球排名前两位的贸易大国，中美之间经贸往来十分密切。双方的贸易额从 1979 年的 25 亿美元增长到 2018 年的 6335 亿美元，双边贸易体量巨大[①]。2018 年，从中方看，美国是中国的第二大贸易伙伴，第一大出口市场和第六大进口来源地；从美方看，中国是美国的第二大贸易伙伴，第三大出口市场和第一大进口来源地[②]。若中美贸易新背景下的不确定因素增多，不但两国经济整体将受到影响，国内外向型程度较高的地区也将受到明显影

① 资料来源：中华人民共和国海关总署。

② 资料来源：美国商务部。

响。本文以穗美经贸关系为研究对象，深入分析中美贸易新背景下广州外经贸的可能影响。

二　广州与美国外经贸合作现状

（一）从商品进出口角度看

从商品进出口规模总量来看，美国是广州的第二大贸易伙伴（仅次于欧盟）。2014～2018 年，广州与美国的进出口贸易总额分别为 1104.45 亿元、1151.65 亿元、1120.36 亿元、1246.96 亿元、1310.08 亿元，分别占全市进出口贸易总额的 13.8%、13.9%、13.1%、12.8%、13.4%。其中，2015 年广州与美国的进出口贸易总额超越欧盟，美国成为广州的第一大贸易伙伴。从图 1 可以看出，虽然穗美贸易总额占全市贸易总额有所下降，但穗美贸易总额逐年上升，因此可见广州与美国的贸易往来十分密切。

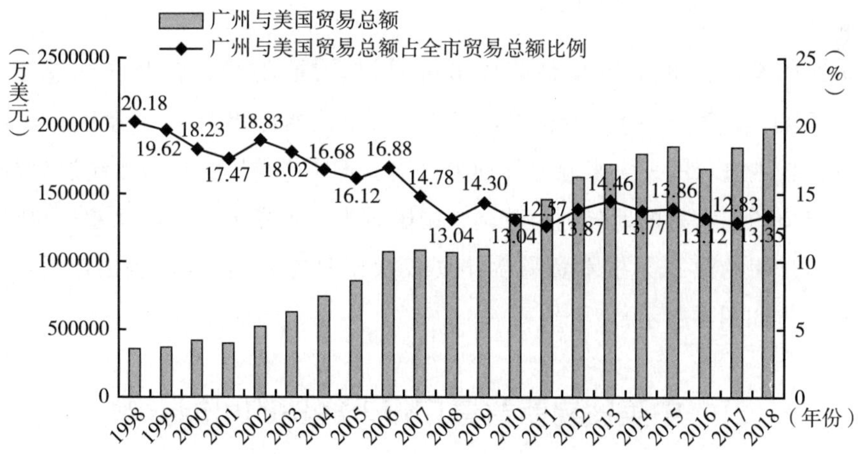

图 1　1998～2018 年广州与美国贸易基本情况

资料来源：《广州统计年鉴》（1998～2017 年）、《2018 年广州市国民经济和社会发展统计公报》及计算整理。

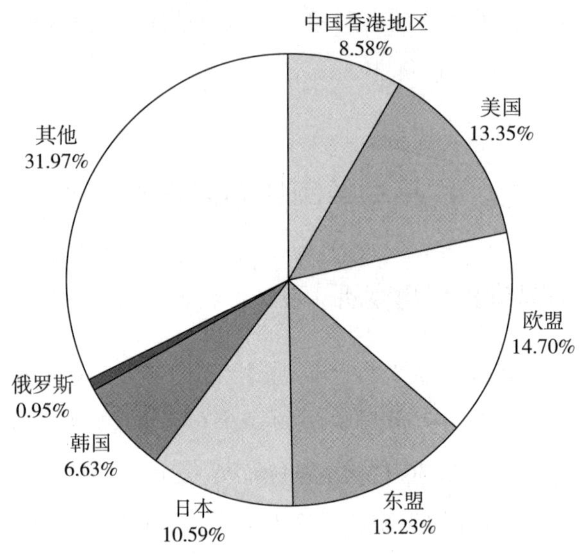

图 2　2018 年广州进出口贸易地区结构

资料来源：《2018 年广州市国民经济和社会发展统计公报》。

（二）从技术进口角度看

2018 年，广州全市共登记技术进出口合同 51 份，涉及合同总金额 195675.66 万美元，同比增长 18.5%①。广州技术进出口的市场十分集中。其中，技术进口的三大来源地分别为日本、美国、德国，总占比超过 90%；技术出口的三大目的地分别为英国、中国香港、加拿大，总占比超过 90%；美国是广州的第二大技术贸易伙伴（仅次于日本），占技术进出口总额的 9.67%（如图 4 所示）。

三　中美贸易新背景广州外经贸的可能影响

持续变化中的中美贸易新背景将影响广州外经贸发展。

① 资料来源：广州市商务委员会。

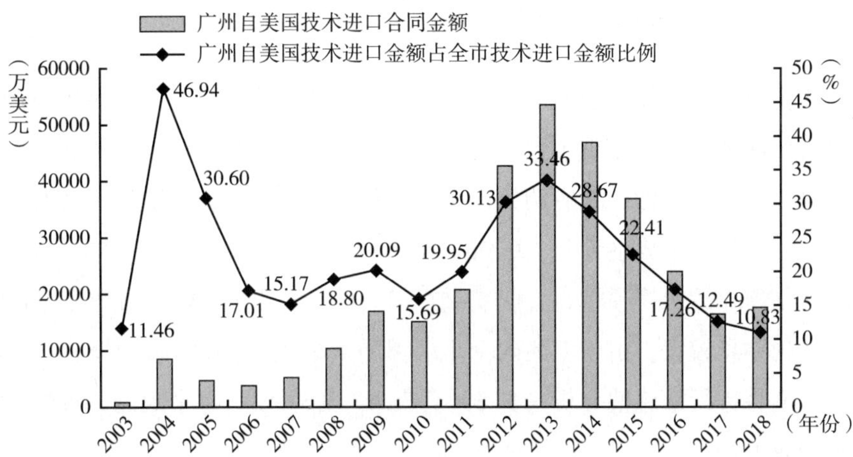

图 3　2003～2018 年广州自美国技术进口基本情况

资料来源：广州市商务委员会及计算整理。

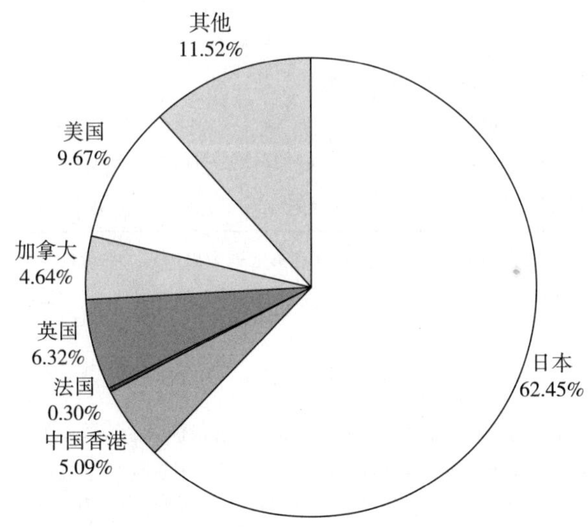

图 4　2018 年广州技术进口地区结构

资料来源：广州市商务委员会。

（一）对广州外贸整体的可能影响

关税对外贸整体的影响取决于两个层面因素。第一个是关税对出口商品价格的传导率，关税政策出台后，出口企业为维护自身的销售和利润，通常会对出口商品定价做出相应调整，所以关税变动并不会完全传导至消费品价格上。根据目前学界估计①，关税对出口商品价格的传导率为13%～30%。第二个是需求的价格弹性，这一参数为2～6，不同时间区间与产品之间参数估计的差异较大。由于上述两个重要参数可能处于的区间相对较为宽泛，以下本文将进行敏感性分析（如表1、表2、表3所示），来观测关税的可能的影响效力②。

表1　500亿美元加征关税对出口影响的敏感性分析

500亿美元25%关税对出口额的影响(%)						500亿美元25%关税对出口额的影响(亿美元)					
	10%	15%	20%	25%	30%		10%	15%	20%	25%	30%
2	-2.63	-4.03	-5.50	-7.03	-8.63	2	-0.28	-0.43	-0.59	-0.75	-0.92
3	-5.19	-7.92	-10.75	-13.67	-16.69	3	-0.55	-0.84	-1.15	-1.46	-1.78
4	-7.75	-11.81	-16.00	-20.31	-24.75	4	-0.83	-1.26	-1.71	-2.17	-2.64
5	-10.31	-15.70	-21.25	-26.95	-32.81	5	-1.10	-1.67	-2.27	-2.87	-3.50
6	-12.88	-19.59	-26.50	-33.59	-40.88	6	-1.37	-2.09	-2.82	-3.58	-4.36

说明：第一行百分数为关税传导率，第一列和第七列为出口需求的价格弹性。

资料来源：计算整理。

① Rodney D. Ludema, Zhi Yu. Tariff pass - through, firm heterogeneity and product quality. Journal of International Economics, 2016, 103; Kazunobu Hayakawa, Nuttawut Laksanapanyakul, Shujiro Urata. Measuring the costs of FTA utilization: evidence from transaction - level import data of Thailand. Review of World Economics, 2016, 152 (3).

② 具体的计算方式是：2500亿美元关税对中国的影响同等缩放对广州的影响效力为53.3亿美元，其中，500亿美元对广州的影响效力为10.66亿美元；2000亿美元对广州的影响效力为42.64亿美元。以500亿美元25%的关税为例，若关税传导率为20%，需求的价格弹性为4，关税对价格的影响是25%×20%=5%；对出口量的影响是-5%×4=-20%，由此对出口额的影响是（1+5%）×（1-20%）-1=16%，则将导致广州出口额下降10.66×16%=1.71亿美元。

表 2　2000 亿美元加征关税对出口影响的敏感性分析

2000 亿美元 10% 关税对出口额的影响(%)						2000 亿美元 10% 关税对出口额的影响(亿美元)					
	10%	15%	20%	25%	30%		10%	15%	20%	25%	30%
2	-1.02	-1.55	-2.08	-2.63	-3.18	2	-0.43	-0.66	-0.89	-1.12	-1.36
3	-2.03	-3.07	-4.12	-5.19	-6.27	3	-0.87	-1.31	-1.76	-2.21	-2.67
4	-3.04	-4.59	-6.16	-7.75	-9.36	4	-1.30	-1.96	-2.63	-3.30	-3.99
5	-4.05	-6.11	-8.20	-10.31	-12.45	5	-1.73	-2.61	-3.50	-4.40	-5.31
6	-5.06	-7.64	-10.24	-12.88	-15.54	6	-2.16	-3.26	-4.37	-5.49	-6.63

说明：第一行百分数为关税传导率，第一列和第七列为出口需求的价格弹性。
资料来源：计算整理。

表 3　2500 亿美元加征关税对出口影响的敏感性分析

2500 亿美元关税对出口额的影响(亿美元)						下降的出口额占出口总额的比例(%)					
	10%	15%	20%	25%	30%		10%	15%	20%	25%	30%
2	-0.71	-1.09	-1.47	-1.87	-2.28	2	-0.08	-0.13	-0.17	-0.22	-0.27
3	-1.42	-2.15	-2.90	-3.67	-4.45	3	-0.17	-0.25	-0.34	-0.43	-0.52
4	-2.12	-3.22	-4.33	-5.47	-6.63	4	-0.25	-0.38	-0.51	-0.64	-0.78
5	-2.83	-4.28	-5.76	-7.27	-8.81	5	-0.33	-0.50	-0.68	-0.85	-1.03
6	-3.53	-5.34	-7.19	-9.07	-10.98	6	-0.41	-0.63	-0.84	-1.06	-1.29

说明：第一行百分数为关税传导率，第一列和第七列为出口需求的价格弹性。
资料来源：计算整理。

计算结果显示，剔除其他干扰因素影响，综合 500 亿美元 25% 关税税率和 2000 亿美元 10% 关税税率的整体影响水平，美国对 2500 亿美元商品加征关税可能造成广州出口额下滑 0.71 亿～10.98 亿美元，仅占广州 2018 年出口总额的 0.08%～1.29%。若关税传导率为 20%，需求弹性为 4，则出口额下滑 4.33 亿美元，占出口总额的 0.51%。虽然从直接影响上看，美国对 2500 亿美元商品加征关税对广州的贸易规模总量的影响有限，但从间接影响上看，美国正在逐渐成为广州出口主力机电产品的重要目的地之一，广州高新技术产业相对发达，近年来也大力发展先进装备制造业，这些都是美国本次征税的重点。因此，本次中美贸易新背景将使一些外向型企业特别是广州数控、广汽集团面临比较严峻的形势，打入、扩大美国市场变得艰难。

（二）可能影响的出口行业

从表3可以看出，特朗普政府公布2500亿美元商品关税清单最主要分布于音像设备及其零附件、机械器具及零件、灯具、车辆及其零附件、塑料及其制品、钢铁制品等。进一步总结来说，通信、电子、机械设备、汽车、家具、日用品等劳动密集产品是最为突出的征税领域，是美国方面的关注焦点。从表4可以看出，“机电、音像设备及其零件、附件”类金额占比接近一半，高达48.876%；名列第二的是“杂项制品”，金额占比为11.668%；接下来依次是“贱金属及其制品”（金额占比5.916%）、“车辆、航空器、船舶及运输设备”（金额占比5.520%）、“塑料及其制品；橡胶及其制品”（金额占比4.772%）、“化学工业及其相关工业的产品”（金额占比1.984%）。

表4　美国对中国2500亿美元加征关税主要商品的规模及占比

一级类别	二级类别	加征关税规模（亿美元）	占比（%）
化学工业及其相关工业的产品	有机化学品	49.6	1.984
塑料及其制品;橡胶及其制品	塑料及其制品	86.0	3.440
	橡胶及其制品	33.3	1.332
生皮、皮革、毛皮及其制品;鞍具及挽具;旅行用品、手提包	皮革制品;旅行箱包;动物肠线制品	73.4	2.936
木及制品;木炭;软木;编结品	木及木制品;木炭	31.3	1.252
木浆等;废纸;纸、纸板及其制品	纸及纸板;纸浆、纸或纸板制品	32.7	1.308
石料、石膏、水泥、石棉、云母及类似材料的制品;陶瓷产品;玻璃及其制品	玻璃及其制品	23.7	0.948
贱金属及其制品	钢铁制品	85.8	3.432
	贱金属工具、器具、利口器、餐匙、餐叉及零件	29.2	1.168
	贱金属杂项制品	32.9	1.316

续表

一级类别	二级类别	加征关税规模（亿美元）	占比（%）
机电、音像设备及其零件、附件	核反应堆、锅炉、机械器具及零件	562.5	22.500
	电机、电气、音像设备及其零附件	659.4	26.376
车辆、航空器、船舶及运输设备	车辆及其零附件（铁道车辆除外）	138.0	5.520
光学、医疗等仪器；钟表；乐器	光学、照相、医疗等设备及零附件	64.3	2.572
杂项制品	家具；寝具等；灯具；活动房	291.7	11.668

资料来源：美国人口普查局及计算整理。

从表5可以看出，2017年占广州出口金额较大比例的“服装及衣着附件”“液晶显示板”“箱包及类似容器”等主要商品均在美国的关税清单上。由于公开数据无法获取广州与美国分行业贸易数据，因此用中国整体数据推测广州与美国的分行业贸易数据①，如表6所示，2017年广州出口美国的前三大商品类别分别为“机电、音像设备及其零件、附件”（出口额占出口美国总额比例32.16%）、“杂项制品”（出口额占出口美国总额比例17.34%）、“纺织原料及纺织制品”（出口额占出口美国总额比例14.72%），理论数据与客观事实基本符合。美国征收关税金额前三大类别中，广州出口美国的前三大商品类别中占了两个，且占比规模接近一半，因此可以推测，本次中美贸易新背景将对广州高新技术产业、劳动密集型产业的出口产生一定影响。

① 具体的推算方式是：设中国、广州某商品类别的出口额分别为Z_i、G_i，中国、广州的出口总额分别为Z_{im}、G_{im}，中国、广州出口至美国的某商品类别的金额分别为Z_e、G_e，中国、广州出口至美国的总额为Z_{em}、G_{em}，则$(Z_i/Z_{im})/(Z_e/Z_{em})=(G_i/G_{im})/(G_e/G_{em})$，根据交叉乘积计算可得$G_e/G_{em}$的结果，即广州出口至美国的某商品类别的金额占广州出口至美国的总额的比重。

表5　2017年广州主要商品出口金额、增速及占比

商品名称	金额(亿元)	同比增长(%)	占比(%)
服装及衣着附件	792.31	19.2	13.68
液晶显示板	278.59	17.4	4.81
贵金属或宝贵金属的首饰	260.16	5.4	4.49
箱包及类似容器	234.74	20.5	4.05
纺织纱线、织物及制品	225.70	21.0	3.90
家具及其零件	186.10	8.3	3.21
鞋	156.00	36.2	2.69
船舶	105.94	-21.1	1.83
自动数据处理设备及其部件	99.02	2.7	1.71
印刷电路	84.00	8.2	1.45
钢材	63.31	-21.5	1.09

资料来源：广州市统计局。

表6　2017年广州出口至美国商品的主要类别及占比推算

类别	占比(%)
机电、音像设备及其零件、附件	32.16
杂项制品	17.34
纺织原料及纺织制品	14.72
革、毛皮及制品;箱包;肠线制品	5.73
鞋帽伞等;已加工的羽毛及其制品;人造花;人发制品	4.68
贱金属及其制品	2.38
车辆、航空器、船舶及运输设备	0.80
珠宝、贵金属及制品;仿首饰;硬币	0.54

资料来源：计算整理。

（三）可能影响的支柱产业

2018年11月19日，美国商务部工业安全局根据2018年美国国会通过的《出口管制改革法案》，提出了一份管制关键技术和相关产品出口的框架方案，该文件共列出了14个领域，包括生物技术、人工智能（AI）、位置导航和定时（PNT）技术、微处理技术、先进的计算技术、数据分析、量子信息和传感技术、物流技术、增材制造（例如3D打印）、机器人、脑机接口、高超音速空气动力学、先进材料、先进的监控技术等前沿技术。该框架方案主要管制对象为军民两用和不太敏感的军用物品，目的是保证美国在科技、工程和制造领域的领导地位不受影响。

这十四大行业与中国的“中国制造2025”计划所列的十大领域高度吻合。而广州作为“中国制造2025”试点示范城市，为贯彻落实和全面对接“中国制造2025”，围绕实现制造强市的战略目标，广州已制定了多项相关的行动方案，比如《广州制造2025战略规划》《广州市加快IAB产业发展五年行动计划（2018~2022年）》《广州市价值创新园区建设三年行动方案（2018~2020年）》和总领以上三个行动计划的《广州市国民经济和社会发展第十三个五年规划纲要》，本次中美贸易摩擦必然对广州实施这些扶持高端产业发展的规划和行动方案产生不同程度的影响。

《广州市加快IAB产业发展五年行动计划（2018~2022年）》指出，到2022年，将广州建设成影响全球、引领全国的IAB[①]产业聚集区。全市IAB产业产值超1万亿元，年均增速达15%以上。《广州市价值创新园区建设三年行动方案（2018~2020年）》指出，分批建设价值创新园区，首批建设的10个价值创新园区，主要产业包括新能源汽车、智能装备、新型显示、人工智能、生物医药、互联网等。《广州市国民经济和社会发展第十三个五年规划纲要》指出，到2020年形成“54321”的千亿级工业体系，即5000亿级产业1个（汽车）、4000亿级产业1个（电子信息）、3000亿级产业1个（石化）、2000亿级产业1个（电力热力）、1000亿级产业2个（电子机械、通用专用设备）。《广州市国民经济和社会发展第十三个五年规划纲要》强调，为贯彻落实《广州制造2025战略规划》，围绕广州IAB产业的发展和价值创新园区的建设，在“十三五”时期，通过推动产业链、价值链、创

① 即新一代信息技术（Information Technology）、人工智能（Artificial Intelligence）、生物医药（Biopharmaceutical）。

新链“三链融合发展”，提升传统产业产品科技含量，促进支柱产业产品迈向高端服务。中美贸易摩擦对广州发展目标及本土产业的影响不容忽视，以下将分析中美贸易摩擦对广州“十三五”时期重点发展的支柱产业[①]的影响。

1. 汽车产业

汽车贸易是中美贸易新背景中角力的主要领域，广州部分以美国市场为主的行驶系统零部件供应商可能面临较大挑战。作为第一支柱工业的广州汽车产业，2017 年汽车产销规模突破 300 万辆、汽车工业产值首次突破 5000 亿元大关。2018 年产销规模有望达到 350 万辆，汽车工业总产值有望达到 5800 亿元[②]。对于主要依赖外资发展成为国内第一大汽车生产城市的广州而言，中美贸易新背景可能对其第一支柱产业即汽车产业产生不能忽视的影响。从短期看，由于广州汽车品牌以日系和自主品牌为主，尽管广汽菲克生产美国 Jeep 品牌，但其国产化率接近 90%，因此中美贸易新背景对广州汽车产业的影响很小。但长远看，中美贸易新背景将对广州汽车产业发展产生较为明显的不利影响，主要体现在广州自主品牌在美国的海外扩张将受阻，引进美国高端汽车技术将更加困难，对美国高端汽车技术及人才的整合形成阻力等。不管中美贸易新背景态势如何发展，广州汽车产业都需要设法提高自身技术创新能力和产品竞争力，逐步摆脱对外资的过度依赖。

广汽集团在 2019 年 1 月 14 日宣布将原定 2019 年内进入美国市场的计划推迟至 2020 年上半年[③]，广汽乘用车也暗示了两国的贸易摩擦对业务活动产了影响。美国市场方面，广汽乘用车已经就美国市场法律法规、消费者喜好等进行了一系列调研，同时也与全美汽车经销商协会（NADA）进行了密切沟通，为进入美国市场做了大量准备工作。广汽集团原计划 2019 年底

---

① 《广州市国民经济和社会发展第十三个五年规划纲要》中，将汽车产业、电子信息产业、石化产业、先进装备产业和都市工业作为广州在“十三五”时期增强制造业核心优势，必须做大做强的支柱产业，因此本文选取这五大支柱产业作为分析对象。

② 资料来源：参见《广州蓝皮书：广州汽车产业 2018 发展报告》。

③ 资料来源：参见《日本经济新闻》。

前向美国市场投放在1年前的北美车展上发布的新款轿车，并推进在美国国内成立销售公司和建立底特律、硅谷、洛杉矶三大研发中心等筹备工作。但现阶段相关筹备工作将因为中美贸易新背景而变得非常烦琐和复杂，中国企业进入美国市场将遇到重重阻力。

2. 电子信息产业

电子信息产业作为广州三大支柱产业之一，近年来发展迅速，2017年广州电子信息制造业实现产值3005.7亿元，"十三五"时期将达到4000亿元，电子信息产业已经成为推动广州经济发展的重要引擎。"301调查"中针对中国电子信息产业的主要有激光设备、LED、PCB、显示器、半导体设备、触摸屏、分立器、电容电阻等。本次征收关税清单不含手机终端和诸多消费电子产品，且广州零组件或手机设备厂商较少直接出口给美国终端客户，而主要交予富士康、和硕、伟创立等组装，往往在保税区转口和香港结算，不会直接面临关税，因此本次中美贸易新背景对广州手机产业链影响有限。

中美贸易新背景对广州依赖美国市场的电子信息企业的影响较大。国光电器股份有限公司作为花都军民融合价值创新园区的龙头之一，主要产品为扬声器单元、音响系统、民营功率放大器、专业功率放大器、音频信号处理器和电声配件等，2017年公司直接出口美国的销售收入为4.08亿元，占公司总营业收入比重为23.29%，公司在美国的业务占比较大。受中美贸易新背景的影响，国光电器通过自有资金和自筹资金1000万美元投资越南，设立国光电器（越南）有限公司①。

2018年以来随着中美贸易新背景的持续变化，广州市政府欲加速自身半导体产业超速发展，以减少在芯片方面对海外特别是美国企业的依赖。2018年12月25日，广州市工业和信息化委员会公布的《加快发展集成电路产业的若干措施》，要求加快发展半导体产业，通过芯片制造、设计、封装测试、人才培育等工程，促进行业聚集，构建集成电路设备制造、关键材料生产等相关产业配套支撑电子信息产业的发展，形成协同发展的半导体产

① 资料来源：参见《国光电器：关于公司在越南设立境外子公司的公告》。

业生态圈。为实现目标，广州将引进2~3条12英寸集成电路制造生产线，支持建设第三代半导体生产线，并要求尽快形成产能规模，建立起以芯片制造为核心的产业生态圈。而在提升芯片制造方面，广州拟发挥粤港澳大湾区综合优势，重点在智能传感器、功率半导体、光电器件、混合信号、射频电路等领域，深化与港澳台的半导体产业合作，力争到2022年，可以打造出千亿元人民币的半导体产业群。

总体来说，中美贸易新背景对广州电子信息产业的冲击相对有限。目前，广州在电子信息制造领域与韩国、日本等国家以及中国台湾地区的联系更为紧密，对美国的依赖性逐渐减弱，对高技术的需求将推动广州企业技术加速发展。

3. 石化产业

近几年来，虽然广州石化产业完成工业总产值增速有所放缓，但石化产业仍是广州第三大支柱产业。2017年，广州全年规模以上石油化工制造业完成工业总产值2351.25亿元，占全市规模以上工业总产值的比重为11.6%，占三大支柱产业工业总产值的比重22.2%。

从中美两国公布的关税清单来看，石油化工产品也是中美贸易新背景的主要领域，涉及从油气生产到油品、石化产品、炼油催化剂等整个产业链。而我国原油、天然气高度依赖于进口，基本没有出口。2017年我国主要大宗石化产品乙烯、丙烯、聚乙烯、聚丙烯出口额占出口总额比重分别为0.27%、0.91%、0.01%和1.3%，其中对美国的出口占比更小。2017年中国与美国石化产品贸易额476亿美元，占石化产品进出口总额的8.1%，其中自美国进口225亿美元，向美国出口251亿美元。中石化广州分公司主要原油加工产品有汽油、柴油、航空煤油等，主要固体塑料产品有聚乙烯、聚丙烯、聚苯乙烯等，是华南地区最大的现代化石油化工企业之一，华南地区是其产品主要消费市场。中石化广州分公司虽然还将部分产品出口至港澳和东南亚，但出口美国比例极低。

由于美国将化学工业及相关工业的产品列入关税清单中，美国本土依赖化学原料进口的日化品企业的产品价格上涨。广州日化品代表企业宝洁宣布：自 2018 年 9 月起，将该公司北美市场的家居清洁产品、护发用品、香皂、卫生用品等产品售价提高 2% ~16%。不仅如此，宝洁还考虑是否对美国以外的市场及其他品牌进行提价，范围可能扩大至剃须膏、牙膏等。若广州宝洁宣布对广州市场产品提价，广大消费者或将转而将目光投向国货，舒克、立白、浪奇、霸王等广州本土品牌将成为宝洁的替代品牌。同时，广州不少以石油衍生物、日化内容物为主要业务的原料加工企业，也正在面临着业务流失的压力，不少美系品牌的加工，已经转移到原料成本更低的越南、印度、巴基斯坦等国家。

4. 先进装备产业

《广州市国民经济和社会发展第十三个五年规划纲要》指出，广州在“十三五”时期将以工业机器人为典型代表的智能制造装备、轨道交通装备、海洋工程装备等高端制造业努力打造成为广州市新型支柱产业，到 2020 年先进装备制造业产值达 2300 亿元。广州先进装备产业主要分布在通用设备、专用设备和机器人三大领域，以智能装备产业集群为例，作为广州机器人及智能装备产业的集聚区黄埔区、广州开发区，2017 年全区共集聚知名智能装备及机器人企业 75 家，全年实现工业总产值 162.84 亿元，约占全市规模的 1/3①。目前，黄埔区、广州开发区重点建设的产业项目有粤芯半导体项目、亿航自动驾驶载人飞行器产业园基地、宝能新能源汽车产业园、广州数控工业机器人产业园等。对于广州数控这种已经实现自主研发机器人的企业而言，核心技术零部件已经摆脱了对进口的依赖，受供应商限制小，中美贸易新背景对该类先进企业短期影响较小，但对其长远发展中计划收购美国机器人企业或技术合作、打入美国市场将造成较大影响。而对于处于发展阶段，缺乏自主研发能力，需要引进美国机器人核心技术的广州先进装备制造企业来说，中美贸易新背景对该类企业影响巨大。同时，中美贸易新背景也会倒逼广州机器人企业加快技术研发步伐，加快技术进口替代节奏，寻求日本、韩国、德国的机器人市场等。

① 资料来源：中国产业经济信息网，http：//www.chyxx.com/industry/201806/647131.html。

5. 都市工业

《广州市国民经济和社会发展第十三个五年规划纲要》指出，“十三五”时期，广州将着力发展一批新型都市消费工业园区，加快建设欧派智能家居生产基地、狮岭皮革皮具产业基地、沙湾珠宝产业园、新塘牛仔服装生产基地、珠江钢琴增城中高档立式钢琴产业基地等一批特色鲜明、绿色高端的都市消费工业产品制造基地，到2020年，都市消费工业实现产值超过1500亿元，建成国内领先的智能家居基地、灯光音响基地、时尚服饰之城。

以轻工业为例，2017年，广州全年纺织品、服装、家具的出口额分别为225.7亿元、792.31亿元、186.1亿元，分别占全市出口总额比重的3.9%、13.7%、3.2%。可以看出，劳动密集型产品仍占广州出口产品的较大比例。而美国作为广州服装纺织品的第一大出口国，且纺织原料及纺织制品、杂项制品等商品类别占美国关税清单绝大比例，是美国重点征税对象。因此，中美贸易新背景对广州服装产业影响较大，将对广州都市工业发展所依赖的传统产业转型升级产生影响。

四　对策建议

（一）企业层面

1. 开拓新市场

对美国市场依赖的广州企业，应重新审视自身的市场重心，根据自身的业务情况调整市场开拓策略。在市场方面，广州企业应积极开拓欧洲、东南亚和国内市场的需求，尽量分散客户在不同国家；应积极融入“一带一路”倡议，积极“走出去”，通过多种形式与全球企业构建双赢的业务关系，不惧怕贸易新背景带来的影响从而收缩海外业务。

2. 加强自主研发

广州企业应从全球产业链和贸易链的角度，审视自身产品的地位、定位和竞争优势，在核心技术上坚持自主研发，提升自身产品竞争力，使自身产品处于高端的、拥有自主知识产权的领域。中美贸易新背景的关键症结在于中美高端制造业和新经济领域的激烈竞争，具体表现为美方要求加强对知识产权的保护以及未来中国企业在对美技术型企业并购中可能遇到的阻碍增加。所以，广州企业应通过加强自主研发或寻求替代技术源的方式来防范美国可能采取的措施。

3. 遵守法规制度

针对有出口业务和“走出去”的广州企业，需要加强合规教育，对不合规的做法进行自查自律自纠，尽快建立合规管理体系，从制度上持续地防范将来可能出现的重大不合规，遵守海外市场当地的法律法规，尊重当地的风俗习惯。合规能力提升后，广州企业不仅增强了国际市场上的核心竞争力，也将增加抵御外贸形势突变的可持续发展能力。

（二）政府层面

1. 加强与企业沟通

广州市政府应按国家部署，积极配合，加强跟踪研究，主管部门应加强与企业、行业协会沟通联系，相关部门应通过召开企业座谈会、走访企业等方式[①]，了解广州企业的反映、诉求和外经贸受中美贸易新背景影响的情况，协同互动尽量降低中美贸易新背景对广州支柱产业的不利影响，确保其持续稳健发展。

2. 加大对企业的支持

广州市政府应加大对受中美贸易新背景影响较大特别是与广州支柱产业相关的企业的支持力度，做好应对措施：为新兴企业提供技术资金支持，降低处于发展阶段的企业的融资门槛；支持龙头骨干企业做大做强做优，支持 IAB 产业园区集约集聚发展，各项财政专项资金重点向 IAB 产业倾斜；对外贸依存度较高的企业，应继续扩大开放，积极引进外资支持相

① 应晓霞、吴静静：《中美贸易摩擦对宁波外贸的影响分析及应对之策》，《宁波经济（三江论坛）》2018 年第 5 期，第 23 ~24 页、第 45 页。

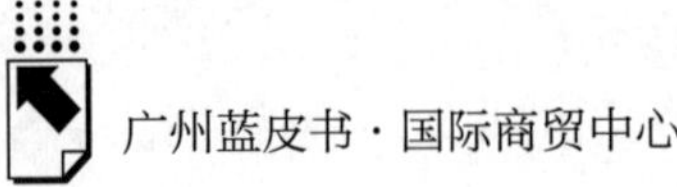

关企业的发展。

3. 继续深入形势跟踪

广州市政府应密切关注中美贸易新背景的最新进展，及时向外经贸企业通报信息。继续深入调研，分析预判并做好防范措施。

参考文献

张海梅、陈多多：《中美贸易摩擦对广东出口的影响及应对》，《岭南学刊》2019 年第 1 期。

邓仲良：《从中美贸易结构看中美贸易摩擦》，《中国流通经济》2018 年第 10 期。

陈继勇：《中美贸易战的背景、原因、本质及中国对策》，《武汉大学学报》（哲学社会科学版）2018 年第 5 期。

段玉婉、刘丹阳、倪红福：《全球价值链视角下的关税有效保护率——兼评美国加征关税的影响》，《中国工业经济》2018 年第 7 期。

李铁成、刘力：《广州战略性主导产业的选择及发展策略研究——基于产业结构演变与产业关联的视角》，《产业经济评论》2015 年第 2 期。

B.6
新形势下广州扩大进口促进贸易平衡研究

李　亚*

摘　要： 主动扩大进口有利于统筹国内国际两个市场，促进对外贸易平衡发展，对优化产业结构、促进经济发展、满足人民美好生活需要具有十分重要的作用，是推动经济高质量发展的内在需要，是坚持互利共赢开放战略、推动形成全面开放新格局的必然要求。本文指明了扩大进口的重大意义，分析了当前广州推动进口的发展情况，总结出广州扩大进口促进贸易平衡面临的新形势和新问题、企业扩大进口面临的困难，并提出推动广州扩大进口促进贸易平衡的对策和建议。

关键词： 进口　贸易平衡　广州

一　新形势下积极扩大进口的重大意义

（一）扩大进口有利于促进对外贸易平衡发展

改革开放后，我国坚持以出口为导向，实行出口退税政策。外贸不断稳

* 李亚，广州市商务局。

定发展，出口导向企业不断增加，但是随着出口快速增长，贸易顺差问题也一直被美国等国家所诟病。当前我国已发展成为世界贸易大国，不仅要出口，也要主动扩大进口，这有利于各国在国际分工中发挥各自的比较优势，实现互利共赢，促进我国贸易平衡发展的同时缓和贸易摩擦。

（二）扩大进口有利于尽可能地满足人民对美好生活的需求

以往国家外汇更多用于进口对提高中国整体生产水平更有帮助的生产品、原材料等，对进口奢侈品、消费品的管制相对比较严格。但当前我国进入居民收入提高、消费升级阶段，对消费品的需求日益增加，扩大进口，特别是对部分进口商品降低关税，可以使我国民众以较低价格享受到优质产品和优质服务，为消费者提供更多选择，有利于改善居民消费水平，提升民众的生活质量。而且如果国内买不到或者关税成本高，人们就会通过境外购物或代购的形式实现，这不仅使我国的外汇流失，也造成服务贸易和关税的流失，这也是我国服务贸易中旅游项目每年都处于较大幅度逆差状态的原因之一。

（三）扩大进口有利于促进产业升级

扩大进口，特别是鼓励先进技术、仪器和设备的进口，符合国内产业升级的需要。同时，我国正在推动高质量发展，通过创新实现更高效率的增长。但是质量、效率与创新等需要有一个更强的竞争环境，没有竞争就没有质量、效率的提升以及创新的发展。如果企业暂时无法“走出去”，那就要通过进口“引进来”，推动我国企业在产品质量、技术含量等方面的提升。

二　广州推动进口发展情况

（一）广州进口平稳发展

据海关统计，以美元计价，2008 年广州进口 389.9 亿美元，到 2017 年广州进口579.2亿美元，10年间进口额增加189.3亿美元，年平均增幅为5.8%。

据海关统计，2018年，广州全年外贸进口总值4202.5亿元，比2017年同期（下同）增长7.1%，占全市进出口总值的42.8%。以美元计价，广州外贸进口总值为636.3亿美元，增长9.8%，占全市进出口总值的42.9%。

（二）进口结构不断优化

1. 加工贸易进口放缓，保税物流和跨境电商表现强劲

2018年全年，从贸易方式看，一般贸易进口2527.7亿元，增长7.7%，占广州市进口的60.1%，较2017年全年的占比提升0.3个百分点。其中，跨境电子商务进口198.0亿元，增长30.4%，占全市进口总值的4.7%；加工贸易进口1058.6亿元，增长0.1%，占全市进口总值的25.2%，较2017年全年的占比下降1.8个百分点；保税物流进口583.6亿元，增长25.2%，占全市进口总值的13.9%。

2. 外资企业进口规模过半，民营企业增长较快

同期，从企业性质看，外资企业是广州进口的重要主体，进口2158.2亿元，增长5.4%，占全市进口总值的51.4%，较上年同期占比减少0.8个百分点。民营企业进口1280.5亿元，增长14.4%，占全市进口总值的30.5%，较上年全年占比提高2.0个百分点。国有企业进口683.8亿元，增长0.2%，占全市进口总值的16.3%，较上年同期占比下降1.1个百分点。

3. 机电产品和高新技术产品进口比重提升，飞机等商品进口增长较快

同期，从商品大类看，广州机电产品进口1979.7亿元，增长15.1%，占同期广州进口总值的47.1%；农产品进口387.4亿元，下降4.6%，占全市进口总值的9.2%；钻石进口179.7亿元，增长14.2%；医药品进口84.4亿元，下降11.2%；汽车进口16.8亿元，下降3.9%；汽车零配件进口262.9亿元，增长26.4%。另外，进口飞机51架，进口货值245.0亿元，增长

51.6%；纺织纱线、织物及制品进口68.0亿元，下降21.1%，如表1所示。

主要资源类产品中，煤及褐煤进口1367.2万吨，与上年持平，进口货值58.6亿元，下降1.0%；成品油进口75.6万吨，增长27.8%，进口货值40.0亿元，增长35.3%；铁矿砂及其精矿进口350.5万吨，下降50.6%，进口货值18.3亿元，下降43.0%；初级形状的塑料进口234.2万吨，增长3.8%，进口货值为278.4亿元，增长6.3%。

表1　2018年广州进口重点商品情况

单位：亿元（人民币），%

商品名称	进口金额	同比	比重
全市合计	4202.5	7.1	
机电产品	1979.7	15.1	47.1
运输工具	481.3	32.0	11.5
飞机及其他航空器	245.0	51.6	5.8
汽车	16.8	-3.9	0.4
汽车零配件	262.9	26.4	6.3
高新技术产品	1190.7	10.9	28.3
农产品	387.4	-4.6	9.2
医药品	84.4	-11.2	2.0
纺织纱线、织物及制品	68.0	-21.1	1.6
初级形状的塑料	278.4	6.3	6.6
煤及褐煤	58.6	-1.0	1.4
成品油	40.0	35.3	1.0
钻石	179.7	14.2	4.3

说明：部分商品之间有交叉。

4.从欧盟进口出现下降，其他主要贸易伙伴进口增长

同期，广州传统进口市场中，从美国进口488.6亿元，增长16.3%；从日本进口789.6亿元，增长11.5%；从欧盟进口631.9亿

元，下降 1.0%；从中国香港进口 32.6 亿元，下降 24.9%。新兴市场中，从东盟进口 503.6 亿元，增长 5.9%。从南非进口 189.8 亿元，增长 9.0%，如表 2 所示。

表 2　2018 年全年广州分国别（地区）进口情况

单位：亿元（人民币），%

进口国家(地区)	进口金额	同比(%)	占比(%)
全市合计	4202.5	7.1	
亚洲	2525.2	8.2	60.1
东盟	503.6	5.9	12.0
中国香港	32.6	-24.9	0.8
日本	789.6	11.5	18.8
韩国	531.1	14.9	12.6
欧洲	698.9	-0.2	16.6
欧盟	631.9	-1.0	15.0
北美洲	530.5	17.6	12.6
美国	488.6	16.3	11.6
非洲	232.7	12.7	5.5
南非	189.8	9.0	4.5
拉丁美洲	102.4	11.2	2.4
巴西	23.1	-42.7	0.5
大洋洲	112.4	-18.9	2.7
澳大利亚	70.1	-22.7	1.7
新西兰	40.9	-4.2	1.0

5. 黄埔区进口规模最大，三大区域占比达七成

2018 年，从区域看，黄埔、南沙和番禺分别进口 1538.9 亿元、972.1 亿元和 459.2 亿元，分别增长 9.4%、20.9% 和 1.9%，这三大区域进口合计 2970.2 亿元，占全市进口总值的 70.7%，如表 3 所示。

表 3　2018 年广州各区进口情况

单位：亿元（人民币），%

区域	12 当月金额	同比	全年累计金额	同比
黄埔	136. 2	18. 1	1538. 9	9. 4
南沙	102. 5	35. 9	972. 1	20. 9
番禺	35. 5	-3. 6	459. 2	1. 9
花都	20. 1	1. 3	246. 9	10. 4
越秀	20. 4	-21. 1	237. 1	-21. 6
天河	28. 8	11. 1	342. 3	5. 9
白云	28. 3	103. 2	190. 2	-0. 2
增城	7. 0	121. 3	64. 8	36. 2
海珠	7. 1	-36. 1	76. 5	-13. 6
荔湾	4. 6	-2. 7	52. 4	-18. 6
从化	1. 8	-0. 8	22. 2	4. 2

（三）外贸新业态不断发展壮大

保税物流、跨境电商、汽车平行进口等新型贸易方式快速发展，内外贸融合趋势不断加快。2018 年，通过海关相关系统验放的跨境电商进口总额达 198. 0 亿元，比 2017 年增长 30. 4%，占全市进口总值的 4. 7%。保税物流进口 583. 6 亿元，增长 25. 2%。汽车平行进口试点工作不断推进，2018 年全年南沙到港平行进口汽车 13788 辆。

（四）进口贸易环境持续改善

贯彻落实国务院和省政府关于改进口岸通关、服务，支持外贸发展的总体部署，海关进一步降低平均查验率。持续开展规范进出口环节收费工作，全面组织实施免除查验没有问题的外贸企业吊装、移位、仓储费用试点工作。加快国际贸易“单一窗口”建设和升级改造，提高平台的高效化便利化水平。提高自动进口许可证等行政审批事项的办事效率，开展机电产品国际招投标“双随机一公开”的核查，降低企业成本和营造公平开放的市场环境。

三　当前广州扩大进口促进贸易平衡面临的新形势和新问题

（一）经济全球化带来新的机遇，但不确定因素增多

国际市场方面，经济全球化使各国相互联系和依存日益加深，投资带动贸易增长、市场驱动投资流向、跨国公司主导全球供应链和价值链、贸易和产业数字化转型等趋势更加明显。与此同时，世界经济回暖的基础还不稳固，世界经济仍面临诸多复杂挑战，新增长动力缺乏，增长分化加剧，欧美等发达经济体的贸易投资保护主义倾向加强，国际贸易发展的不确定性因素有增无减。尤其2018年以来，全球贸易保护主义持续升温，对国际贸易发展带来严峻挑战，特别是特朗普政府的贸易保护措施的力度和速度超预期，中美贸易争端和摩擦升级，将对广州外贸形成较大影响，外贸进出口下行压力进一步加大。

（二）我国加快形成全面开放新格局，促进进口政策频出

当前我国经济已由高速增长阶段转向高质量发展阶段，而我国对外贸易也已经进入由“规模扩张”向“质量提高”的新阶段，在稳定贸易规模的同时，力促结构调整优化。

2018年中央经济工作会议上提出推动形成全面开放新格局，要在开放的范围和层次上进一步拓展，更要在开放的思想观念、结构布局、体制机制上进一步拓展。要促进贸易平衡，需要更加注重提升出口质量和附加值，同时积极扩大进口，下调部分产品进口关税。

国家决定推新举措支持实体经济发展，包括减轻企业的税赋负担、鼓励增加小微企业贷款、推动更高水平对外开放、鼓励和吸引境外资本参与国内经济发展、完善和提高部分产品出口退税率等，当前政策扶持力度可期，我国经济增长基本保持稳定。

2018 年 7 月，国务院办公厅转发商务部等部门《关于扩大进口促进对外贸易平衡发展的意见》，从优化进口结构促进生产消费升级、优化国际市场布局、积极发挥多渠道促进作用、改善贸易自由化便利化条件四个方面，提出了扩大进口促进对外贸易平衡发展的政策举措，且自 2018 年 7 月 1 日起，我国下调部分消费品进口关税，平均进口关税率由 9.8% 降至 7.5%，这些政策的出台将有利于优化进口结构、促进生产消费升级。

（三）对标国内先进城市，广州进口集散功能有待增强

2018 年，广州进口总值为 4202.5 亿元，增长 7.1%，占广东省进口总值的 11.3%，占全国进口的 3.0%。相较于主要外贸城市，广州进口规模远低于北京、上海、苏州，也低于广东省内的深圳和东莞（如表 4 所示）。另外，上海、北京、天津的进口超过出口，成为进口集散地，区域辐射带动效应较强。

表 4　2018 年 1～12 月主要城市外贸进出口情况

单位：亿元，%

城市	金额			同比		
	进出口	出口	进口	进出口	出口	进口
上海	34009.41	13666.85	20342.56	5.5	4.2	6.4
北京	27180.73	4878.54	22302.20	23.9	23.0	24.1
深圳	29973.90	16270.20	13703.70	7.0	-1.6	19.4
东莞	13418.70	7955.60	5463.10	9.5	13.3	4.3
苏州	23375.60	13656.91	9718.68	9.3	7.8	11.4
天津	8078.79	3208.47	4870.32	5.7	8.7	3.8
广州	9810.15	5607.58	4202.57	1.0	-3.2	7.1
宁波	8576.29	5550.65	3025.65	12.9	11.4	15.7
重庆	5222.61	3395.28	1827.34	15.9	17.8	12.5

（四）加工贸易传统竞争优势减弱影响进出口增长

稳中向好的国内经济为进口增长提供良好的支撑，但受全球产业格局深度调整，我国加工贸易承接国际产业转移的速度放缓，产业和订单转出有所

加快。近年来，发达国家实施再工业化战略，推动制造业回流，重塑制造业竞争新优势。东南亚等一些发展中国家依托低要素成本，积极参与全球产业再分工，承接国际产业转移。我国制造业面临发达国家和其他发展中国家双向挤压的局面。而广州正处于新旧动能转换、制造业转型升级过程中，加工贸易企业面临土地、人工、生产资料等生产成本上升，以及环保、消防等压力综合影响，企业传统竞争优势逐渐削弱，加工贸易企业数和加工贸易进出口均呈逐渐下降的态势。

四　企业扩大进口面临的困难和问题

（一）原材料等大宗商品国际市场价格波动较大影响产品国际市场竞争力

有企业反映，2018 年以来部分原材料等国际大宗商品国际市场进口价格涨幅过快或价格波动较大，短期来看原材料价格上涨使原材料进口金额增加，但同时也增加了原材料为进口的出口产品的成本，直接导致出口产品售价增幅大，国际市场价格优势减小，国际市场竞争力下降。

（二）贸易融资难且产品不能满足企业需求

银行对企业的融资持谨慎态度，部分企业反映信贷额度收紧，企业融资难，企业只能缩减订单，减少产能，或者委托其他企业开具信用证，使得企业成本增加，利润减少。转口贸易因相关监管部门仅监控到单据和资金流转，而无法监督货物流转，所以有少数企业利用监管漏洞开展不实业务，银行为加强监管减少风险，取消转口信用证这类金融产品。而电商进口未有相应的金融服务产品支持。目前，进口信用证、进口押汇、进口代付等金融产品服务不适用于跨境电商业务和跨境 BBC 业务。

（三）企业反映生产成本不断提高

广州土地、人工等生产要素成本不断上升，相关专业人才培训缺失，企业在转型升级、产品更新换代过程中存在人才难觅现象。有企业反映税费如城建税及教育费附加、地方教育费附加以及印花税负担较重。

（四）国内原材料供应不稳定影响企业生产经营

国家加大了环保力度，使得供应链萎缩，部分原材料供应不稳定，国内原材料采购价格上涨幅度大。尤其是部分化工产品、包装材料等原材料出现供应短缺和价格暴涨现象，其中纸箱价格上涨幅度达到50%。预计工业企业技术升级后才能稳定产量和价格，短期内将难以改变。企业的生产经营受阻又反过来影响企业对进口设备、料件等的需求。

五 广州推动扩大进口促进贸易平衡的对策和建议

作为国家重要中心城市的广州，是国际商贸城市、国际综合枢纽，拥有得天独厚的外贸便利条件，主要遵循四个方面的目标和战略导向。一是实施进口促进战略，主动扩大进口。坚持进口、出口并重，在稳定出口的基础上，充分发挥进口对提升消费、调整结构、发展经济、扩大开放的重要作用，推动进口与出口平衡发展，进一步提升进口集散功能，扩大辐射范围，打造辐射华南、服务全国的进口商品集散地。二是加强“一带一路”国际合作。加强同沿线国家的战略对接，增进战略互信，充分发挥多边经贸合作机制的作用，推进周边国家产业合作，将“一带一路”相关国家作为重点开拓的进口来源地，加强战略对接，适度增加适应国内消费升级需求的特色优质产品进口，不断扩大与沿线国家的进出口贸易。三是积极发展服务贸易。加快服务贸易创新发展，大力发展新兴服务贸易，促进建筑设计、商贸物流、咨询服务、研发设计、节能环保、环境服务等生产性服务进口。四是加强粤港澳合作，在粤港澳大湾区整体框架下，进一步增强合作，在通关一体的基础上，实现货物进出口的无障碍流动，实现整体共赢，增强整体竞争力。主要措施如下。

（一）加强政策支持鼓励进口

1. 制定政策措施

按照《广州市关于扩大进口促进贸易平衡的若干措施》要求，从提升进口贸易质量效益、培育进口新增长点、发展进口促进平台、壮大进口经营主体、强化进口管理服务等五个方面推动广州扩大进口促进贸易平衡，着力发挥进口对促进广州科技创新、产业升级和满足消费需求的重要作用，推进国际商贸中心和枢纽型网络城市建设。

通过实施积极进口促进政策，努力扩大进口规模，优化进口结构，全面提升进口的综合效应，推动进出口的平衡发展。

2. 新增市级进口专项扶持资金

积极引导企业用足用好中央、省促进进口扶持资金，扩大对先进技术设备进口。探索广州设立支持进口的财政专项资金。加大对高新技术和先进装备进口的支持，配合国家、省进口贴息政策出台市促进政策。鼓励目前国内技术水平不能制造的先进设备进行引进并给予补贴支持，以提高广州工业企业的技术水平，以促进对国外先进装备技术的引进、消化和吸收。适当对农产品、资源性产品进口的政策扶持，配合国内供给侧结构性改革，适度增加国内紧缺农产品的进口。支持关系民生增强人民获得感、幸福感的消费品、医药和康复、养老护理等产品进口。

3. 推动加工贸易转型升级

引导企业加大自主品牌、自主设计、自主研发力度，提高劳动生产率，提升产品国际竞争力。加强与海关、税务、工商、外管等部门联动，及时帮助企业解决生产经营中的困难和问题，推动企业延伸加工贸易产业链，促进加工贸易进出口稳定发展。搭建内销平台，帮促企业拓展内销市场。精心组织企业参加中国加工贸易博览会等展销活动，鼓励企业加大创新力度，借助加博会平台扩大内销市场。积极协助省商务厅举办加博会电商平台招商推介会，指引企业上线加博会电商平台，利用平台实现产品网上展示、采购和交易，提高品牌知名度。

（二）支持进口贸易促进平台

1. 推动进口集聚区建设

支持广州开发区、南沙自贸区、广州南沙保税港区、广州保税区、广州白云机场综合保税区等重点进口贸易集聚区完善园区内一体化信息管理服务平台和操作平台建设，加强保税仓库和冷链设施建设，发挥其带动作用促进产业集聚和价值链延伸。

2. 着力加大跨境电商进口

贯彻落实《关于加快广州跨境电子商务发展若干措施（试行）》，制定财政资金专项扶持方案，降低企业开展跨境电子商务业务的成本，进一步激发企业开展业务的积极性。推动企业抓住跨境电商零售进口监管过渡期政策延长至2018年底的政策利好，加快业务拓展。

3. 打造展贸促进平台

充分发挥中国进出口商品交易会在广州举办的优势，推动行业对接和企业深度合作，促进广州采购商与国际参展企业的贸易配对和进口成交。鼓励食品、酒类等知名专业进口展览做大做强，搭建线上线下相结合的专业品类进口贸易平台，引导广州企业与国内外优质产品资源对接。协助做好中国国际进口博览会招展工作，组织广州企业扩大对优质、特色商品和服务的进口采购，促进贸易与产业精准对接，深化与各国的贸易投资合作。加强国家进口贸易促进创新示范区贸易平台建设，推进国际营销网络建设。

4. 扶持中欧班列发展

完善和升级中欧班列的场站及口岸建设，促进海关特殊监管场所和相关设施、设备的建设和运作。积极引导中欧班列运营企业与国内外电商企业、物流企业和商协会，以及国外政府贸易促进机构对接合作，逐步培育稳定的国外市场，形成成熟的进口货物市场来源，争取开通回程班列。

（三）推动重点商品进口

支持大宗商品资源、原材料和农产品的进口。加大对汽车进口商的招商引资，推进汽车平行进口试点做大做强；发展珠宝、钻石交易，扩大飞机等商品的进口规模。

1. 推动保税船舶燃油进口

出台保税船舶燃油操作规范，简化通关流程，提高通关效率；协调广州海关、黄埔海关联合出台保税船舶燃油跨关区作业监管办法，建立跨关区快速通关的工作机制；实施一船多供、先出后结集中报关等创新措施，争取在国际重要保税油船供中心建设方面有所突破。

2. 推动汽车平行进口试点

引进优质汽车品牌服务商，通过政策引导企业落地广州，汽车进口形成集聚效应。

3. 推动珠宝钻石产业创新发展

力促珠宝钻石交易平台建设；支持业态创新，举办国际毛坯钻石交易会、国际珠宝钻石年会，鼓励开展钻石保税交易、保税暂存鉴定、琥珀公盘等业务创新。

4. 推动飞机融资租赁进口取得新突破

加强融资租赁服务基地建设，大力支持飞机租赁企业发展，积极推动重大飞机租赁项目落地。

5. 推动争取境外汽车维修复出口项目试点

向商务部、海关总署等部门争取批准广州开展境外汽车维修复出口项目试点业务，促进广州汽车产业链延伸，拓展加工贸易新领域。

（四）扶持进口经营主体

1. 积极培育龙头进口企业

完善重点进口企业联系制度，做好重点进口企业的跟踪和服务，协调解决企业在生产经营和进出口环节的困难和问题，鼓励企业创新进口业态和商业模式，帮助企业进一步扩大进出口业务。

2. 加大对新落户重点企业的服务

推动高端外资制造业项目，比如富士康第10.5代显示器全生态产业园、百济神州、康宁玻璃等重大新项目和广汽丰田、乐金显示等增资扩产项目，带动相关高端设备和生产线的进口。统筹市区两级商务、口岸部门做好重点外资制造业项目的跟踪服务工作，建立重大项目进口“绿色通道”，力争成为拉动广州进口的新增长点。

（五）优化进口发展环境

1. 加强政策的宣传引导

利用国家降低汽车、抗癌药物等进口关税的契机，加强与卫计委等部门的联动，开展针对重点企业、医疗机构、贸易中间商等的政策宣传，引导其用足用好政策红利，扩大进口规模。

2. 促进进口贸易便利化

进一步完善中国（广州）国际贸易“单一窗口”功能，加快数字口岸建设，全面推行口岸管理相关部门“联合查验、一次放行”，探索推进“单一窗口”平台与港澳特别行政区、“一带一路”沿线国家口岸的互联互通。协调海关、检验检疫等部门收集企业在进口通关环节存在的困难和问题，优化办事流程，提高通关效率，切实满足企业需求。

3. 加强外贸运行监测

进一步增强对外贸进口运行的监测和分析，开展重点联系企业的跟踪服务；加强挂点联系各区工作机制，市区两级形成合力共同推动外贸进口发展；加强贸易摩擦预警。建立重点国家贸易摩擦分析研判机制，加强信息交流和形势预判，及时评估影响、提出建议，把握工作主动权。

B.7

广州市场采购贸易方式探索研究

蔡启良　梁志锐　成　静*

摘　要： 2017年3月6日，广州市场采购贸易试点工作正式启动。经过两年时间的积极推进，广州市场采购贸易出口跃居全国第二位，企业集聚及各项指标建设效果明显，取得较好的发展成绩。在赴市内重点批发市场、浙江义乌等地调研的基础上，本文对广州市场采购贸易方式试点发展现状、存在的问题进行了全面深入的分析，并提出未来发展思路。

关键词： 市场采购　外贸新业态　试点

一　市场采购的基本情况

市场采购是指在经认定的市场集聚区采购商品，单票报关商品货值15万美元（含15万美元）以下，并由符合条件的经营者在海关指定口岸办理出口商品通关手续的贸易方式。

（一）市场采购的起源

随着全球贸易一体化进程加快，我国改革开放不断深化，在互联网的全面普及和应用下，国际贸易在主流的大额订单式生产下，逐步呈现出碎片化、个性化的小额小批量采购。但由于小商品“小、散、杂”，一个出口集

* 蔡启良、梁志锐、成静，广州市商务局。

装箱就涉及上百种商品，且往往缺少进项增值税发票，无法按照传统一般贸易的模式来报关出口。为了促进小商品出口，2004 年，海关总署批复同意义乌小商品出口适用“旅游购物”（市场采购前身）的贸易方式。该贸易方式“不退税、不结汇”的特点极大地契合了小商品出口规律，迅速成为小商品出口快速发展的重要催化剂。根据海关总署网站信息，重庆、四川、辽宁、新疆、内蒙古、湖南、福建及广东的深圳、珠海等地均先后开展了旅游购物试点工作。

为了进一步规范“旅游购物”，让小商品国际贸易数据更透明更利于监管，2014 年商务部、国家发展改革委等 8 部委联合印发了《关于同意在浙江省义乌市试行市场采购贸易方式的函》，标志着市场采购正式取代旅游购物成为新的小商品出口贸易方式在全国开展试点。随后，商务部协调推进海关、税务部门不断探索出台专门的监管政策，并连续认定四批共 14 个试点市场。2016 年 9 月，广州市花都区皮具城正式获批成为第三批试点市场，2018 年佛山和中山获批为第四批试点城市。

（二）市场采购的特点

以小商品出口为主的市场采购贸易与我国传统“一般贸易”货物品种单一、贸易主体固定等特点相比，具有商品种类多、单笔交易规模小、涉及贸易主体多、交易活动频繁等特性，国外客商通常直接到专业市场进行商品采购，与市场经营户达成交易，完成货物交割和交易活动，再委托货代公司、外贸公司等代为办理申报及出口相关手续。

由于小商品“小批量、多批次、多品类、无发票”的特点，在市场采购试点推出之前，小商品出口主要通过一般贸易方式，但缺少进项发票无法退税经常被定义为违规出口。经历了旅游购物的发展阶段，商务部会同海关、税务、外汇等部门为市场采购贸易方式试点量身定制了相应的监管政策，在业务流程、监管方式和信息化建设等方面先行先试，实现了增值税免征不退、简化归类申报等四方面政策的突破。简单地说，外贸企业通过市场采购的贸易方式，可以让毫无经验的中小企业也能参与国际贸易，让我国的小商品更容易销往世界各地，同时也加快提升了专业批发市场的国际化贸易水平。

（三）市场采购交易流程

按照货物流向，市场采购的贸易流程为境外采购商向市场商户采购货物，支付货款，完成现场交易，然后通过外贸经营者完成系列报关、物流等出口环节，发往境外目的地。按照监管流程，市场采购交易所有环节均在联网信息平台上进行。商户、外贸经营者以及境外采购商按照市场采购贸易规则，在市场采购贸易联网信息平台上进行备案和业务登记后，以市场采购贸易方式（海关编码为1039）出口。

二　广州市场采购试点发展和成效

一直以来，广州是珠三角以及华南地区小商品的集散地，小商品品种繁多、紧贴市场需求、价格优势明显，依托成熟完善的专业批发市场和物流体系，吸引了非洲等新兴国家市场的大量客商常驻广州，开展小商品采购和出口贸易，为广州市发展市场采购贸易提供了坚实的基础和完备的条件。

（一）广州市场采购试点发展特点

1. 成功获批市场采购贸易方式试点

2016年9月，花都皮革皮具市场成功获批第三批国家市场采购贸易方式试点后，广州市加快推进有关工作，并将政策红利复制到全市、全省，如表1所示。自2017年3月试点启动以来，广州市商务部门和监管部门密切配合、积极推进。商务部、海关总署领导多次来广州市调研市场采购，对一些创新做法和经验给予高度肯定。

2. 建立全流程多部门网络联合监管体系

按照试点“一划定、三备案、一联网”的监管要求，广州市建设市场采购贸易联网信息平台，实现线上线下联合监管。通过联网信息平台，建立

表 1 广州市场采购试点进展

时间	进展情况
2014 年	启动试点申报工作
2016 年 9 月 8 日	商务部等 8 部委决定在广州花都皮革皮具市场开展市场采购贸易方式试点
2016 年 12 月 9 日	广东省政府办公厅印发《广州花都皮革皮具市场开展市场采购贸易方式试点工作实施方案》
2016 年 11 月 14 日	市政府成立广州市市场采购贸易方式试点工作领导小组,分管副市长任组长
2017 年 1 月 4 日	领导小组办公室公布广州花都皮革皮具市场集聚区范围,明确了试点范围为广州花都皮革皮具市场 1 ~ 10 期
2017 年 2 月 7 日	市政府办公厅印发《广州市市场采购贸易综合管理办法》
2017 年 3 月 6 日	正式启动市场采购贸易方式试点
2017 年 8 月	对接至全市各区,各区可通过在花都注册商户的方式开展业务
2017 年 9 月	对接至全省各地市,全省共用广州市平台开展业务
2018 年 11 月	召开广州(花都)市场采购贸易方式试点工作交流会,邀请全国 13 个试点参加,共同签署了试点交流合作备忘录,建立市场采购贸易方式试点单位交流合作联席会议机制

了涵盖市场采购贸易各方经营主体和贸易全流程的市场采购综合管理系统。商务、海关、税务、外管、市场监管等部门根据平台上的业务数据信息，实现信息共享、跨部门信息通报核查、执法联动等合作。

3. 加强软硬件设施建设

硬件方面，一是加快圣地环球商品贸易港和富力环球商品贸易港的建设；二是推动花都车检场等监管场所升级改造，满足市场采购贸易发展的监管空间；三是探索建立市场采购贸易出口商品组货拼箱场所，从源头上加强对小商品出口质量的监管。软件方面，一是建立促进市场采购规范发展的制度体系，制定出台相关政策文件和管理制度；二是不断完善市场采购贸易联网信息平台功能，先后上线贸易预警、价格功能模块；三是指导企业建设市场采购贸易网上商城，探索将线下实体的花都皮革皮具市场交易拓展延伸，圣地集团的“圣贸通”和富力集团的“富贸通”均已建成并上线运行。

（二）广州市场采购试点成效

1. 业务迅速发展，成为外贸稳增长全新动能

2013 年以来，广州市进出口增速明显放缓，下行压力较大，一般贸易增长从两位数降为个位数，且后劲不足，增长乏力；加工贸易从两位数增长降为负增长，严重拖累广州外贸的发展水平。在这样的外贸大环境下，广州市积极向商务部申请大力发展市场采购。目前，市场采购已发展为广州市继一般贸易、加工贸易之后的第三大出口贸易方式，其已成为支撑外贸稳定增长的重要力量，是广州市经济社会发展的重要组成部分。

2. 主体不断增加，激发中小微市场主体活力

市场采购释放的政策红利不断吸引商户和企业开展业务。备案商品信息涉及 69 个大类，主要有服装服饰、塑料制品、电子产品、日用百货、皮具箱包等。广州市市场采购贸易出口的国家和地区已经超过 200 个，其中“一带一路”沿线国家有 63 个。2018 年，市场采购值前 10 位的贸易伙伴中，“一带一路”沿线国家有马来西亚、印度、新加坡、菲律宾、沙特阿拉伯、越南 6 个国家。

3. 政策持续创新，营造外贸新业态发展环境

广州市试点以企业需求为导向，关、税、汇联合，不断突破现有政策，加大创新力度，在综合服务和物流通关方面形成了具有广州特色的市场采购贸易政策体系。花都区建设了国际贸易综合服务中心办事大厅，商务、海关、国税等部门进驻办公，为市场采购贸易各经营主体提供一站式服务，有效避免了各部门间的信息不对称，提高企业办事效率。

税务部门对市场经营户以市场采购贸易方式出口的货物，实行增值税免税等优惠政策。这是国家税务总局以规范性文件的形式，专门为市场采购贸易出口的商品以“无票免税”的税收征管方式给予了合法性确认。外汇管理部门简化了个人贸易项下办理结汇的单证要求，允许个体工商户在银行开立个人外汇结算账户，凭合同及物流单据在银行办理结汇。海关为“单小货杂”的小商品出口制定了监管方式，允许归类申报，每章按价格最大商

品的税号作为归类，极大地方便了“单小货杂”的小商品报关出口。

4. 市场升级明显，带动区域经济快速发展

试点范围内的圣地环球商品贸易港已进驻200多家皮具品牌企业，并配套建设外币兑换中心、新外贸服务平台、名品奥特莱斯广场等。新建的富力环贸港，将打造为集市场采购、交易展示、电子商务、会展经济、创意设计、现代物流等功能于一体的新型国际商贸综合体。市场采购试点有力带动了花都制造业、中小企业、区域经济国际化发展，各项经济指标持续增长。2017年，市场采购贸易方式带动花都区进出口额历史上首次突破百亿美元，并对当年广州全市外贸进出口增长的贡献度高达30%。

5. 物流不断优化，助力国际枢纽中心建设

市场采购试点对广州建设国际航运枢纽、航空枢纽和物流中心形成有力的支撑。从试点开始至2018年底，广州市场采购通过海路运输共计发出74万个标准箱，货值累计达到237亿美元，成为南沙港非洲、中东、东南亚等多条航线的主要支撑。通过航空运输累计发送货物2.3万吨，为白云机场货运量增长起到促进作用。

三　广州市场采购试点发展存在的主要问题

随着广州市试点不断深入，价格监管困难、试点范围区域局限等问题逐渐凸显。主要问题有以下几个方面。

（一）监管手段仍需完善

与一般贸易以增值税发票为基础不同，市场采购的特点在于“无票免税”，以及商品多品种、小批量、多批次。但恰恰由于缺少核定其真实价格的法定凭证，所以对品类繁多的小商品出口价格的监管已成为各地政府部门的难点问题。另外，小商品出口价格还受到材质、季节、出口市场、议价情况等众多因素影响，虽然海关的审价机制和商务部门的价格指数可以划定一个大致区间，但始终无法完全真实反映市场价格的变化。

（二）市场集聚地范围受限

按照试点要求，从事市场采购贸易的商户必须在花都区市场集聚区内注册商户。从实际情况看，受花都区域和皮革皮具市场限制，花都区难以承受全市外贸发展的需求。同时，该模式在源头追溯、风险控制、贸易便利等方面也存在不足。广州拥有700多个专业批发市场，外向程度非常高，有关监管部门及企业均呼吁尽快将广州市场采购试点范围扩大到更多的市场。

（三）个别区域及市场主体参与意愿有待增强

在试点阶段，由于商户、外贸公司等市场采购经营主体对海关、税务、外汇等部门的监管政策不熟悉，其对广州推进市场采购贸易方式试点工作的意义和作用认识不到位，心存顾虑，在很大程度上影响了他们参与市场采购贸易的积极性。此外，经营小商品的商户主要是通过“现金现场现货”模式来销售。在经营市场上，商户已经习惯了这种比较便利、灵活和低风险“一手交钱一手交货”的交易模式。商户主动参与市场采购贸易的积极性不高，从而在一定程度上影响了广州市场采购贸易方式试点的规范化运作。因此，目前我国大多数试点城市是由外贸经营者来帮助商户进行相关备案和业务操作，商户往往被动参与市场采购贸易。

四　广州市场采购试点发展对策建议

市场采购贸易方式是国家鼓励发展的外贸新业态、新模式，也是广州稳外贸工作的重要内容。同时，广州拥有雄厚的小商品生产销售市场基础，有着千年商都的历史底蕴。下一步，广州应进一步优化完善市场采购发展的政策措施，按照“在规范中发展，在发展中规范”的要求，重点开展以下工作。

（一）加强企业监管

完善和强化联网信息平台功能，加强小商品出口贸易风险管控。建立黑白名单制度，实行分类管理，对信誉良好的企业提供便利，对恶意高报价格的企业进行联合惩戒。依托联网信息平台对市场采购贸易出口商品实施监管，增强价格模块功能，从技术层面对广州出口小商品价格异常的报关单进行提醒。推进监管部门和区商务主管部门共同参与的联合监管工作协调机制，及时通报情况，定期召开领导小组工作会议，研究解决存在的问题，实现监管信息共享和线上联合治理。出台市场采购贸易经营主体通报处理等管理措施，形成齐抓共管的局面。

（二）积极争取扩区

争取商务部、省商务厅等部门支持，扩大广州开展市场采购贸易试点范围，由花都皮革皮具市场扩展至外向度高、专业市场软硬件基础好、条件成熟的越秀区、荔湾区、白云区等其他专业批发市场。在专业市场转型升级、丰富外贸功能的基础上，通过更加优化的市场采购贸易模式，破解部门监管方面的难题，同时促进内外贸融合发展，让市场采购的贸易流程、小商品出口价格、收汇需求等更趋真实合理，让外国客商能够更加安心、便捷地采购到所需商品，让更多实体商户能够更加轻松地上线参与市场采购贸易，接到更多国际订单，不断扩大贸易额。

（三）做好企业服务

一是加强主体培育，重点培育和扶持为市场采购试点提供综合服务的龙头企业。二是规范商品管理，鼓励企业建立市场采购贸易出口商品理货场所，将监管前移，实现小商品出口“理得清、通得快”。三是打造平台，推动市场采购贸易“网上商城”建设，鼓励线下商户上线，实现线下商户与线上商户互为补充、均衡发展。四是大力宣传引导。商务、海关、税务、外管等部门加强沟通联系，定期组织召开政策宣讲会，消除市场、商户、外贸企业等经营主体的顾虑，提振其参与市场采购贸易方式的信心。五是组织成立行业协会，引导其发挥桥梁纽带作用和政策宣传作用。

B.8 2018年广州外贸形势分析及2019年发展展望

吴喜龄　陈万灵*

摘　要： 2018年面对全球复杂多变的国际环境，国内经济保持稳定势头没有改变，国家为了稳定外资和外贸所采取的系列政策正逐步显现其效果。广州认真落实国家有关政策，从优化国际市场布局、国内区域布局、商品结构、经营主体及贸易方式五方面积极推动外贸“稳中提质”。2018年，广州外贸保持了稳定增长。但面对复杂严峻的外部环境和外贸基数不断抬高等客观因素，外贸增速放缓，增长率为3.7%。贸易结构变化不大，贸易伙伴多元化基本稳定，很多企业为规避中美贸易摩擦的风险提前完成与美国进出口商的订单，与美国贸易份额较上年提升了0.54个百分点；外贸主体调整加快，国有企业低速增长，外资企业和民营企业继续保持活力；一般贸易继续回升，加工贸易持续下滑；服务贸易保持稳定增长。从规模看，广州进出口规模将稳步增长。预计以美元计价的2019年外贸增速维持中低速增长势头，与上年持平，进出口保持4%左右的增速，其中出口维持在3%左右的增速、进口增速为5%，上半年处于低速增长和波动态势，下半年增速回升。

---

* 吴喜龄，中山大学新华学院经济与贸易学院讲师、国际经济与贸易专业副主任、院长助理；陈万灵，博士，广东外语外贸大学高等教育研究中心主任、教授、博士生导师，研究方向为国际贸易与经济发展。

关键词： 区域外贸 外贸形势 广州经济

一 2018年广州外贸发展现状

（一）广州外贸增长放缓和出口略微下降

近几年，广州进出口贸易仍然呈现波动态势。2009 年之后，2010 年增速反弹至35.12%，之后连续减速，低速增长；2014 年增速回升至9.85%，之后连续2 年低速甚至负增长；2017 年增速提高至10.77%，2018 年再次出现低速增长。2018 年，广州外贸总体平稳，出口略微下降。按美元计价的进出口值为1484.83 亿美元，同比增长3.7%。其中，出口值为848.51 亿美元，同比微弱下降0.5%，进口值为636.32 亿美元，同比增长9.8%。进口增速连续两年超过出口增速（见表1）。按人民币计价，广州外贸增速为1%，其中出口增速为－3.2%，进口增速为7.1%。其进出口增速低于广东（5.1%），远远低于全国增速（9.7%），其中出口增速低于广东（1.2%）和全国（7.1%），进口增速也低于广东（11.3%），低于全国（12.9%）（见表2）。

表1　2011～2018 年广州商品进出口变化情况

单位：亿美元，%

年份	进出口		出口		进口额		顺差
	贸易值	增速	出口值	增速	进口值	增速	
2012	1171.31	0.83	589.12	4.33	582.19	－2.47	6.93
2013	1188.88	1.50	628.07	6.61	560.82	－3.67	67.25
2014	1306.00	9.85	727.15	15.78	578.85	3.20	148.31
2015	1339.24	2.55	811.89	11.66	527.35	－8.89	284.54
2016	1297.06	－3.10	786.07	－3.16	510.99	－3.01	275.08
2017	1432.32	10.77	853.16	9.13	579.17	13.27	273.99
2018	1484.83	3.70	848.51	－0.50	636.32	9.80	212.19

资料来源：根据《广州外经贸白皮书》（历年）、广州海关“广州进出口统计简报（月报）”等资料整理。

表 2　2018 年广州进出口贸易与全国和广东的比较

单位：亿元，%

地区	进出口		出口		进口	
	金额	同比	金额	同比	金额	同比
全国	305050.4	9.7	164176.7	7.1	140873.7	12.9
广东	71618.3	5.1	42718.3	1.2	28900.0	11.3
广州	9810.2	1.0	5607.6	-3.2	4202.6	7.1

资料来源：根据国家海关总署统计快讯，广东省商务厅、广州市海关和统计局统计、广东统计信息网简报数据整理。

2018 年各月份数据显示，外贸受国际贸易摩擦等因素影响，呈现一定波动，后期增长态势逐渐好转。以美元计价的增速看，3 月外贸出现负增长后，逐渐转负为正，8 月增速进入低谷，9 月恢复性增长，11 月达到峰值，进出口增速为 42.3%，出口增速为 47.7%，进口增速为 37%；12 月增速有所放缓，进出口增速为 17.9%，其中出口增速为 22.7%，进口增速为 12.2%（见图 1）。

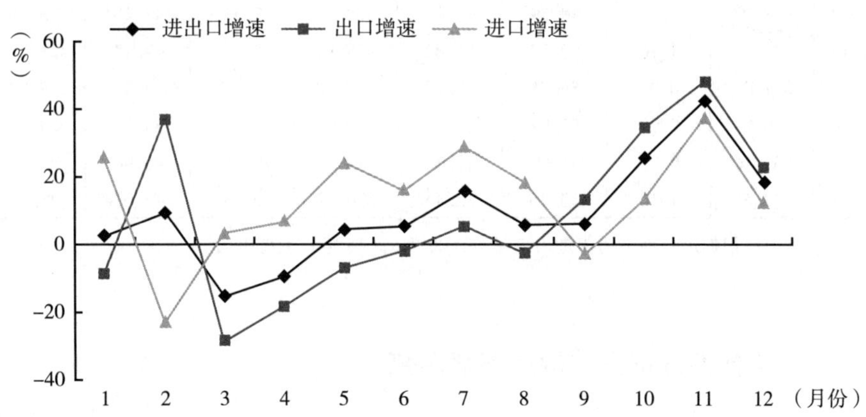

图 1　广州外贸 2018 年月度增速变化态势

资料来源：根据广州市海关《2018 年广州地区进出口统计简报（月报）》数据整理。

（二）广州进出口产品结构优化趋势暂缓

从外贸结构看，2018 年广州外贸结构优化趋势暂缓。受中美贸易摩擦等因素影响，出口值出现负增长。从大类产品看，农产品出口增长 20.1%，机电产品出口增长 -2.5%，高新技术产品出口增长 -10.6%，在出口总额中占比分别为 1.1%、50.36% 和 15.44%，分别比 2017 年上升 0.19 个、下降 1.16 个和下降 1.74 个百分点。从进口看，农产品进口增长为 -2.1%，机电产品进口增长 17.8%，高新技术产品进口增长 13.5%。其构成分别为 9.23%、47.07% 和 28.27%，分别比 2017 年下降 1.13 个、上升 3.17 个和上升 0.88 个百分点（见表 3）。

表 3　广州进出口产品结构变化（2011～2018 年）

单位：亿美元，%

年份	出口构成变化				进口构成变化			
	出口值	农产品	机电产品	高新技术产品	进口值	农产品	机电产品	高新技术产品
2012	589.12	1.30	52.52	19.14	582.19	7.75	44.54	27.81
2013	628.07	1.22	49.59	17.07	560.82	7.73	42.13	25.46
2014	727.15	1.16	49.22	17.42	578.85	9.28	44.13	27.77
2015	811.9	0.91	50.71	16.95	527.30	11.47	45.21	28.80
2016	786.07	0.92	51.92	17.90	510.99	11.87	43.39	26.88
2017	853.16	0.91	51.52	17.18	579.17	10.36	43.90	27.39
2018	848.51	1.10	50.36	15.44	636.32	9.23	47.07	28.27

资料来源：根据广州地区历年进出口简报（2011～2018 年）数据整理。

（三）各类外贸主体构成继续调整

在中美贸易摩擦影响下，国家采取减税降费等对策，广东省地方和广州都纷纷出台改善营商环境的系列措施，对外贸主体经营活动起到了稳定作用。各类主体外贸活动进一步分化。2018 年，国有企业外贸额下降 8.98%，外资企业外贸额增长 4.09%，民营企业外贸额出现高速增长 7.76%。引起各类主体构成的变化，广州国有企业进出口占比为13.01%，外资企业占比为42.85%，民营企业占比为42.91%，分别比2017年下降1.81个、上升1.63个和上升0.18个百分点。从总的趋势看，国有企业参与外贸的优势逐步下降，其地位再次下降。外资企业进出口比值自2015年跌破50%并连续三年下降后，暂时处于稳定态势。民营企业外贸份额自2009年国际金融危机后稳步上升的趋势没有改变。这表明民营企业外贸竞争优势不断增强，表现出强劲的增长势头（见表4）。

表4　2011～2018年广州进出口主体结构情况

单位：亿美元，%

年份	进出口额	国有企业		民营企业		外资企业	
		进出口额	比重	进出口额	比重	进出口额	比重
2012	1171.31	220.32	18.81	269.35	23.00	666.12	56.87
2013	1188.88	229.17	19.28	297.27	25.00	644.27	54.19
2014	1306.00	233.35	17.87	377.38	28.90	678.05	51.92
2015	1339.24	241.01	17.99	450.04	33.61	644.90	48.16
2016	1297.06	206.82	15.95	488.13	37.63	599.14	46.19
2017	1432.32	212.23	14.82	591.24	41.28	611.18	42.67
2018	1484.83	193.18	13.01	637.11	42.91	636.20	42.85

说明：比重为某类贸易主体的贸易额占广州贸易总额的比重，民营企业包括集体企业、私营企业。
资料来源：根据广州海关“2011～2017年广州地区进出口简报”数据整理。

（四）外贸市场多元化水平略有调整

2018年广州外贸市场多元化水平略有调整，市场份额前五大贸易伙伴依然是欧盟、美国、东盟、日本和中国香港，其占比分别是14.70%、13.38%、13.22%、10.60%、8.57%，合计占比为60.47%，比2017年的59.19%上升1.28个百分点（见图2），其集中度有细微上升。从动态角度看，2018年，广州与欧盟进出口额同比增长2.1%，其比重下降0.19个百分点，但仍保持广州的第一大贸易伙伴。广州与美国进出口额同比增长8.0%，高于广州外贸值平均增速，拉高市场份额0.54个百分点；广州与东

盟进出口值同比增长 7.5%，提升市场份额 0.47 个百分点；广州与日本进出口值同比增长 14.2%，高于广州平均外贸增速，拉高市场份额 0.98 个百分点；广州与中国香港外贸值同比下降 2.3%，市场份额减少 0.52 个百分点，保持第 5 位。

广州与非洲进出口总值同比下降6.7%，比重达到8.08%，仍然是广州第六大市场；广州与拉美进出口值同比增长 11.1%，市场份额为 5.04%，份额提升了 0.34 个百分点；与印度外贸值下降 12.2%，市场份额为 2.60%，下降 0.47 个百分点；与墨西哥的外贸值上升 21.6%，市场份额为 1.99%。这说明东盟、拉美、非洲和墨西哥等新兴市场是广州外贸增长的重要市场。

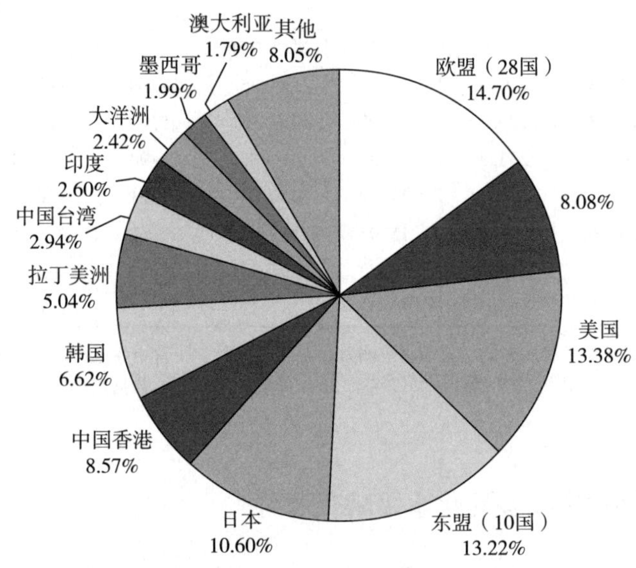

图 2　2018 年广州对外贸易市场结构

资料来源：根据 2018 年 12 月广州地区进出口简报（贸易伙伴部分）数据整理。

从出口市场看，2015～2018 年，广州对美国、欧盟、中国香港、东盟和非洲五大市场出口合计四年占比分别为 68.60%、69.39% 和 67.41% 和 67.68，略有回升。其中，对非洲市场同期出口增速大幅度下降为 -13.6%，市场份额从11.49%下降到9.98%；对美国市场出口增速为2.3%，市场份额从14.28%略微增长为14.68%；对欧盟市场出口增速为2.8%略高于美国，欧盟市场份额从13.95%上升为14.46%；对东盟市场出口份额不断上升，从2017年的13.18%增长为14.13%；日本市场份额逐步下降，从国际金融危机前的7%左右下降到2017年的3.89%，2018年有所回升为4.46%；拉美市场在缓慢上升；印度和韩国市场徘徊不前；墨西哥市场则罕见冲进了前十名出口伙伴，市场份额为2.92%。

广州进口来源构成更多元化，2018年广州进口规模排名前五位的来源地分别是日本（18.79%）、欧盟（15.02%）、东盟（12.01%）、美国（11.65%）和韩国（12.60%），合计占比为70.07%，比2017年提升1.16个百分点。其中日本、美国与韩国市场分别上升0.73个百分点、0.93个百分点和0.85个百分点。其次，广州从非洲、中国台湾和大洋洲等市场的进口规模保持相对稳定，分别为5.54%、5.16%和2.44%。

（五）一般贸易继续回升而加工贸易进一步下滑

自2008年国际金融危机以来，广州加工贸易一直呈现下滑趋势，而一般贸易保持了比较平稳的态势。2018年，广州一般贸易继续回升，增速为7.46%，快于广州外贸平均增速（3.7%）；加工贸易增速继续下降为-3.31%。广州一般贸易份额上升到46.90%，加工贸易份额进一步下降为27.08%。实际上，2012年以来，广州加工贸易进出口呈现增速下降、比重降低的趋势（见表5）。

表5 广州贸易方式变化

单位：亿美元，%

年份	贸易总额	一般贸易		加工贸易	
		金额	比重	金额	比重
2011	1161.72	562.93	48.46	507.46	43.68
2012	1171.31	550.44	46.99	514.09	43.89
2013	1188.88	580.48	48.83	494.14	41.46

续表

年份	贸易总额	一般贸易		加工贸易	
		金额	比重	金额	比重
2014	1306.00	591.48	45.29	487.50	37.33
2015	1338.69	584.51	43.66	465.97	34.81
2016	1297.06	567.73	43.77	417.70	32.21
2017	1432.32	647.99	45.24	404.10	28.21
2018	1484.83	696.36	46.90	402.08	27.08

资料来源：根据广州海关历年统计简报数据整理。

从出口方式方面看，2018年，广州一般贸易出口值同比增长3.87%，其占比上升1.57个百分点，为36.96%；加工贸易出口值同比下降2.51%，其占比继续下跌到28.49%，降低0.58个百分点（见表6）。这说明广州其他新型贸易方式和贸易业态继续扩大，贸易方式更加多样化，特别是市场采购、跨境电子商务等贸易方式的兴起，缓解了贸易增速下降趋势。

表6 广州出口的贸易方式变化

单位：亿美元，%

年份	出口额	一般贸易出口		加工贸易出口	
		金额	比重	金额	比重
2011	564.73	246.93	43.73	289.30	51.23
2012	589.12	260.19	44.17	299.06	50.76
2013	628.07	292.16	46.52	289.73	46.13
2014	727.15	306.22	42.11	284.31	39.10
2015	811.69	313.84	38.67	279.50	34.43
2016	786.07	288.69	36.73	254.74	32.41
2017	853.16	301.91	35.39	247.98	29.07
2018	848.51	313.59	36.96	241.75	28.49

资料来源：根据广州海关2010～2017年统计简报数据整理。

从进口方式看，2018年，广州一般贸易进口继续扩大，同比增长10.6%，占比为60.15%，上升0.4个百分点；加工贸易进口额同比增长2.70%，占比为25.20%，下降1.76个百分点（见表7）。可见，加工贸易继续收缩的趋势更加明显。

表7 广州进口的贸易方式变化

单位：亿美元，%

年份	进口额	一般贸易进口		加工贸易进口	
		金额	比重	金额	比重
2012	582.19	290.25	49.85	215.03	36.93
2013	560.82	288.32	51.41	204.41	36.45
2014	578.85	285.26	49.28	203.19	35.10
2015	527.01	270.67	51.36	186.47	35.38
2016	510.99	279.04	54.61	163.07	31.91
2017	579.17	346.07	59.75	156.12	26.96
2018	636.32	382.77	60.15	160.34	25.20

资料来源：根据广州海关2010～2017年统计简报数据整理。

（六）服务贸易及跨境电商贸易获得一定发展

广州作为商贸中心城市，近几年服务业发展情况良好，呈现一定增长态势，进一步支撑服务竞争力持续提高。2017年，广州服务贸易进出口额为457.49亿美元；服务外包离岸执行额为50.95亿美元，新增培育和引进优质专业品牌展会15个，重点展馆展览面积989.6万平方米；住宿餐饮业营业额为1426.39亿美元。2018年，服务贸易进出口额为480.95亿美元（2013年调整后统计口径），同比增长5.13%。其中，出口177.04亿美元，同比增长1.40%；进口303.91亿美元，同比增长7.43%。

从跨境电子商务交易看，广州市政府采取了一系列措施推动电子商务产业发展，特别是跨境电商商务产业发展，取得良好成效。经过多年建设，初步形成"1+1+9"电子商务产业集群——1个总部区海珠区琶洲和1个产业集聚发展区荔湾区白鹅潭，9个区县产业基地。琶洲互联网创新集聚区已吸引腾讯、阿里巴巴、小米科技等顶级电子商务和互联网品牌企业入驻，初步形成世界级电子商务和移动互联网品牌集聚区。黄埔国家电商示范基地聚集了120多家国内外知名品牌电商企业和服务机构，花地河国家电子商务示范基地吸引了唯品会、梦芭莎、广东塑料交易所等200多家电商企业落户，相关区政府也因应特色建设相关的电子商务产业集聚区。培育了50家市级电子商务示范企业，跨境电子商务综合试验区建设初见成效，以线上综合服务平台为载体，推动信息集成、共享共治，实现便捷通关、有效监管、源头可溯、身份可查，创新形成了跨境电商发展的“广州模式”。广州市商务子平台于2018年5月20日上线，加快了相关部门、行业的互联互通，推动了企业信用分类管理。2017年完成跨境电子商务进出口额227.7亿元，2018年上半年完成111.3亿元，跨境电商进出口额名列全国第一。

二　国内外经贸环境对广州外贸发展的影响

（一）世界经济及其国际需求基本稳定有力支撑广州出口发展

世界经济处于稳定复苏和发展的过程中，正在逐步实现增长态势的转变。世界经济及其国际市场的平稳需求有助于稳定广州出口贸易。

2019年1月，国际货币基金组织（IMF）《全球经济展望》（WEO），以“全球扩张趋弱”为题，将2019年世界增速预期下调至3.5%，为三年来最低。其中，发达经济体2018年将增长2.3%；2019年为2.0%，其中美国增长2.5%、欧元区为1.6%、英国为1.5%、日本为1.1%。新兴与发展中经济体2018年将实现4.6%的增长；2019年预计仍然保持增速4.5%，其中中国增长6.2%、印度为7.5%、巴西为2.5%、俄罗斯为1.6%、南非为1.4%、独联体为2.2%、东盟5国为5.1%。

其原因在于世界各个经济体经济扩张的均衡性已经下降，一些经济体的增长速度可能已经超过峰值，世界工业生产和贸易增长减缓，贸易摩擦的紧张局势升级是风险主要来源。2018年下半年，全球经济增速下行风险上升，增速快于预期的可能性已经减少。世界各国贸易政策不确定性，以及对贸易摩擦升级和报复的紧张局势升级担忧，将降低企业投资，减缓生产率的提高，从而企业盈利不足，可能进一步抑制增长。一是发达经济体经济增速在2017年下半年达到峰值，2018年上半年有所降低。美国经济处于充分就业和高增长的状态，欧元区和英国的增长结果低于预测水平，出现了通货膨胀趋势。二是新兴市场发展中经济体经济增长出现分化，由于地缘政治紧张局势以及石油进口成本上升，拉丁美洲、中东和撒哈拉以南非洲的经济复苏疲弱，大宗商品出口国的中期前景依然普遍低迷；许多能源出口国因石油价格上涨而改善经济增长势头，但巴西、阿根廷、伊朗和土耳其等国家经济增长的预测值下调。一些亚洲经济体的增长势头预计有所减弱，特别是中国经济增长仍将保持一定动力，但是经济增长趋于放缓。

2018 年经历了贸易摩擦带来的紧张局势的影响，2019 年世界经济仍面临一些不确定性。首先，美国继续强化“美国优先”政策，比如大幅度降低国内税率和多次加息，迫使其他相关国家改变政策，各国政策采取了明显的“以邻为壑”政策，汇率发生急剧变动，导致各国贸易政策出现不确定性。其次，英国脱欧谈判失败和“强行脱欧”的风险，可能出现无协议脱欧，这对英国和欧盟影响巨大。再次，发达经济体继续收紧货币政策，美联储逐步加息和欧央行即将结束资产购买等，新兴市场和发展中经济体担忧通胀压力和货币贬值，纷纷采取收紧金融政策，资本流入进一步减少，将刺激一些经济体的主权债务和企业债务，加大其风险和脆弱性，导致世界工业生产增长减缓。

从贸易形势看，美国主导的保护主义、单边主义和霸凌主义，导致世界各国盛行保护贸易政策，加剧了贸易紧张局势。WTO 多边贸易规则体系被削弱，美国强势地推行基于自身利益的双边贸易规则，与墨西哥和加拿大达成新的美－墨－加自由贸易区协议，与韩国达成双边自由贸易协议，并威胁与日本达成美国希望的协议，这将严重威胁到世界贸易规则的运行。特别是美国援引国内贸易法律“201 条款”“232 条款”“301 条款”“307 条款”等对各类进口施加了关税，贸易伙伴已经或准备采取报复性和其他保护措施。贸易摩擦及其带来的政策不确定性，可能打击国际市场信心，导致贸易和投资减缓。同时，逐渐增加的进口限制措施和贸易壁垒，一方面提高可贸易消费品的成本，另一方面冲击全球供给链，阻碍新技术传播，并影响全球生产率和导致福利下降。在这种国际形势和环境下，IMF 预测世界贸易总体增长4.0%，其中发达经济体进口增长4.0%，出口增长3.1%，新兴经济和发展中经济体出口增长4.8%，进口增长4.8%。

整体上看，世界经济增长仍然处于低速增长态势，世界贸易仍处于增长态势，这构成了中国外贸发展的基本国际背景，是影响广州外贸出口的重要因素。

（二）中美贸易摩擦不利于广州外贸发展

国际金融危机后，贸易保护主义不断呈现新的形式，特别转向脱离WTO规则的趋势，呈现单边主义和霸凌主义，出现激烈的“贸易战”，对我国贸易造成严重的危害，对广东外贸形成较大的抑制作用。美国特朗普政府于2017年7月举行了1次“中美全面经济对话”，没有达到预期效果，而且觉得美国前几届政府与中国经过了多轮对话，不能达到其所需要的利益。于是，放弃对话机制，采取了贸易摩擦乃至“贸易战”的高压态势，企图通过讹诈、威胁、恐吓方式，威胁中国让步。但是，中国并没有屈服，坚决顶住美方的压力。

早在2017年4～5月，美国援引其贸易法“232条款”（威胁国家安全）和“201条款”（严重损害产业的全球保障措施），发起全球性贸易调查，中国遭遇一定影响。2018年1月特朗普总统批准“201条款”，对洗衣机和太阳能电池及组件进口征收保护性关税15%～40%的裁决。3月作出“232条款”调查的裁决，美国将对进口钢铁征收25%的关税，对进口铝产品征收10%的关税。中国对美国此举发起了报复，宣布对来自美国约30亿美元的进口商品加征25%关税。

一直以来，美国认为中国采取不公平贸易手段（属于美国贸易法301条款），比如补贴、侵犯美国知识产权、强迫技术转让等。2018年4月4日，美国贸易代表办公室（USTR）援引“301条款”公布一份征税清单，对来自中国约1300种、涉及总额为500亿美元左右的商品征收25%的额外关税。中国对美国“301条款”裁决进行报复，宣布涉及美国对中国出口500亿美元的产品加征25%的关税。5～6月，中国与美国进行三轮贸易磋商和谈判，因美方苛刻条件和反悔，而没有达成和实施任何书面协议。7月6日，美国对中国实施“第1轮加征关税”措施，涉及中国对美国出口“约340亿美元”的产品（第1批），8月23日，实施“约160亿美元”产品（第2批）加征关税；9月24日，美国采取“第2轮加征关税”的处罚措施，对“2000亿美元中国输美产品”加征10%的关税，并宣布在中国报复条件下，提升关税处罚措施，将自2019年1月1日起上升至25%。对此，中国政府对美国600亿美元产品加征5%～25%的关税。

12月1日，借助于G20（20国集团）领导人峰会的机会，中国与美国在阿根廷首都布宜诺斯艾利斯举行了两国领导人会晤，讨论了中美经贸问题，双方同意停止“加征关税”等贸易限制措施，包括不再提高现有针对对方的关税税率，不对其他商品出台新的加征关税措施。中方承诺扩大进口，不是缩减出口，不停止《中国制造业2025》规划。美方提出“90天内达成协议”前停止加征关税，以便达成协议，推动双边经贸关系尽快回到正常轨道；如果未达成协议，美方将继续对第二轮“约2000亿美元产品”关税提高至25%。2019年1～3月，中美双方进行了数轮谈判，仍然没有公开双方满意的方案。

就中美双方两轮加征关税产品清单看，美国真正的目的不仅通过“301条款”在短期内缩减中方对美贸易顺差，缩减中国对美国出口规模，而且通过消除中国对美方投资的限制和技术转移限制，实现中国市场的更大开放。同时以国家安全为由限制中国企业对美国投资，以期长期地遏制中国的高端装备制造业和高新科技产业的发展。因此，中美贸易摩擦未来走势将从以合作为主转变为以竞争为主，竞争合作关系的性质转变为“竞争为主”。

上述贸易保护主义的行动趋势，资本流动、投资方向更加不明确，新兴市场和发展中国家资本外流风险加大。美国特朗普政府与其他国家的贸易壁垒将会不断提高，引发美国对外贸易收缩。这样的国际经贸环境不利于广州现代产业和外贸发展。从长期来看，中美贸易摩擦美方贸易制裁不利于广州信息技术、智能制造和新材料产业、高性能医疗器材、生物制药等高新科技产业发展，阻碍电子和机电行业、汽车及装备制造业、家电行业等向高端发展，可能对广州这些产业的供给侧结构性改革造成长期性的伤害。

（三）国内经贸环境不断优化有助于广州进出口增长

1. 国内经济良好态势有助于广州外贸发展

我国经济运行总体上比较平稳。一是经济增长、就业和价格处于比较平稳态势。国内生产总值突破 90 万亿元，增长 6.6%。城镇新增就业 1361 万人，调查失业率稳定在 5% 左右的较低水平。居民消费价格上涨 2.1%，处于温和上涨区间，低于 3% 左右的预期目标。从生产来看，2018 年，全国规模以上工业增加值同比增长速度为 6.2%。服务业生产指数同比增长 7.7%，保持较快增长，其中信息服务业、租赁和商务服务业分别增长 37.0% 和 10.1%。二是投资需求稳中有升。固定资产投资（不含农户）63.56 万亿元，比 2017 年增长 5.9%，民间投资自 2018 年以来持续保持在 8% 以上的较快增长速度。三是社会消费品零售总额为 38.10 万亿元，比 2017 年增长 9.0%，保持较快增长。主要受油价下调影响，社会消费品零售总额增速回落。四是货物进出口总额为 30.51 万亿元，比 2017 年增长 9.7%，“规模增长，结构优化，进出口稳中向好”的目标较好实现。其中，出口 16.42 亿元，增长 7.1%；进口 14.09 亿元，增长 12.9%。总体来看，这些主要经济指标比较平稳，有利于外经贸发展。

2. 营商环境建设阶段性成效将提高广州企业效率

2013 年 2 月，党的十八届二中全会决定对工商登记制度进行改革，重点是放宽工商登记条件，加强市场活动的监管。10 月，国务院颁布《注册资本登记制度改革方案》，确立了商事制度改革总体设计。11 月，党的十八届三中全会要求完善市场监管体系。12 月，全国人大十二届六次会议通过《公司法》修订方案，将公司注册资本实缴制改为认缴制，取消公司注册资本最低限额制度。2014 年 2 月，国务院修改了《公司登记管理条例》《企业法人登记管理条例》等 8 部行政法规，废止了 2 部行政法规。3 月，启动了工商登记制度改革，逐步推进商事登记制改革的深化。原来许多在自由贸易试验区的政策和便利化环境，已经普遍复制和推广，对提高企业商事效率有巨大的推动作用。

（1）“宽进严管”体制机制逐步形成和完善。在放宽市场准入方面，推进工商注册便利化，实施“证照合一”“多证合一”“先照后证”改革等，有效降低了创业、企业创新的制度性成本。2014 年 1 月以来，在 226 项工商登记前置审批事项中，已有 87% 的事项先后改为后置或取消。2017 年 3 月，实施企业简易注销登记改革，推动市场准入和退出全程便利化。

（2）事中事后监管取得进展。国务院颁布《关于促进市场公平竞争维护市场正常秩序的意见》（2014 年 6 月）、《关于“先照后证”改革后加强事中事后监管的意见》（2015 年 10 月）、《“十三五”市场监管规划》（2017 年 1 月）、《无证无照经营查处办法》（2017 年 8 月）等，初步构建了事中事后监管新模式。近几年，工商部门与其他各部门加强企业行为的市场监管，抓住“信用监管”核心，构建了有效的新型监管机制：一是建立企业信息公示制度，强化了企业信用的作用；二是全面推行“双随机、一公开”监管机制；三是建立企业信用信息公示系统（全国一张网，2016 年 8 月），正式实施企业年度报告公示制，共同推动信息共享与协同监管。通过一系列政策措施，逐步建立起便利化的商事制度和机制，完善市场监管体系，营商环境获得进一步优化，将提升企业运行效率和节约成本。

（3）口岸营商环境得到一定优化，促进了外贸便利化。口岸营商环境与贸易便利化关系密切。2018 年 10 月国务院出台了《优化口岸营商环境促进跨境贸易便利化工作方案》。该方案提出 20 条具体措施，主要是减单证、优流程、提时效、降成本。有助于营造稳定、公平、透明、可预期的口岸营商环境，进一步提升我国贸易便利化水平，这对于稳定外贸增长具有重要作用。

最关键的是 2019 年 3 月 15 日十三届全国人大二次会议表决通过了《中华人民共和国外商投资法》，使多年的改革成果得到法律保障。外商投资法将会进一步优化我国的投资环境，使“准入前国民待遇 + 负面清单”制度法制化，投资自由化和外资企业权益得到保障，使我国的外商投资环境更加公开、公平、透明，更加法治化、国际化、便利化，更好地吸引、保护、管理外商投资。

（四）国内政策因素将提振广州外贸的信心

2018 年是改革开放 40 周年，已经进入全面改革开放新时代，中央及广东省地方政府都采取一系列政策促使，加大改革开放力度，把改革开放不断向前推进，一方面有中央“四个走在前列”的鼓励，另一方面，前期的“一带一路”、自贸试验区、粤港澳大湾区建设等政策，将助推广东深化新时代改革开放。

1. 中央与地方的经济政策将有效提振市场信心

在十三届全国人大一次会议广东代表团参加审议时，习近平总书记充分肯定广东工作，并赋予广东新时代新使命——“在构建推动经济高质量发展体制机制、建设现代化经济体系、形成全面开放新格局、营造共建共治共享社会治理格局上走在全国前列”。中央及其各部门密集出台一系列政策和措施。2018 年 7 月，中共中央政治局会议分析了当前经济形势，提出了稳就业、稳金融、稳外贸、稳外资、稳投资、稳预期“六稳”政策，为此还将加大减税降费力度，这些政策将会在 2019 年进一步发挥效果。12 月，中央经济工作会议确定更大规模的减税降费，扩大地方政府专项债券规模；推行松紧适度的稳健货币政策，保持流动性合理充裕，改善货币政策传导机制，提高直接融资比重，切实解决民营中小企业“融资难、融资贵”问题。广东省委和省政府也积极贯彻执行上级政策措施，并出台符合地方实际的一系列政策措施，对于提振市场信息发挥重要作用。

2. 国内一系列税费优惠政策将大幅度降低企业负担

近年来，国家在政策方面为企业减轻税负和费用负担提供了良好环境，对于促进产业发展、民营企业发展，推动经济高质量发展等发挥重要作用。出台的一系列减税降费政策，其中大部分优惠政策支撑制造业平稳发展，助力高新技术企业、科技型中小企业和小微企业等发展，比如，财政部和税务总局颁布《关于公益性捐赠支出企业所得税税前结转扣除有关政策的通知》

（财税〔2018〕15 号）、《关于调整增值税税率的通知》（财税〔2018〕32 号）、《2018 年退还部分行业增值税留抵税额有关税收政策》（财税〔2018〕70 号）、《关于企业委托境外研究开发费用税前加计扣除有关政策问题的通知》（财税〔2018〕64 号）、《关于继续实施企业改制重组有关土地增值税政策的通知》（财税〔2018〕57 号）等。上述文件政策要求：一是进一步降低制造业税负。将制造业等行业的增值税税率从 17% 降至 16%，将交通运输、建筑、基础电信服务等行业及农产品等货物的增值税税率从 11% 降至 10%。以此为基础，李克强总理在 2019 年全国人民代表大会上的《政府工作报告》进一步把制造业等行业 16% 的增值税税率降至 13%，将交通运输业、建筑业等行业现行 10% 的税率降至 9%，保持 6% 一档不变，确保主要行业税负明显降低。二是关于企业研发费用加计扣除，属于《中国制造 2025》确定的新一代信息技术、智能制造、航空航天装备、高技术船舶及海洋工程装备、高端交通装备、节能与新能源汽车、电力装备、农业机械装备、新材料、生物医药及高性能医疗器械等重点领域都获得应纳税所得额加成扣除的税收政策优惠，进一步激励企业加大研发投入，支持科技创新。三是降低职工社会保障缴费。李克强总理在《政府工作报告》中还要求“下调城镇职工基本养老保险单位缴费比例”，各地可降至 16%。这样确实减轻企业缴费负担，让企业轻装上阵。

3. 中小企业的扶持政策有助于民营企业外贸发展

在 2014～2017 年一系列扶持小微企业发展的政策基础之上，2018 年又新出台了一系列扶持政策，加大对中小企业的扶持力度。比如，《扩大小型微利企业所得税优惠政策范围》（财税〔2018〕77 号）、《关于实施进一步支持和服务民营经济发展若干措施的通知》（税总发〔2018〕174 号）等，对于促进民营企业减税降负起到重要作用。2019 年全国人民代表大会上的《政府工作报告》提出着力缓解企业融资难、融资贵问题的措施，实现国有大型商业银行对小微企业贷款增长 30% 以上，切实改善中小企业融资紧张状况，综合融资成本必须有明显降低。

2018 年 11 月 7 日，广东省委、省政府办公厅发布《关于促进民营经济高质量发展的若干政策措施》，被称为“民营经济十条”，共59个政策点——重点围绕进一步优化审批服务，进一步放宽市场准入，降低民营企业生产经营成本，缓解民营企业融资难、融资贵，健全民营企业公共服务体系，推动民营企业创新发展，支持民营企业培养和引进人才，强化对民营企业合法权益的保护，弘扬企业家精神，构建亲清新型政商关系等方面提出了一批针对性更强、支持力度更大、更加务实管用的新举措。

4. 外贸优惠政策将大幅度降低外贸成本

随着全面开放新时代各项体制改革和优惠政策落实，外贸环境得到了进一步优化。2015~2017年我国进行了4轮降低进口关税，大幅度降低进口产品成本，这些产品大部分是日常用品、纺织服装、海产品、食品、日化用品、文化娱乐、医药保健品等，使广大消费者得到实惠。2018年又实行了3轮进口关税调整，关税得到一定降低。2018年，1月实施了《2018年关税调整方案》（税委会〔2017〕27号）；7月1日起实施了《关于降低日用消费品进口关税的公告》（税委会公告〔2018〕4号），降税涉及1449个税目，进一步降低日用消费品进口关税；11月1日实施了《关于降低部分商品进口关税的公告》（税委会公告〔2018〕9号），降低部分商品的最惠国税率，涉及1585个税目。至此，2018年以来已出台降关税措施，预计将减轻企业和消费者税负近600亿元，关税总水平由9.8%降至7.5%。进口贸易成本降低有利于进口贸易增长，也将会挤压国内企业产品市场。

为了鼓励出口，财政部和国家税务总局于2018年9月15日执行《关于提高机电文化等产品出口退税率的通知》（财税〔2018〕93号），10月15日，国家税务总局实施了《关于加快出口退税进度有关事项的公告》（国家税务总局公告2018年第48号），11月1日实施了《关于调整部分产品出口退税率的通知》（财税〔2018〕123号），大部分类别产品退税率得到提高，并提高了出口退税效率，使出口企业及时获得了足额退税，减少企业占款和加快企业资金周转，降低了企业成本，促进了企业出口贸易。

三　广州外贸环境和2019年外贸发展趋势

（一）外贸环境改善有助于广州外贸的发展

除了国际经贸形势和国内经贸环境改善支撑外，近几年，广州在改善本地投资环境和优化营商环境方面采取了一系列政策和措施，取得明显效果，广州对外贸易将继续保持良好的发展势头。

1. 持续优化营商环境，促进贸易投资便利化

2018 年，广州市政府提出在应对中美贸易摩擦方面，持续优化营商环境。广州围绕对接国际通行规则，深入推进自由贸易区建设和经验推广，加快形成以国际投资、贸易通行规则相衔接的基本制度体系和监管模式，外商投资负面清单管理制度得到进一步完善，不断提升广州开放型经济水平。广州市政府将继续加强企业“走出去”的引导和服务，扩大铁路国际货运班列，推动与沿线国家的国际产能合作，不断提升与东南亚等地区经贸合作水平。

2. 积极落实各项政策措施大力培育外贸新动能

近几年，积极鼓励高新技术和自主品牌产品出口，增加资源性商品和优质商品进口等；加大科技领域开放合作力度，支持企业加快转型升级；加大国家深化服务贸易创新发展试点措施的落实力度，推进国家跨境电商综合试验区建设，创新通关模式，出台跨境电商扶持政策；协调解决企业碰到的困难和问题，推动重点企业和项目顺利建设、开工经营；支持跨境电商、市场采购贸易、融资租赁、汽车平行进口做强做大，协助企业加快开拓多元化市场。这些政策将推动广州外贸发展。

3. 粤港澳大湾区经济合作给广州外贸发展带来新机遇

《粤港澳大湾区发展规划纲要》已经正式公布，2019 年是实施粤港澳大湾区发展规划纲要的第一年，将陆续出台各项专项规划，将推动生产要素流动和人员往来便利化。广东省委、省政府出台了《关于贯彻落实〈粤港澳

大湾区发展规划纲要〉的实施意见》《广东省推进粤港澳大湾区建设三年行动计划（2018～2020年）》等配套文件，其中，在更高水平上扩大开放，加强营商环境规则对接、金融市场的互联互通，将大大改善外贸环境，降低企业制度成本和融资成本，将继续优化广州外贸环境和降低企业成本。在《粤港澳大湾区发展规划纲要》中，广州被定位为国家中心城市、综合性门户城市、国际商贸中心、综合交通枢纽等，在规划建设中，将逐步突出广州中心门户地位，充分发挥国家中心城市和综合性门户城市引领作用；南沙粤港澳全面合作示范区更加凸显高水平对外开放门户地位。随着国际一流湾区和世界级城市群建设的展开，将启动广—深—港—澳科技创新走廊的建设，推动跨区域基础设施互联互通。同时，进一步深化改革，深化与港澳高标准开放规则的对接，将进一步落实CEPA服务贸易协议，深入推进与港澳服务贸易自由化，深化金融、会展、教育、医疗、养老等方面的合作，积极引进港澳高端教育、医疗等资源，推动人流、物流、资金流、信息流等要素便捷流动。

4. 广州经济功能区获得发展新机遇

广州南沙自贸试验区、开发区、中新广州知识城等功能区建设成就，吸引全球高端优质产业在广州落户发展，推动高端高质高新现代产业体系的形成。在落实粤港澳大湾区发展规划和建设的过程中，这些功能区将获得更多发展机遇，对未来广州开放型经济建设和外经贸发展产生深远影响。

（二）2018年广州对外贸易基本走势

国际金融危机后，我国加大了对外开放力度。2013年向全世界提出共建“一带一路”倡议，得到大多数国家响应；在沿海建立“自由贸易试验区”，进行单边对外开放政策的试验，近几年获得了开放体制改革创新的许多经验，并在全国进行推广。广州南沙自由贸易试验片区发挥了门户枢纽的作用，带动了广州对外贸易的发展。2012～2013年，出口呈现平稳增长态势；2014～2015年，总体呈现高位大幅度震荡的态势；2016年各月数据在低位波动；2017年除了2月数据较低，其他各月均上升到60亿美元台阶；

2018 年各月平稳保持在 60 亿美元之上，但上升动力不足（如图 3 所示）。预示着 2019 年各月数据在较高平台上调整，全年再次增长的难度比较大。

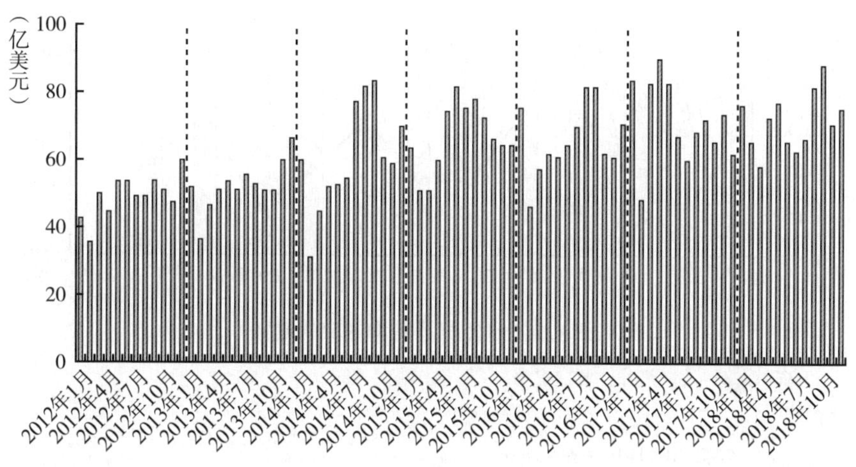

图 3　广州 2012 ~ 2018 年月度出口值变化态势

资料来源：根据广州市对外贸易经济合作局网站历年统计简报数据整理。

（三）广州出口贸易继续增长幅度不会太大

根据前期进出口贸易月度和年度发展趋势，2016 年广州外贸各项指标处于低谷，为负增长，2017 年不仅恢复为正增长，还出现了 10.77% 的高速增长，进出口规模已经踏上了一个新台阶；2018 年外贸在新台阶上实现了 3.70% 的增长。2019 年将维持前一期增长势头，进出口保持 4% 左右的增速，出口维持在 3% 左右的增速，进口增速会提高到 5%（如图 5、图 6 所示）。其依据如下分析。

1. 2019年再次出现高速增长的可能性不大

首先，近几年，以 2010 年为基础，2010 ~ 2018 年，进出口年均增长 4.58%，其中出口年均增长 7.28%，进口年均增长 1.75%。其次，在 2016 年下跌后的基础上，2017 ~ 2018 年连续上涨，进出口规模已经上升到比较高的台阶，继续增长难度加大。再次，多数年份是出口上涨幅度大于进口上

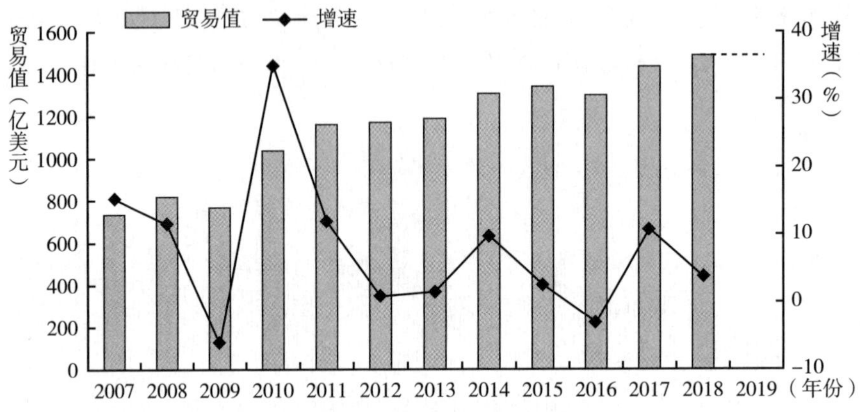

图4　广州外贸及其增速变化趋势

资料来源：《广州外经贸白皮书》（历年）资料整理。

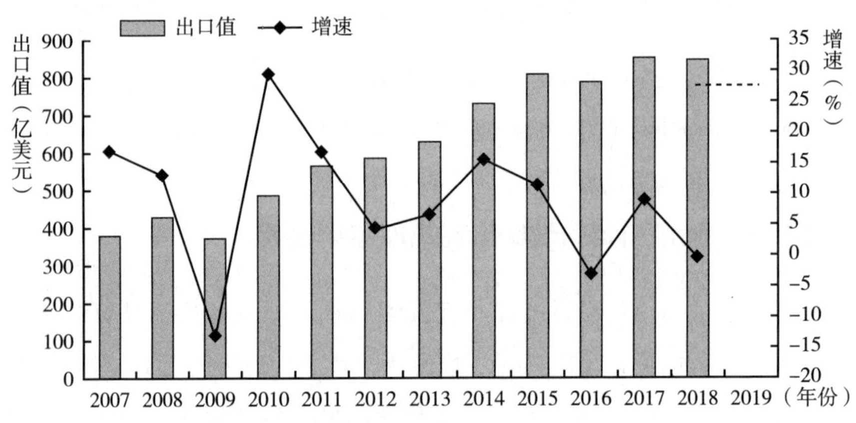

图5　广州出口贸易及其增速变化趋势

资料来源：《广州外经贸白皮书》（历年）资料整理。

涨幅度，但是近两年出现了反转，2017～2018年进口增速远远大于出口增速。预计2019年可能会出现石油等大宗商品价格上涨，引起进口大幅度增长。另外，中美贸易摩擦以及中方承诺“增加从美国进口”。所以，2019年进口会出现较高增长，并大于进出口的增速，也会高于出口增速。

2. 世界贸易增长势头受到一定抑制

2019年2月19日世界贸易组织发布《世界贸易展望指标报告》，预计

2019 年全球贸易增长率将较上年减少 0.2 个百分点，降至 3.7%，为近 9 年最低。IMF 也预测世界贸易增长 4.0%。这说明了国际需求及其世界贸易还有一定增长，但是比上年增速降低。

从国际航运市场状况看，2018 年干散货运输市场波罗的海综合运价指数（BDI）上半年低位运行，4 月初最低点为 948 点，6 月上行，7~8 月处于高位，最高到达 1774 点，9 月开始回落，11 月达到一个低谷，12 月有所回升，年底在 1270 点附近波动。这说明世界贸易活动放慢，预示 2019 年贸易呈现下降态势，上半可能将延续低位徘徊。

3. 2018年广交会第124届秋交会，境外采购商与会数量及成交额同比下降

出口成交 298.6 亿美元，比第 122 届降低 0.99%，境外采购商 189812 人，降低 1.11%。这说明国际需求不足，难以支撑广州出口贸易稳定增长，最多维持上年增长态势。

参考文献

国际货币基金组织：《〈世界经济展望〉2019 年 1 月更新：全球扩张减弱》，国际货币基金组织网站，2019－01－11，https：//www.imf.org/zh/Publications/WEO/Issues/2019/01/11/weo－update－january－2019。

林霞虹、杨洋、肖桂来：《广州市市长温国辉：广州提升大湾区核心引擎功能》，广州日报，2019－1－20，http：//news.dayoo.com/guangzhou/201901/20/139995_ 52460954.htm。

中国统计局：《2018 年 12 月份规模以上工业增加值增长 5.7%》，中央人民政府网站，2019－01－21，http：//www.gov.cn/xinwen/2019－01/21/content_ 5359693.htm。

中国统计局：《2018 年 GDP 增速为 6.6% 发展的主要预期目标较好完成》，人民网－财经频道，2019－01－21，http：//finance.people.com.cn/n1/2019/0121/c1004－30580415.html。

张运鸿：《2018 年波罗的海干散货运价指数回顾》，国际海事信息网，2019－01－04，http：//www.simic.net.cn/news_ show.php? id＝219064。

消　费　篇

Consumption Reports

B.9
智能零售——人工智能背景下广州零售商业的新变化与新趋势

徐印州　林梨奎*

摘　要：　广州零售商业从实体零售占地为王，到电子商务迅猛发展，乃至目前以人工智能技术应用为特征的新零售异军突起，进入新的发展阶段。目前人工智能技术已广泛应用于广州各业种实体店铺、超级市场和便利店等各种零售业态，以及商场停车设施等领域，并带来商业功能和业态业种上的一系列新变化。广州在消费和营商环境上的优势支撑智能零售的发展，零售业越来越智能化和去中介化，零售业态不断地创新进化。

关键词：　人工智能　智能零售　变化　趋势

* 徐印州，广东财经大学教授；林梨奎，暨南大学产业经济研究院博士研究生。

一 广州零售商业发展回顾

广州零售商业伴随着改革开放的节奏向前发展，先是经历了以百货店为特色、以超级市场为特色和以连锁加盟为特色的实体零售，继而进入以线上与线下融合为特色的电商零售等发展阶段，目前正处于以人工智能应用为特色的新零售阶段。纵观广州零售商业的五次变革，都与经营管理理念以及应用技术进步密切相关。大润发创始人“输给了时代”的一声感慨，道出了零售商业人的真实感悟，也反映出零售商业更新换代浪潮之汹涌。从宏观趋势来看，广州零售商业总体日渐繁荣。初步统计数据显示，2018 年广州社会消费品零售总额同比增长率仍超过 8%，社会消费继续成为城市经济增长的第一引擎。

（一）“占地为王”的实体零售发展时期（1978 ~ 2001年）

在这一时期，广州零售业态经历了从以百货店到超级市场再到连锁加盟为主要标志的发展过程。在长达二十多年的发展中，实体零售竞争优势一直体现在拥有更多的商业经营物业，“占地为王”。20 世纪 80 年代，百货店作为商品流通的主要渠道，成为广州零售商业的主力业态，占据不可撼动的领军地位。其中以创建于 1959 年的广州友谊商城以及创建于 1991 年的广百百货为代表，2018 年这两者的合并成为广州零售商业头条新闻，彻底改写百货业“四强争霸”格局，形成“三足鼎立”的局面。超级市场零售业态在广州的出现，则要归功于广州友谊商店的“试水”。1981 年 4 月 12 日广州友谊商店正式试营业，成为广州首家同时也是中国大陆首家超级市场，卖场面积虽然仅有 300 平方米，却彻底改变了“一手交钱一手交货”的封闭交易形式，引领消费风向。随后，超级市场在 90 年代初期得到快速发展。1988 年香港鳄鱼恤连锁店、东方眼镜专卖店先后在广州开业，拉开了广州连锁商业的帷幕。在 90 年代中后期，连锁经营这一商业模式逐步渗透到几乎所有商业业种，迎来多种业态协同发展的繁荣格局。在这一阶段，广州社会消费品零售总额也快速增长。2001 年广州社会消费品零售总额达 1248.28 亿元人民币，自 1978 年以来年均增长 19.42%（如图 1 所示）。

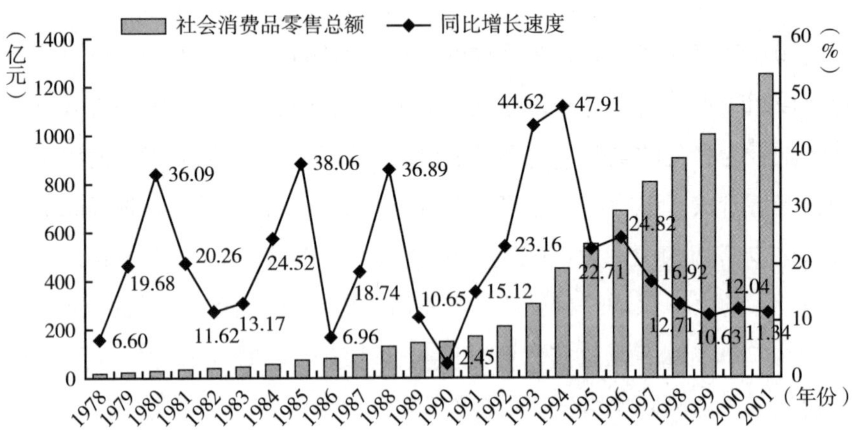

图 1　1978～2001 年广州社会消费品零售总额及增速

资料来源：《广州统计年鉴（1979～2002 年）》。

（二）“触电”“上网”的电子商务发展时期（2002～2016年）

在零售业态创新领跑全国的同时，广州在 1995 年就制定了信息产业发展规划，并在 2001 年出台文件鼓励企业加快推进信息化进程，广州电子商务迅猛发展。原广州商业信息服务中心统计数据显示，2002 年广州电子商务交易总额已达 179.92 亿元，并逐步应用于房地产交易、跨境商品交易、网上服务、在线旅游等领域。2014 年广州电子商务交易总额达 5436.07 亿元，自 2002 年以来年均增长 32.85%，预计 2020 年将达到 3 万亿元。在这一时期，广州社会消费品零售总额再次实现快速增长。2016 年广州社会消费品零售总额达 8706.49 亿元人民币，自 2002 年以来年均增长 14.12%（如图 2 所示）。

（三）基于人工智能的新零售异军突起（2017年至今）

一些研究者认为新零售缘起于 2016 年底马云杭州演讲，并兴起于 2017

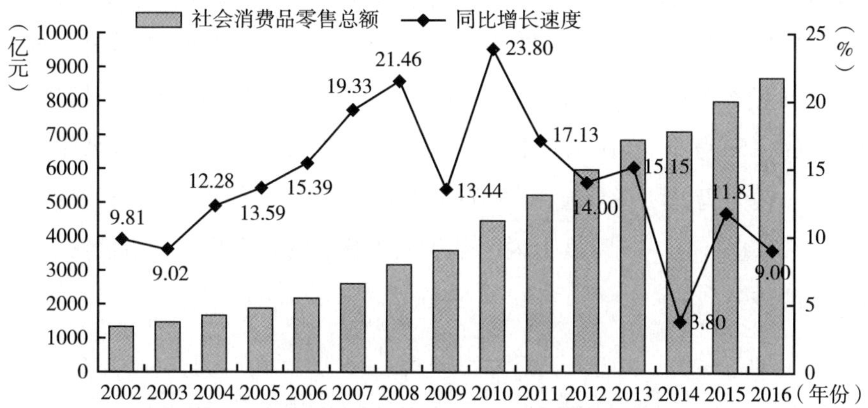

图 2　2002～2016 年广州社会消费品零售总额及增速

资料来源：《广州统计年鉴（2003～2017 年）》。

年初阿里巴巴与百联集团达成战略合作关系之时。因此有人将 2017 年称为“中国新零售元年”。从这一年起，广州“新零售”呈茁壮萌发之势。如珠江啤酒、珠江钢琴等企业均与阿里云联手，各自布局后端服务市场；美赞臣选址广州太古汇，捆绑在线购物平台和智能母婴室，实现商业模式创新；华辉拉肠借助深度学习算法提升消费者的体验感；盒马鲜生进驻广州。《2018 年广州市政府工作报告》更明确提出要重点发展新零售业态，广州零售商业依托新零售业态的创新，迎来新的发展机遇。2018 年广州社会消费品零售总额为 9256 亿元。

电子商务在一定程度上迅速取代了传统商业模式的存量，或在一定程度上弥补了传统模式的减量，但是进一步的发展遇到瓶颈。新一代信息技术的发展，促进了电子商务新业态、新交易方式的创新与发展，特别是 5G 网络未来的普及推广和《电子商务法》颁布实施，将推动广州电子商务快速步入“人工智能”阶段。在这一阶段，互联模式彻底改观，技术支撑发生质变，供应链发生重构。随着互联网发展，广州零售业在人工智能技术应用、回归商业本质、跨界融合以及规范化、法制化等方面展现多变的前景。从广州城市商业的角度来看，基于人工智能技术的“新零售”可以更为准确地概括为“智能零售”。

网经社旗下电子商务研究中心发布的《2018年中国新零售“50强榜”》，比较客观地展示了全国“新零售”的强势企业。在这些密切接触智能零售的“50强”之中，总部设在广州的有鸵鸟便利店、F5未来便利店、神奇屋、钱大妈、网易严选、EASYGO 6家，“50强”中的半数有在广州开店。这一数据，在一定程度上说明基于人工智能的新零售——智能零售在广州的发展势头。

二　智能零售——人工智能技术应用于广州零售商业的现状

（一）人工智能应用于广州各业种实体店铺

人工智能应用于广州实体零售，以京东“JOY SPACE”无界零售快闪店、天猫智慧母婴室以及天猫汽车无人售卖店为典型代表。其中，京东无界零售快闪店位于越秀区中华广场前，融合物联网、机器学习、智能识别等人工智能技术，实现搭建文化娱乐与消费体验深度融合的“一站式”无人购物场景。人工智能技术的体现主要在于刷脸支付、智能识别化妆镜、大数据筛选精准营销等功能的实现。天猫则联手美赞臣选址广州太古汇，布局“在线购物+”智慧母婴室，应用智能感知技术设置，如智能感知免洗洗手液、智能垃圾桶、自动奶粉机、智能配对手环等各类智能设施，并嵌入“天猫云货架”网上购物平台，为母婴产品零售模式创新提供标杆。此外，阿里巴巴还联手福特汽车，在广州开设了全国第一家汽车“无人售卖店”。“无人售卖店”更准确的说法应称为汽车“自助售卖店”。汽车“无人售卖店”更多是借助大数据筛选、人脸识别、精准营销等人工智能应用，优化当前整车销售的消费体验场景。当前汽车“无人售卖店”只实现了汽车服务第一个“S”的优化升级，未来仍需继续深耕汽车零配件、售后服务以及信息反馈等领域，实现真正意义上的汽车服务人工智能“4S”店。

（二）人工智能应用于广州超级市场

人工智能应用于广州超级市场，以阿里巴巴旗下盒马鲜生、永辉超市旗下超级物种、京东旗下 7FRES 以及苏宁旗下苏鲜生为典型代表。其中，盒马鲜生属于阿里集团旗下“超市 + 餐饮”智慧超级市场业态，人工智能技术的嵌入主要在于依托盒马 App，在后台实现客户大数据管理以及内部管控，提升用户黏性。截至 2018 年底，盒马鲜生在广州设置的门店共有 6 家，其中越秀区 1 家、海珠区 1 家、天河区 1 家、白云区 2 家以及花都区 1 家。盒马鲜生的经营优势基于两点：一是质量管控，所有商品都是精挑细选并标准包装，让消费者确实感到“买得放心、吃得舒心”；二是“餐饮 + 购物”深度融合，或者可以称之为“海鲜批发市场 + 后台加工”购物模式的升级版。后者看似简单，实际上是依托人工智能技术，切合消费者需求，提升了场景体验感。盒马鲜生的“半小时免费送达”配送服务弥补了到店收银、就餐排队时间长的缺陷，凸显了人工智能技术的应用效果，却限制了门店规模扩张的步伐。目前盒马鲜生门店的辐射半径不超过 3 公里，在 3 公里辐射范围内的消费流量能否支撑门店经营成本尚存疑问。广州市行政区域面积为 7434.40 平方公里，按照半径 3 公里计算，盒马鲜生要全面覆盖整个广州市，就需要投入大量资金设置约 263 家门店，这与盒马鲜生的轻资产经营理念并不符合。因此，优化门店的消费环境，是盒马鲜生下一步须攻克的难题。值得欣慰的是，盒马鲜生正在这方面下功夫，其关于无人餐厅的探索本身就是一种改进。

与盒马鲜生有所区别的是“超级物种”。“超级物种”是永辉超市依托自身生鲜供应链，以“生鲜 + 餐饮 + 超市零售”模式，针对城市高端消费人群而打造的零售新业态，属于高端生鲜食材体验店。“超级物种”通过线下门店 + 线上 App、微信公众号、小程序等，为消费者提供全场景体验，快速成为实体超级市场中的“独角兽”。截至 2018 年底，“超级物种”在广州的门店有 3 家，其中天河区 1 家、白云区 2 家。首家门店选址于广州 M + PARK 漫广场，在广州率先实现无人机配送。据商家介绍，

“超级物种”目前线上线下日订单量达到300万单，显示出巨大的市场潜力。

（三）人工智能应用于广州便利店

人工智能应用于广州便利店，目前以F5未来商店、Easy Go无人便利店以及苏宁小店为代表。F5未来商店实现了真正意义上的无人值守智能化经营模式，日常经营主要依靠快消品售货机、鲜食商品售货机、冲饮售货机以及自动餐桌清理设备来实现。当然，人工智能在便利店的应用，目前仅仅体现在最初级的商品销售功能上，如何提升消费场景体验以及实现及时到位的商品补给系统，则是进一步升级的重点。Easy Go“无人便利店”位于中华广场内，通过物联网射频识别技术，结合微信支付小程序，实现“拿完就走”扫描结算。相比之下，苏宁小店则有所不同，主要采用“APP下单+线下配送”模式，消费者通过扫描App中商品的二维码并进行结算，可以选择到店自提或是配送到家。此外，苏宁小店还针对特殊消费群体，设置无人货架和自助售卖机。截至2018年底，苏宁小店广州门店共有75家（如图3所示）。目前苏宁小店面临的主要瓶颈是盈利模式的问题，公开数据显示2017年以及2018年1~7月其仍没有实现盈亏平衡。

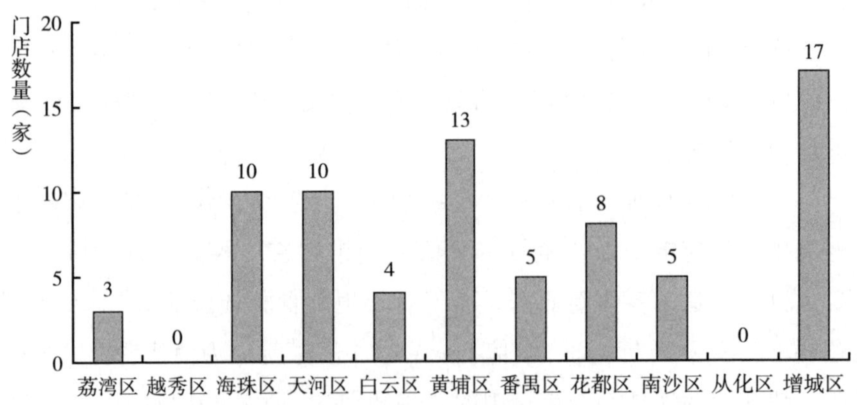

图3　截至2018年底苏宁小店网点区域分布情况

资料来源：笔者根据相关公开信息整理。

（四）人工智能应用于广州商场停车设施

停车便利性是影响消费者购物体验的重要因素。广州各大商场大多意识到这一问题，陆续都在停车设施智能化技术创新方面加大投入。人工智能在商场停车场的应用主要是通过车牌识别、自助寻车、车位感知、自动支付等途径打造无人值守智能停车场。无人值守智能停车场管理系统主要由APP智能终端、监控系统、车位管理系统、区域动态寻车系统、电子支付系统、大数据分析平台、电子停车券、数据集成接管理系统以及停车场硬件设备等部分组成，应用效果较好。

目前，广州无人值守智能停车场两种主要的运营模式，都是在智慧停车场管理系统、智慧停车管理云平台的基础上，以运用图像识别技术对车牌、车型等特征自动识别采集为主，结合双枪识别系统、空中运维、便捷支付系统等，实现无岗值守。主要的区别在于无牌车辆的识别方案，第一种模式设置纸票机（如图4所示），其主要应用于大型商业综合体，如天河城百货、正佳广场、太阳新天地购物中心等；第二种模式则设置微信扫码（如图5所示），其主要应用于中小型商业场所，如丽影广场、保利克洛维时光里商场等。此外，主要由车主绑卡、车主停车以及代扣费用三个环节来完成的无感支付，也是人工智能技术应用于商场停车场的一个重要方向。

人工智能化停车场，已成为消费者全场景体验的必备选项和现代化城市不可或缺的基本设施。人工智能技停车场是人工智能商业尤其是“智能零售”不可或缺的组成部分，也是振兴实体商业的重要条件。

三　人工智能给广州零售业带来的新变化

（一）商业功能上的新变化

首先是场景升级。智能零售覆盖范围不断扩展，并直接向用户延伸，以更全面的购物渠道、更灵活的配送方式，使消费者、商品和消费场所之间的

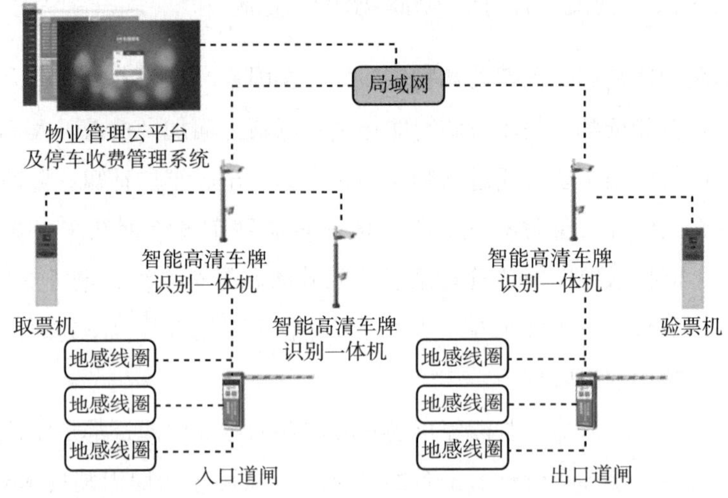

图4　应用于大型商业综合体的智能停车管理系统解析

资料来源：广州有位智能科技有限公司提供。

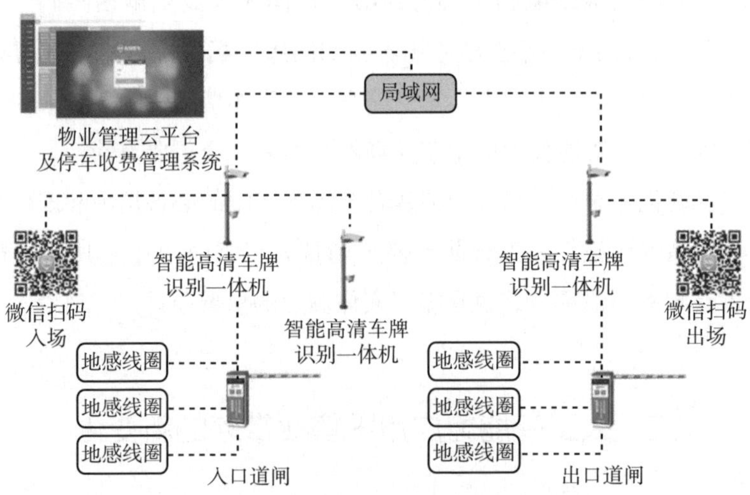

图5　应用于中小型商业设施的智能停车管理系统解析

资料来源：广州有位智能科技有限公司提供。

连接更为紧密，补足最后一公里消费场景空缺。虚拟现实技术的成熟使消费者可以在更为接近实际使用场景的环境下进行产品试用，如虚拟试衣、虚拟试妆等，获得更为直观的消费体验。

其次是服务升级。人脸识别、客流大数据分析、用户商品兴趣识别、智能平台导购、刷脸支付等技术的融入，为无人值守零售业态的发展提供技术支撑，人工智能技术渗透至消费者进店、逛店、导购到结账等各个环节。大数据可以帮助商家更深入了解消费者，根据人群特点提供更为合适的商品推荐，提升购物体验。

再次是物流升级。在5G环境下，搬运机器人、拆卸机械手、无人驾驶运输车以及无人机等智能产品在物流配送领域的应用，将进一步解放人力，提高配送效率。亚马逊公开的测试数据显示，仓库的搬运机器人工作准确率几乎接近100%，并且与人力搬运相比较整体工作效率提升3.5~5倍。在无人驾驶运输车以及无人机的应用上，广州已经积蓄了相当的能量，完全有可能走在全国城市物流配送的前列。不过受限于当前道路交通以及航空管理的相关规定，广泛的市场应用仍有待时日。

（二）业种业态上的新变化

首先是无人店铺的出现。智能零售是在互联网、移动网、物联网、大数据、云计算、区块链、人工智能、虚拟现实和增强现实条件下所进行的市场营销活动，能够实现智能交易、智能物流配送，包括智能交易环境、智能消费、智能支付与结算、智能逆向物流和再生资源等的全过程、全渠道的零售。如京东“JOY SPACE”无界零售快闪店、天猫汽车无人售卖店、F5未来商店、Easy Go无人便利店等智能零售业态的创新。

其次是非现金交易的普及。无现金交易的迅速发展主要依赖于多种电子支付方式的出现，如网上银行、移动支付、微支付、非接触式终端等支付技术等。这些技术的推广应用衍生了商品零售交易活动中的新的支付和结算方式。消费者在超市、便利店等线下实体店使用手机网上支付结算逐渐成为首选的支付方式。无现金交易已成为趋势，截至2018年6月底我国网络支付用户规模达5.69亿，其中手机支付用户规模占比就达到99.47%。据报道，2019年春节期间，银联网络交易总金额破万亿元，网联处理跨机构支付交易45.5亿笔，有4.5亿人参与支付宝集五福活动，有8.23亿人收发微信红包。新支付方式已经渗透到居民日常消费中，支付新体验意味着新的消费增长点正逐渐显现，将成为拉动经济增长的持续动力。据《第42次中国互联网发展状况统计报告》披露，截至2018年6月底我国居民在线下消费首选使用手机支付的比例为29.92%。广州市社会科学院完成的《广州城市居民消费特征调查报告》显示，广州城市居民智能手机的拥有率达97.3%，高出全国城乡居民智能手机拥有率18.1个百分点。

四　展望人工智能背景下广州零售商业的发展趋势

（一）从消费水平和营商环境看广州智能零售

支持一所城市智能零售发展的主要因素是城市居民的收入和消费水平、教育水平、科技水平、城市竞争力和营商环境。据广州市统计局公布的数据，广州在2010年人均GDP已达84568元，按联合国的标准开始步入“高收入”城市行列。2018年人均GDP达到157668元，属于全国最富裕的城市之一。

目前，在广州的产业结构中，第三产业占比已经超过七成。据联合国开发计划署（UNDP）构建的人类发展指数（Human Development Index，简称HDI）来衡量，2016年广州人类发展指数为0.869，居中国35个大中城市首位，其中预期寿命指数居35个大中城市的第六位，教育指数居第三位，收入指数居第二位，这说明广州已经进入高水平人类发展阶段。包括人工智能、航空航天、生物技术、光电芯片、信息技术、新材料、新能源、智能制造等高精尖科学技术，被称为“硬科技”。2017全球“硬科技”创新大会，将广州的城市“硬科技”发展综合指数排在各大城市的第三位，仅次于北京和上海。

另据《中国城市流通竞争力报告》，广州的城市流通竞争力连续多年一直保持前三的地位，2015～2016年的评价结果广州位居第一。广州是现代化程度和商业发展水平相当高的城市，商业流通资源丰富，资源配置和布局比较合理，商业基础设施完善，商品流通总量大，商业服务优良，商业流通在国民经济体系中地位突出，对城市经济社会发展的贡献作用较大，第三产业对经济增长的贡献率将近80%。

《福布斯》连续多年将广州评为中国最佳商城城市。《2017年中国城市营商环境报告》，根据软环境、市场环境、商务成本环境、基础设施环境、生态环境、社会服务环境六类指标，对全国35个重要城市进行测算，广州名列第一。

上述列举，除了统计局的统计信息之外，均属于民间评价，具有很强的客观性，充分说明广州智慧零售的发展具有坚实的基础和强大的支撑。

（二）从电子商务的演进看广州智能零售

移动互联网即将进入5G时代，由于电子商务的极大普及与广泛应用，它将成为5G时代最基本、最普通、必需的交易方式、生产方式、消费方式和社交方式。在商业零售领域里，甚至已经没有必要突出强调电子商务了。以5G通信网络为代表的新一代信息通信技术，正处于互联网跨界融合和群体突破爆发期，精准匹配、交互式购物等新的商业模式不断涌现。以大容量数字产品、三维位置服务、全息商品展示等应用领域新的突破为标志，5G移动通信网、下一代互联网等新的网络技术将持续为电子商务创新发展提供支撑，永续扩展创新空间。由于人工智能技术深入而且广泛的应用，零售业越来越智能化和去中介化。通过人工智能体系实现市场营销以及供应链管理的全过程，极大地降低电商平台的运营成本和消费者的搜寻成本。

智能零售运作模式必须服务于实体经济。商业的本质是“促进商品流通的经济活动”，只有以实体商业为本，智能零售才能具有持续强大的生命力，而不是破坏或者挤垮实体商业。智能零售将更加回归商业本质，立足于降低整个社会经济的交易成本，提升全社会的整体效率。回归商业本质，满足消费者和企业的个性化需求，优化商品流通渠道、供应链和市场资源配置，将成为智能零售的基本逻辑。

当前广州智能零售尚处于萌芽阶段，发展势头很旺。为引导智能零售走向良性发展的轨道，需要借鉴电子商务发展的经验。众所周知，电子商务交易规模快速增长的同时，存在网络欺诈、物流迟缓、假货水货等问题，成为制约电子商务可持续健康发展的瓶颈。2000 年至今，从国家到地方累计出台了数百个关于规范管理的行政法规试图修补电子商务的漏洞。于 2019 年 1 月 1 日开始实施的《中华人民共和国电子商务法》把与电子商务相关的各类交易活动和交易关系正式纳入法律轨道，进一步了优化电子商务营商环境。电子商务在法律的框架之内创新与发展，再也不是法外之地或“免税天堂”。所以，智能零售一定要重视电子商务发展的前车之鉴，从一开始就需要重视法制化的规管与引导。

（三）从业态创新看广州智能零售

零售业态创新，既是广州商业的传统，又是广州商业的优势。可以预见，在已经起步的智慧零售的发展上，广州必将保持领先的势头。

自助式“无人零售”不断改进，智能零售逐步发展。是否有人值守并非零售商业发展的核心所在，“无人”零售业态的发展，根本之处不在于是否真正实现彻底的无人值守，而在于提升消费者购物满意度。未来自助式“无人零售”发展方向，应是进一步挖掘人工智能技术应用深度，提供更胜于人工服务的服务。否则，纠结于经营形式上的创新而抛弃零售商业的本质价值，最终将失去顾客，导致商业模式创新的失败。

全面迎合个性消费，场景互联方兴未艾。由于科技的助力、人工智能服务质量的提升，智能零售在服务方面将有更明显的升级，将更加适应个性化消费的要求，满足消费者对定制化、个性化服务的巨大需求。为消费者提供极致的购物体验，是未来智能零售制胜的重要因素。体验与购买的融合，

“线下体验，线上购买”“线下拉新，线上复购”等模式，为零售商、品牌商新力量。下单提货无缝对接，“线上下单，门店自提”“线上线下同款同价”等策略，使购物过程更加流畅。

线上线下跨界融合，数字化协同发展。基于新的消费需求，智能零售将“资源共享”和“合作共赢”作为核心经营理念，从规模、产品、营销、多元化等多重维度出发，创新协作模式，搭建起安全、高效、互利互惠的多层次、跨界整合的新的智能零售生态系统。线下传统零售企业必将经过数字化改造和提升这道门槛，通过分析和应用大数据，并且依托线下门店的零售经验，通过互联网创新扩展零售通道的方法和路径，实行线上线下同价，提高运营效益。线上零售企业也不以是否在线而画地为牢，同样注重线下业务，充实消费者的线下体验，实行线上线下双向拓展。网络零售不可能完全取代实体零售，随着人工智能技术应用的发展，将通过数字化达成线上线下共享库存、物流以及服务，实现资源优化整合的零售商业格局，零售业线上线下的界限必将逐渐模糊淡化。永辉超市的经营策略在一定程度上代表着这一发展趋势，永辉超市既不依照实体店扩张的传统旧套，也不走在互联网上“烧钱”的初级门道，而是努力将“到店”的长板做强，将“到家”的短板补齐，在新开大卖场的同时，发展小型店和迷你店，并且重点探索包含智能零售的“超级物种”。

参考文献

曹静、周亚林：《人工智能对经济的影响研究进展》，《经济学动态》2018 年第1 期。

何玉长、方坤：《人工智能与实体经济融合的理论诠释》，《学术月刊》2018 年第 5 期。

刘慧琳、连晓鹏：《广东推动人工智能与实体经济深度融合》，《广东经济》2018 年第 6 期。

刘涛雄、刘骏：《人工智能、机器人与经济发展研究进展综述》，《经济社会体制改革》2018 年第 6 期。

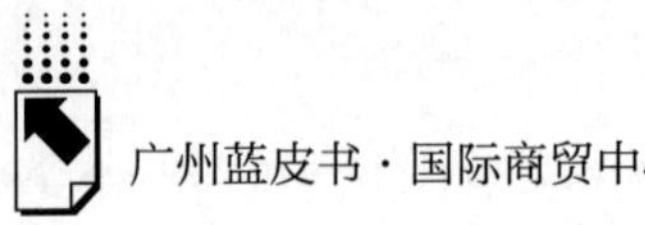

王先庆、雷韶辉：《新零售环境下人工智能对消费及购物体验的影响研究——基于商业零售变革和人货场体系重构视角》，《商业经济研究》2018 年第 17 期。

徐印州、林梨奎：《新零售的产生与演进》，《商业经济研究》2017 年第 15 期。

周振华：《情感计算：人工智能产业的经济新实践——兼论对山西智慧转型发展的启示》，《经济问题》2016 年第 6 期。

B.10

国际大都市背景下广州酒店GIS分析与空间布局特征研究

赖长强*

摘　要： 利用广州4736条酒店POI数据信息，通过GIS空间分析方法进行处理，并采用最近邻、空间核密度等方法分析广州地区酒店的总体及各类星级酒店的空间布局特征、集聚离散程度、时间演化特征及相关影响因素，研究发现：基于网络POI数据的分析方法能够更全面地反映广州地区的酒店空间分布情况，广州全市及各区的酒店空间分布均呈现出集聚特征，在中心城区及重要功能区形成酒店高密度集聚地，新兴区域的酒店发展则明显不足，高等级与经济型酒店空间布局特点差异明显。广州新增酒店在时间轴上呈现不断上升趋势，在空间上跟随城市发展战略与进程，呈现不断向外扩散趋势。文章从国际大都市的酒店布局切入，为研究探讨城市商圈及经济实体分布等问题提供了一个全新的研究视角。

关键词： 国际大都市　广州酒店　GIS分析　空间布局　POI数据

现代化酒店设施是国际大都市发展和国际消费中心建设的重要组成部分，其数量、类型、空间布局等是体现一个城市现代服务业发展水平的重要

* 赖长强，广州市社会科学院现代市场研究所助理研究员。

指标，也是反映城市经济发展和对外开放水平的重要依据。酒店作为城市空间环境的重要组成要素与旅游业的基础支撑产业，随着城市化进程的不断加快，国际旅游消费的快速崛起，尤其是特大城市的扩容升级，酒店空间分布成为城市经济与和旅游研究的重要内容之一。本文以广州的酒店空间分布的时间、空间演化为例，揭示特大型城市酒店空间布局特征与影响因素，为科学引导特大型城市酒店业产业结构调整和空间布局优化提供一定的参考依据。

一 研究背景与研究特点

酒店空间布局方面的研究从20世纪80年代才陆续有学者开始关注。国外学者对酒店空间分布这一主题的研究起步相对比较早，相比国内更为成熟，大致经历了4个阶段：20世纪80年代采用从案例的定性描述方法，20世纪90年代尝试运用理论模型和统计分析方法进行定量分析研究，21世纪以来基于多学科（地理学、经济学、社会学、心理学）综合角度进行研究，近10年来国外学者对于酒店研究的对象与方法不断更新、视角与尺度日益多元。综合来看，近年来，国外关于酒店空间布局的研究表现出“新对象、多角度、多学科、多元化”。国内学者比国外学者对酒店空间分布的研究起步相对较晚、相对单薄，整体研究过程也经历了由定性分析过渡到定量研究，研究对象不断细化、研究内容日益多样，国内有关研究主要集中在研究对象、研究角度、研究类型、资料来源等方面。另外，从研究维度来看，也可以从微观、宏观两个层次概括国内学者针对酒店空间结构及布局的研究。微观视角，国内研究大多着眼于在城市酒店空间分布特征、影响因素、分布规律与未来趋势；宏观视角，国内研究大多着眼于在酒店空间分布特征、变化规律、影响因素、空间差异等。

综合国内外现有研究发现：研究的数据样本大部分来自官方统计数据和实地调研，样本总量较小；既研究整个城市的酒店空间分布，又分析星级酒店分布特征的研究不多；既分析城市酒店现阶段的布局特征，又分析酒店时间、空间演化的研究不多。而随着网络信息、网络地图、大数据等技术在酒店行业的深入应用，像携程网、去哪儿网、艺龙等大型酒店门户网站汇集了大量酒店信息，借助网络爬虫技术能够较为便利地获得一个城市或区域的几乎所有酒店信息，有利于对酒店业发展开展更全面而细致、系统而深入的研究。

因此，本文一个突出特点是，研究分析使用了以 POI 数据①为代表的空间地理数据。POI 数据是城市主要要素相互作用的综合体现，集地理位置信息和功能分类信息于一体，与传统数据相比较还具有规模大、覆盖广、类别多、易获取、更新速度快等优点，POI 数据主要为深入研究城市空间功能、结构和形态提供了支撑。本文通过 POI 数据既可识别和分析复杂多变城市功能的空间结构，而且能够从宏观、中观及微观多种尺度对城市酒店业空间结构开展分析；本文基于 POI 的城市酒店聚集形态分析，既可以体现出城市酒店物质空间演化扩展的规律使研究结果也显得更为精细，也可通过 POI 分时期、分类型、分区域研究可以分析出城市酒店行业合作竞争及空间结构变化特点。同时，本文也通过 GIS 方法进行处理，并采用最近邻、空间核密度等方法，分析了广州地区酒店的空间分布特征及影响因素。

二　研究区域、方法和数据

（一）研究区域概况

作为国家重要中心城市和广东省会城市的广州，在 2017 年被 GaWC 评为世界一线城市，也是国务院定位的国际大都市、国际商贸中心、国际综合交通枢纽、国家综合性门户城市、国家历史文化名城，可见广州称得上是特大型城市或者超大城市。现辖越秀、天河、荔湾、南沙等 11 个区，2017 年

① POI 是兴趣点（Point of Interest）的缩写，一种能够代表真实地理实体的点状数据，一般包含点要素的名称、类别、经纬度、电话、所在省市以及地址等基本信息，而经纬度信息一般采用 WGS84 地心坐标系统，在实际使用过程中可转换为投影坐标系统。

常住人口达到1449.84万人。广州每年春秋两季举办“广交会”（中国进出口商品交易会），与世界200多个国家和地区建立经贸联系，吸引大量的客商及投资者。世界旅游和旅行者协会（WTTC）发布城市旅游及影响报告显示，广州名列世界第2快发展的旅游城市。2017年广州接待游客超过2亿人次，接待过夜旅游人数6275.62万人次，旅游业总收入超过3600亿元，2016年宾馆酒店业营业收入达到156.95亿元，因此将广州作为酒店空间布局的研究区域具有代表性。

（二）研究方法

为分析广州酒店空间布局特征，采用平均最近邻方法和核密度方法研究广州的整体和局部布局特征。其中平均最近邻方法是研究整体分布特征，即广州酒店在空间布局上是呈现集聚、随机分布还是分散布局特征，而采用核密度方法研究广州酒店的局部布局特征，发现局部的高密度和低密度区域。

1. 平均最近邻分析方法

主要用于检测要素（点状、线状或面状）的全局空间集聚特征。这一方法比较简单，即测量每个要素与其近邻要素的平均距离，如果该平均距离小于假设随机分布中的平均距离，则样本要素在全局上表现为集聚状态，反之则表示样本的空间分布趋于分散状态，如果等于随机分布假设下的平均距离，则表示样本的空间分布为随机状态。平均近邻分析方法的计算公式如下：

$$\mathrm{ANN} = \frac{D_0}{D_E} = \frac{\frac{1}{n}\sum_{i=1}^{n}\mathrm{di}}{0.5 \times \sqrt{A/n}}$$

其中，D_0为每个要素与其最邻近要素之间的平均距离，D_E为随机模式下要素间的期望平均距离，di为要素与其最邻近要素之间的距离，A为所有要素的最小外接多边形面积或者研究区域的面积，本文将A定为研究区域的面积。

2. 核密度分析计法

将离散数据进行空间平滑处理形成连续分布密度图的方法，能够有效地分析出离散数据的空间分布特征和趋势，其计算公式如下：

$$f(x) = \frac{1}{nh}\sum_{i=1}^{n} k\left(\frac{x - c_i}{h}\right)$$

公式二中，$f(x)$ 为空间位置 x 处的核密度计算函数；h 为距离衰减阈值，可以是固定值，也可以根据样本进行计算或者是动态值，还可以根据点要素的属性值进行加权计算；n 为与位置 x 的距离小于或等于 h 的要素点数（如果采用加权方法，此处 n 则为要素属性值的总数）；k 函数则表示空间权重函数，一般是距离衰减函数。核密度计算公式的几何意义为密度值在每个核心要素 c_i 处最大，并且在远离 c_i 过程中不断降低，直至与核心 c_i 的距离达到阈值 h 时核密度值降为0。本文采用 ArcGIS 软件进行核密度计算，不采用加权处理，h 值会根据样本特征进行自动计算。

（三）资料来源

本文研究采用的 POI 数据是借助网络爬虫技术从国内主流的酒店门户网站携程网获取，数据获取时间为 2017 年 2 月，初步获得数据为 8001 条，数据信息包括酒店名称、地址、星级、开业时间等，然后通过百度网络地图服务将酒店地址转换为地理坐标形成地理信息数据（由于百度地图采用了专用的地理坐标系统，因此从百度地图服务获取的坐标数据需要转换为 WGS84 坐标系，最好转换为地图投影坐标，便于进行空间点模式分析）。由于有些数据缺少开业时间、酒店价格等信息，剔除信息不全的数据后最终获得 4736 条酒店信息数据，而在进行 GIS 空间分析之前需要将数据转换为 shapefile 格式的地理矢量数据。

三　广州酒店的时间演化与空间分布特征

为深入和全面地剖析广州酒店业的空间分布特征和发展规律，本文通过三个维度进行构建与解构：空间维度、时间维度与观测维度。一是通过空间维度，采取不同空间尺度的观测研究，可以观测广州酒店空间总体布局与局部特征；二是通过时间维度，由于采取POI数据，成功获取连续时间序列的酒店业数据，纵向上完整地呈现了广州90年（1927～2016年）酒店业演变过程，使研究更为连续、更显动态性；三是在观察维度上，对不同类型（星级）酒店进行分类研究，更有针对性地展现分析不同类型（星级）酒店空间布局特征。

（一）总体空间布局特征：集聚特征明显，区域分布不均衡

1. 各区酒店数量及密度差异极为明显

根据携程网获取并整理、筛选的数据显示，广州地区酒店数量庞大，各类酒店共有4736家。从各区分布情况看，主要分布在白云区、番禺区、天河区及从化区，这四个区的酒店数量均超过了500家；最多的为天河区，达到949家，占广州全市酒店数量的20.0%；作为老城区的越秀区，尽管只有307家酒店，但其酒店密度最大，达到9.03家/平方公里（见表1）。

表1　广州市及各区酒店数量及密度

地区	面积(平方公里)	酒店数量(家)	酒店密度(家/平方公里)
白云区	668.2	887	1.33
黄埔区	481.0	300	0.62
荔湾区	63.0	68	1.08
南沙区	790.5	70	0.09
越秀区	34.0	307	9.03
番禺区	515.1	894	1.74
增城区	1631.1	180	0.11
海珠区	92.0	272	2.96
从化区	2006.5	545	0.27
天河区	137.8	949	6.89
花都区	976.6	264	0.27

资料来源：携程网，数据获取时间为2018年3月。

2. 总体集聚特征明显，区域分布不均衡

采用平均最近邻分析方法研究广州酒店的整体分布特征，利用 ArcGIS "Spatial Statistics Tools" 工具箱中的 "Average Nearest Neighbor" 模块分别计算广州全市及各区的酒店平均近邻指数（如表2所示），结果显示：广州全市及各区的酒店都呈现集聚特征，其中全市的平均最近邻指数为0.17，表明广州全市的酒店高度集聚；指数值最低的为从化区，仅为0.12，表明从化地区的酒店高度集中于局部区域；而指数值最高的为越秀区，达到0.71，接近1，表明越秀区的酒店分布比较广泛而且均匀，同时也是广州地区酒店密度最高的区域。

表2　广州市及各区酒店平均最近邻指数及密度

区域＼指标	样本平均距离（米）	随机模式下的期望距离（家\平方公里）	平均最近邻指数（家）	Z值统计
广州全市	107	648	0.17	-142.82
越秀	107	150	0.71	-10.52
荔湾	167	383	0.43	-11.14
天河	68	160	0.42	-40.19
海珠	91	228	0.39	-24.18
白云	99	309	0.32	-54.3
黄埔	119	484	0.24	-32.57
番禺	81	309	0.26	-51.78
花都	265	769	0.34	-25.46
南沙	617	1481	0.42	-10.58
增城	341	1116	0.31	-24.02
从化	77	618	0.12	-60.7

3. 高密度区域主要分布在中心城区，新兴发展区域酒店布局不足

利用 ArcGIS 将广州全市4736家酒店绘制成图（见图1），可以从整体上反映其分布情况，但无法得知局部具体集聚程度如何，需要利用核密度分析方法进行进一步计算。利用 ArcGIS 软件 "Spatial Analyst Tools" 工具

箱中的“Kernel Density”模块计算广州酒店的密度分布情况（如图2所示），其中深色区域表示酒店高度密集区域，总共有3处，这些区域的酒店密度超过了19家/平方公里，其中两个深色区域分别位于主城区的天河区、越秀区，形成连绵的“哑铃”状高密度区域。在主城区的海珠区以及番禺区大学城、广州南站也形成了酒店高密集区域，在生态良好的从化流溪河岸边也形成两个酒店高密集区域。此外，在各区的中心区也形成了密度超过5家/平方公里的酒店分布区域，例如从化的街口、花都的新华、增城的荔城和新塘、番禺的市桥。

另外，从以上分析可以发现，广州现有酒店的空间布局主要分布于人口密集的传统发展区域，但在黄埔、南沙、增城等新兴发展区域明显不足，将对这些新兴发展区域的下一步发展造成不利影响。特别是具备国家级经济技术开发区、保税港区、自贸区等多个功能平台的南沙区酒店数量太少，各种等级的酒店均不足，这点在具备广州开发区、出口加工区、中新知识城等大型开发平台的黄埔区也同样表现明显。

（二）各类星级酒店的空间布局特征

根据携程网获取并整理、筛选的数据显示，广州地区各类酒店共有4736家酒店。从类型结构看，五星级酒店有97家，四星级酒店237家，三星级酒店629家，二星级及以下酒店有3773家，总体上看主要以经济型酒店为主，特别是经济型连锁经营酒店，例如7天连锁酒店有131家、如家酒店有79家、城市便捷酒店33家、汉庭酒店29家。

1. 高端酒店分布广泛，低端酒店密度很高

采用平均最近邻分析方法研究广州各类型星级酒店的整体分布特征，利用ArcGIS“Spatial Statistics Tools”工具箱中的“Average Nearest Neighbor”模块分别计算广州各类型星级酒店的平均近邻指数（如表3所示），结果显示：广州各类型星级酒店都呈现集聚特征。其中，全市五星级酒店样本平均距离为2231米，表明平均密度比较低，平均最近邻指数为0.49，表明五星级酒店分布比较广泛而且比较均匀；全市四星级酒店样本平均距离为1219

米，平均最近邻指数为0.44，表明四星级酒店分布比较广泛；全市三星级酒店样本平均距离为569米，平均最近邻指数为0.32，表明三星级酒店分布一般广泛、一般均匀；全市二星级及以下酒店酒店样本平均距离为167米，表明平均密度很高，平均最近邻指数为0.18，表明该类酒店高度集中于局部区域。

表3 广州各星级酒店平均最近邻指数

单位：米

类型＼指标	样本平均距离	随机模式下的期望距离	平均最近邻指数	Z值统计	总体特征
五星级	2231	4518	0.49	-9.53	集聚
四星级	1219	2750	0.44	-16.39	集聚
三星级	569	1772	0.32	-32.55	集聚
二星级	167	914	0.18	-95.95	集聚

另外，高等级与经济型酒店空间布局特点差异明显。广州地区不同等级的酒店空间分布特点差异性较为明显，高等级酒店主要分布在人口密度高、商贸业活跃、交通便捷的中心城区，而经济型酒店则分布较为广泛，更多集中在外围区域。此外，经济型酒店的空间布局与整体布局类似。

2. 五星、四星级酒店呈外围城区点状分散+中心城区面状集聚分布

每种星级酒店分布图均对应有核密度分析图，分析过程中选其中一种即可。由于五星、四星级酒店的数量较少，因此可以直接用分布图，直观而清晰。五星级和四星级酒店作为商务拓展、会议会展、文化交流的高级场所，往往要求具备现代化的场馆设施、高水平的专业管理、多样化的服务项目、优美的生态环境。具体而言，主城区（天河、越秀、白云、海珠、荔湾等）的五星级和四星级酒店，依托重要的交通枢纽（广州东站、广州火车站等）、全国知名商圈（天河路商圈、环市东商圈等）、高端商务服务集聚区（珠江新城CBD、白云新城、琶洲互联网集聚区等），呈簇状分布、面状集聚。而花都、番禺、从化、黄埔、增城、南沙等外围行政区，五星级和四星级酒店仅在区政府所在的区域中心或者生态较好的风景名胜区（从化流溪

河两岸、花都美林湖等）或者热门的旅游景点（广州长隆等）有少量分布，呈点状、零散分布。

3. 二星、三星级酒店呈外围城区点状分散 + 中心城区面状集聚分布

二星、三星级酒店数量较多，利用 ArcGIS 将酒店绘制成图，可以整体上反映其分布情况，但无法得知局部具体集聚程度如何，需要利用核密度分析方法进行进一步计算。利用 ArcGIS 软件“Spatial Analyst Tools”工具箱中的“Kernel Density”模块计算二星、三星级酒店的密度分布情况（见图 6、图 7）。具体来看，三星级酒店除了集中分布于越秀、天河及白云南部等中心城区，在外围区域的中心区域也大量分布。同时，三星级酒店沿交通干线、城市主要干道、地铁沿线的主要出入口呈串珠状分布的，因为中档消费商务人士和外来旅游散客是其主要消费群体。以二星级为主的经济型酒店同样大量布局于中心城区（比如城中村等大量人口密集区），但一般规模较小。此外，有大量二星级及以下酒店分布在外围地价较为便宜的区域（比如工业区、小型商圈、社区型商圈附近），主要是与消费群体与消费能力相关。

（三）酒店开业的时间演化与空间分布特征

1. 在时间轴上，呈现不断上升趋势，到达极值后回落

改革开放前，广州市酒店的数量有限，开业速度极为缓慢，平均 3 ~ 5 年时间才新增开业 1 ~ 2 家酒店。改革开放后，广州市酒店开业逐步加速，尤其是从 20 世纪 80 年代中后期开始，每年都有酒店开业，有些年份开业酒店数量达到两位数，例如在 1987 年、1994 年、1995 年各开业 10 家酒店，1998 年开业 12 家酒店。进入 21 世纪后，酒店开业速度加速提升，2000 年开业 20 家酒店，随后逐年提升，2007 年新开酒店数量突破 100 家；2008 年金融危机后，广州新增开业酒店数量出现轻微下降，随后新增酒店再次加速，至 2015 年新增酒店数量突破千家，达到 1138 家，2016 年出现明显回落（见图 1）。

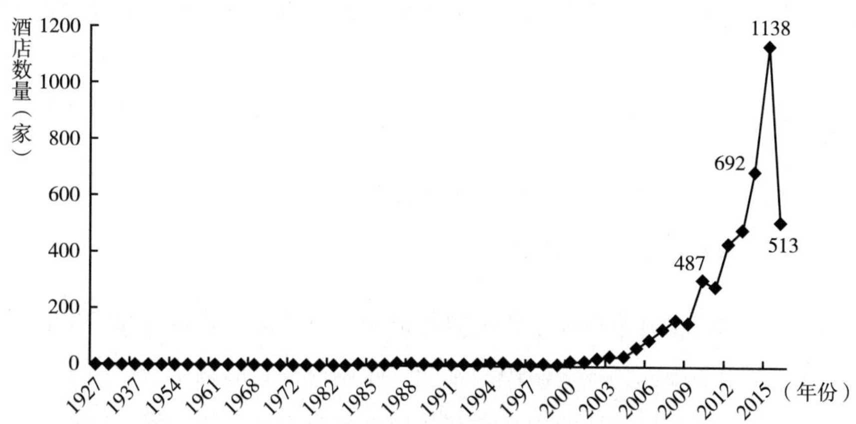

图1　广州市各时期新增酒店数量情况

2. 在空间上，跟随城市发展战略与进程，呈现不断向外扩散趋势

2000 年以前开业的酒店，主要集中在越秀区、荔湾区以及天河区，部分分布在海珠区、番禺区、海珠区、白云区等次核心城区，零星分布在当时的郊区县市（花都、增城、从化等）。进入新千年后，广州于 2000 年开始实施《广州城市发展总体战略规划》，城市范围、城市空间开始步入全面推进的轨道，“东进、南拓、西联、北优”城市发展战略得到有效实施，广州城市发展拉开了框架。2000 年后开业的酒店，大量分布在海珠区、番禺区、海珠区、白云区等新中心城市（原来的次核心城区），同时在花都、增城、黄埔、南沙、从化等外围区域也如雨后春笋，大量涌现。2006 年，广州的为慎防出现城市空心化，破解老城区面临的种种衰落，确定“中调”方针，提升老城区的发展质量。此后，不管是老城区、新城区，还是城市外围区域，新增酒店如燎原之势在广州各区域开业。

四　影响广州酒店空间分布的因素

利用 Arc GIS、平均最近邻方法和核密度方法对广州重要的战略功能区、交通枢纽、大型商圈、旅游景点等进行坐标定位和空间分析，初步分析结果表明，对广州酒店的空间分布产生较大影响的有城市空间形态、城市区位与交通、城市商业与商圈、城市发展战略、旅游景点以及定期举办的大型展会活动等因素。

（一）城市空间形态因素

城市形态是指城市空间结构的整体形式，是城市空间布局和密度相互影响、相互作用而引起的空间组织表现。广州城市空间形态在近代演化过程中强烈受制于地理环境，白云山和珠江的影响尤为明显，使广州城市空间扩张表现为城市边缘地带连续性扩张，围绕“云山珠水”拓展城市发展空间，优化提升珠江两岸经济带、创新带和景观带，形成沿白云山和珠江发展的“L”形空间结构，而酒店的空间分布受此影响明显。

（二）城市区位和交通因素

广州地处珠三角城市群中心区域，具有强大的海陆空交通优势，同时广州作为岭南文化及粤文化的发源地和中心地，非常有利于承接全球的商务与旅游人流，商贸和产业物流及产业转移，已形成多点支撑发展格局，构建了层次更清晰、功能更完善、联系更便捷的大综合交通枢纽，这对广州酒店业发展具有显著支撑作用，使白云机场、广州站、广州东站、广州南站、广州北站等交通枢纽成为酒店密集区域。同时，广州地铁网络越来越完善和发达，沿地铁主要线路与枢纽站点的周边，也成为酒店密集区域。

（三）城市商业与商圈因素

从广州市酒店尤其是星级酒店的分布特点中可以发现，市内星级酒店多数分布在商业及商圈区域附近。酒店作为现代服务业的重要部分，尤其是近年来国际旅游消费中心建设如火如荼，推动城市酒店对知名商圈以及区域级商业中心布局的依赖性较大。作为典型的城市旅游目的地，广州的天河商圈（天河城、正佳广场、中信大厦）、珠江新城商圈、东山商圈（东山口、农林下路、烈士陵园一带）、北京路商圈、上下九商圈、环市东路商圈、江南西商圈、番禺大北路商圈等各大商圈吸引着市内外的大量客流。这种现象表明，特大城市的商业中心与商圈等地的酒店集聚特征显著。

（四）城市发展战略因素

我国的城市空间扩张受政府战略影响明显，酒店作为城市扩张的重要因素，也同样受此影响明显。2000 年以来广州实施了“南拓、北优、东进、西联”空间战略，原有的单中心城市格局逐步向多中心城市空间结构发展。2006 年以后，又增加了“中调”战略。2015 年以来，广州为强化国家中心城市，建设全球城市，重点建设三大国际战略枢纽（国际航运枢纽、国际航空枢纽、国际科技创新枢纽），加快建设“三中心一体系”（国际航运中心、物流中心、贸易中心及现代金融服务体系）。这些城市战略均有效地架起了广州城市建设的框架，成为广州酒店行业快速扩张并影响其空间布局的重要因素。

（五）旅游景点等关联产业因素

广州地区与酒店业密切相关的旅游、会展、休闲农业等产业发达，对广州酒店业的发展及空间布局有重要影响。旅游景点深刻影响着以酒店业为主体的旅游配套设施的空间布局，一般来说，酒店尤其是星级酒店与旅游资源集聚程度呈明显正相关关系。2016 年广州接待国内旅游者突破 1820.86 万人次，国内旅游总收入达到 3217.05 亿元，旅游外汇收入达到 416.47 亿元，旅游业的繁荣为广州酒店带来大量人流，而广州的酒店平均开房率常年高于 60%，高开房率为广州高等级星级酒店的发展带来有力支撑。而依托琶洲国家会展中心举办的广交会、国际汽车产业等大型会展为广州带来了来自全球各地的人流，也同样为酒店业发展注入强大活力。广州北部和南部地区具有良好的生态休闲环境，也成为酒店在这些区域布局的重要因素，特别是从化的流溪河沿岸已集聚了大量酒店，其中不乏高等级酒店。

五 结论与展望

本文采用酒店门户网站的网络数据能够全面地反映特大城市广州的酒店发展情况，而借助平均最近邻分析、空间核密度分析等 GIS 分析方法能够对广州酒店整体和局部空间布局特征、各类星级酒店的空间布局特征、酒店开业的时间演化与空间分布特征等开展深入研究。总体上看：作为步入后工业化发展阶段的特大城市，广州地区的酒店分布极不均衡，不同等级的酒店空间分布特征也存在较大差异，越秀区、天河区、白云南部地区的酒店数量较多而且密度高，形成了“哑铃”状的高密度连绵区域；南沙区酒店数量最少而密度最低，这与中心城区的商业繁荣程度高、配套服务设施齐全及交通便捷紧密相关，南沙区、黄埔区、增城区等区域是典型的高新技术开发区，城市功能还未完善，内部产业对人口的需求相对较少，所以酒店分布也较少。城市空间形态、区域与交通、商业与商圈、城市战略、酒店类型及旅游景点等关联产业的发展对广州酒店的空间布局产生了重要影响，然而，由于研究设置了多个观测研究维度，本文无法有针对性地对不同影响因素的作用程度大小、作用机制传导等进行具体而深入的研究，这有待未来进一步深化研究。

因此建议，作为特大型城市，广州相关部门在制定完善城市发展战略时，应将酒店布局的特征及问题考虑在内，根据最新消费与旅游发展趋势，发展特色各异的主题酒店与多样类型的星级酒店，同时引导酒店尤其是各类星级酒店的合理布局，加强引导各类型酒店在城市新兴发展区域与重要功能区域加快布局。

最后，虽然来自网络的 POI 数据比传统的统计数据更丰富和全面，在大数据时代这种数据可能更有利于反映广州酒店业的发展实际情况，但网络的数据不具备权威性而且部分信息更新频繁，下一步将进一步深入发掘酒店门户网站的数据，力求从更多角度研究（特）大型城市酒店的进展。

参考文献

Ashworth G. J. , Tunbridge J. E. The tourist – historic city. London: Belhaven Press, 1990.

David J. Egan, Kevin Nield. Towards a theory of interurban hotel location. Urban Studies, 2000, 37 (3).

Ainhoa U. , Isabel G. Hotel location in tourism cities: Madrid 1936 – 1993 – 1998. Annals of Tourism Research, 2006, 33 (2).

Juan Jose Tari, Enrique Claver – Corte's, Jorge Pereira – Moliner, Jose F. Levels of quality and environmental management in the hotel industry: Their joint influence on firm performance. International Journal of Hospitality Management, 2010, 29 (3).

Jacint Balaguer, Jose C. , Pernias. Relationship between spatial agglomeration and hotel prices. Evidence from Business and Tourism Consumers, 2013 (16).

Jayne M. Rogerson, Tongkun Wang. How do hotels choose their location? Evidence from hotels in Beijing. Applied Geography, 2013, 36.

Li M. , Fang L. , Huang X. A spatial – temporal analysis of hotels in urban tourism destination. International Journal of Hospitality Management, 2015, 45.

谭能志、刘霜:《基于 GIS 的星级酒店空间分布研究——以湖州为例》,《旅游纵览》2015 年第 5 期。

文吉:《中国星级酒店空间布局研究》,《商业研究》2004 年第 21 期。

梅林、韩蕾:《中国星级酒店空间分布与影响因子分析》,《经济地理》2011 年第 9 期。

曹泽纯:《旅游饭店布局初探》,《经济问题探索》1984 年第 2 期。

文吉:《广州市星级酒店空间发展格局》,《经济地理》2006 年第 3 期。

余瑞林、张红:《武汉市星级酒店空间布局研究》,《云南地理环境研究》2006 年第 4 期。

石榴花:《北京市星级酒店空间分布研究》,北京师范大学硕士学位论文,2012。

赵媛、黄秋昊:《基于 GIS 技术的城市酒店空间分布研究》,《数量经济技术经济研究》2003 年第 8 期。

龙茂兴、马丽君:《中国星级酒店空间分布差异及其影响因素》,《经济论坛》2013 年第 8 期。

余瑞林、张红：《武汉市星级饭店布局的影响因素分析》，《湖北大学学报》（自然科学版）2006 年第 2 期。

闫丽英、韩会然、陈婉婧：《北京市酒店空间分布格局及影响因素研究》，《经济地理》2014 年第 1 期。

刘雪春、张志斌、张翠翠、李花：《兰州市主城区酒店空间分布格局及影响因素》，《兰州大学学报》（自然科学版）2017 年第 2 期。

B.11

2018年广州商品消费品市场特点及对策建议

广州市统计局课题组*

摘　要： 2018年，广州坚持稳中求进工作总基调，按照高质量发展要求，供给侧结构性改革深入有序推进，全市社会消费品零售总额平稳较快增长。本文深入分析了广州消费品市场的结构特点和存在问题，并提出对策建议。

关键词： 消费品市场　新旧动能转换　广州

2018年是全面贯彻党的十九大精神的开局之年和改革开放40周年，广州坚持稳中求进工作总基调，按照高质量发展要求，迎难而上、奋力进取，供给侧结构性改革深入有序推进，商业经济旧动能加快转换，消费品市场稳中趋优，全市社会消费品零售总额（以下简称社零总额）平稳较快增长。

一　广州商品消费品市场基本情况

2018年，在经济下行压力增大、经营成本攀升、消费需求结构变化等诸多因素的叠加影响下，广州稳中求进，消费品市场继续保持平稳运行，全年实现社零总额9256.19亿元，同比增长7.6%，增速比2017年小幅回落0.4个百分点。

---

* 广州市统计局贸易外经处供稿，执笔人：梁树佳，审核：肖穗华、黄子晏。

（一）从全年走势看，累计增速从年初高位逐步窄幅下行

2018 年，全市社会消费品零售总额各月累计增速呈先高后低的“小波浪线”态势运行（见图 1），相邻月份间波动幅度均在 0.2 个百分点之内，整体运行态势较为平稳。其中，3 月累计增速为 8.4%，增速最高；10 月和 11 月累计增速均为 7.5%，增速为全年最低，增速最高值与最低值相差 0.9 个百分点。除 3 月累计增速比上月提高 0.2 个百分点，12 月累计增速比上月提高 0.1 个百分点外，全年整体走势从年初高位逐步窄幅下行。

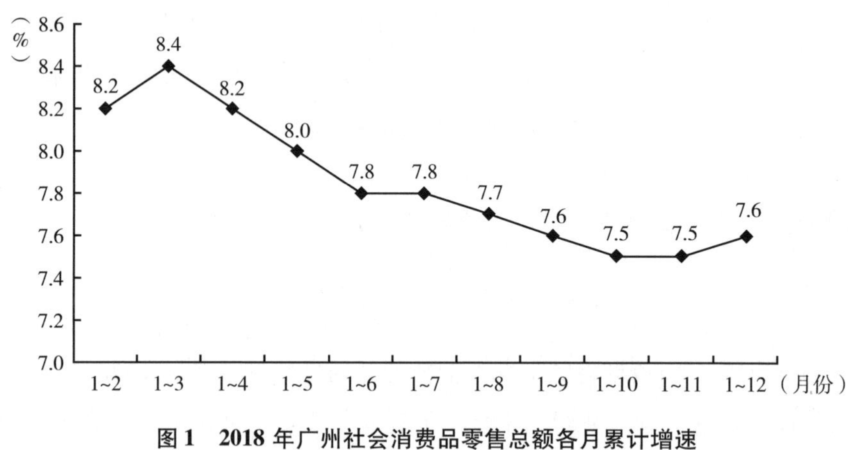

图 1　2018 年广州社会消费品零售总额各月累计增速

（二）从效益贡献看，行业效率、经济和社会贡献均有新发展

1. 运行效率方面

2018 年，全市限额以上批发和零售业销售库存率①为 4.6%，比 2017 年（4.7%）下降 0.1 个百分点，商品流通效率有所提高。全市限额以上批发和零售业、住宿和餐饮业法人企业毛利额为 2248.05 亿元，同比增长 5.1%，毛利率为 7.80%；利润总额为 571.59 亿元，同比增长 2.8%，利润率为 1.97%。

① 销售库存率 =（平均库存额 ÷ 销售额）×100%。

2. 经济贡献方面，为社会贡献大量增加值和税收

2018 年全市批发和零售业、住宿和餐饮业完成增加值 3752. 87 亿元，同比增长 3. 7%，占全市 GDP 的比重为 16. 4%，对全市 GDP 增长的贡献率为 11. 1%，比 2017 年（10. 3%）提高 0. 8 个百分点。根据国家税务总局广州市税务局统计数据，2018 年全市批发和零售业、住宿和餐饮业完成税收收入 748. 43 亿元，同比增长 6. 2%，占全市税收收入的 13. 7%。

3. 社会贡献方面

为社会创造大量就业机会，并促进旅游、快递、会展、物流等相关行业发展。2018 年第一至第三季度，全市限额以上批发和零售业、住宿和餐饮业平均从业人员 61. 02 万人，同比增长 2. 3%，占全市从业人员平均人数的比重为 16. 4%。2018 年，消费品市场稳步向前有力地推动了广州旅游业发展，全年城市接待过夜旅游者人数 6532. 55 万人次，旅游业总收入 4008. 19 亿元，同比分别增长 4. 1% 和 10. 9%。网络消费火爆带动快递业快速发展，广州全年快递业务量继续保持全国第一，首次突破 50 亿件，达 50. 64 亿件，增长 28. 8%。

（三）从城市对比看，总量规模继续稳居全国第三位，增速居八大国内主要城市第四位

规模上，2018 年广州社会消费品零售总额总量（9256. 19 亿元）居上海（12668. 69 亿元）、北京（11747. 70 亿元）之后，连续 31 年列全国主要城市第三位。

增速上，作为传统商业中心城市，2018 年广州社会消费品零售总额增速在北京、天津、上海、重庆、广州、深圳、杭州、苏州八大国内主要城市中，与深圳（增长 7. 6%）增速持平并列居第四位，高于北京（增长 2. 7%）、天津（增长 1. 7%）和苏州（增长 7. 4%），低于杭州（增长 9. 0%）、重庆（增长 8. 7%）和上海（增长 7. 9%）。

二　广州商品消费品市场结构分析

2018 年，全市商业经济稳步发展，网上消费温和扩张，绿色消费健康增长，市场结构持续优化，新兴业态和新商业模式发展迅速。

（一）从行业结构看，批发业、住宿业实现较大幅度增长，零售业、餐饮业比重微降

2018 年，全市批发和零售业实现零售额 8081.44 亿元，同比增长 7.9%，增速比 2017 年回落 0.4 个百分点，占全市社会消费品零售总额的 87.3%，是全市消费品市场的最主要行业动力；全市住宿和餐饮业实现零售额 1174.75 亿元，同比增长 5.8%，增速与上年持平（见表 1）。

表 1　2018 年广州消费品市场行业结构

单位：亿元，%

行业类别	零售额	同比增速	占全市比重
合　计	9256.19	7.6	100.0
批发和零售业	8081.44	7.9	87.3
批发业	784.80	7.0	8.5
零售业	7296.64	8.0	78.8
住宿和餐饮业	1174.75	5.8	12.7
住宿业	82.61	2.5	0.9
餐饮业	1092.14	6.0	11.8

1. 批发业增速回落，零售业增速有所提高

2018 年，全市批发业实现零售额 784.80 亿元，占全市社会消费品零售总额的 8.5%，同比增长 7.0%，增速比 2017 年回落 10.0 个百分点，拉动全市社会消费品零售总额增长 0.6 个百分点。全市零售业实现零售额 7296.64 亿元，占全市社会消费品零售总额的 78.8%，比 2017 年（76.1%）提高 2.7 个百分点，同比增长 8.0%，增速比 2017 年提高 0.9 个百分点，拉

动全市社零总额增长6.3个百分点，拉动力比2017年提高0.9个百分点。

2. 住宿业增速较低，餐饮业稳定增长

2018年，住宿业实现零售额82.61亿元，占社零总额的0.9%，同比增长2.5%，增速比2017年回落7.5个百分点，没有拉动全市社零总额增长。全市餐饮业实现零售额1092.14亿元，占全市社零总额的11.8%，比重比2017年（11.3%）提高0.5个百分点，同比增长6.0%，增速比2017年提高0.6个百分点，拉动全市社零总额增长0.7个百分点。网络餐饮消费方式日益盛行，全市限额以上住宿和餐饮业通过公共网络实现的餐费收入同比增长62.4%。

（二）从商品结构看，汽车类增速加快，石油及制品类较快增长，品质类商品增势良好，刚需类商品快速增长

根据限额以上批发和零售业商品分类零售额数据，2018年，广州市限额以上汽车类增速加快，石油及制品类较快增长；刚需类商品快速增长，日用品类，粮油食品类，中西药品类，服装、鞋帽、针纺织品类分别增长23.4%、23.1%、22.7%和8.3%；消费需求追求品质化，化妆品类增长12.0%，通信器材类增长16.5%，文化办公用品类零售由降转增，广州消费品市场商品结构持续优化升级（见表2）。

表2　2018年广州限额以上主要商品零售额结构情况

单位：亿元，%

商品类别	零售额	同比增速	占限额以上比重
限额以上批发和零售业	3535.29	9.0	100.0
其中：粮油、食品类	312.59	23.1	8.8
服装、鞋帽、针纺织品类	349.14	8.3	9.9
化妆品类	112.14	12.0	3.2
金银珠宝类	73.27	5.4	2.1
日用品类	206.84	23.4	5.9
体育、娱乐用品类	59.93	4.9	1.7
家用电器和音像器材类	246.06	-9.4	7.0

续表

商品类别	零售额	同比增速	占限额以上比重
中西药品类	151.00	22.7	4.3
文化办公用品类	107.24	5.3	3.0
通信器材类	324.18	16.5	9.2
石油及制品类	340.34	13.3	9.6
汽车类	1036.56	6.4	29.3

1. 汽车类增速加快，石油及制品类较快增长

汽车类商品增速加快。2018 年，广州汽车市场逐渐趋于饱和，并受进口车关税下调、本市汽车限牌和限行等诸多因素影响，汽车整体消费实现零售增速加快好成绩，全年全市限额以上汽车类商品零售额为 1036.56 亿元（占全市批发和零售业零售额的 12.8% 和限额以上批发和零售业零售额的 29.3%），同比增长 6.4%（广东省为下降 1.0%），增速比 2017 年提高 4.1 个百分点，拉动全市社零总额增长 0.7 个百分点。

石油及制品类商品较快增长。在国内成品油价格提高带动下，2018 年广州限额以上石油及制品类商品零售额 340.34 亿元（占全市限额以上批发和零售业零售额的 9.6%），同比增长 13.3%，增速比 2017 年提高 11.6 个百分点，拉动全市社零总额增长 0.5 个百分点。

2. 品质类商品增势良好

化妆品类商品增长较快。2018 年，限额以上化妆品类商品零售额 112.14 亿元，同比增长 12.0%，增速比 2017 年提高 3.1 个百分点，拉动全市社零总额增长 0.1 个百分点。

通信器材类商品增速加快。2018 年，全市限额以上通信器材类商品零售额 324.18 亿元（占全市限额以上批发和零售业零售额的 9.2%），同比增长 16.5%，增速比 2017 年提高 1.8 个百分点，拉动全市社零总额增长 0.5 个百分点。

文化办公用品类商品零售由降转增。2018 年，全市限额以上文化办公用品类商品零售额 107.24 亿元，同比增长 5.3%，增速比 2017 年（下降

2.3%）提高7.6个百分点，拉动全市社零总额增长0.1个百分点。

3. 吃类、药品类刚需商品快速增长

吃类商品快速增长。2018年，全市限额以上“吃类”商品实现零售额433.72亿元，同比增长24.3%，占全市限额以上批发和零售业零售额的12.3%。其中，粮油、食品类商品零售额312.59亿元，同比增长23.1%，增速比2017年提高13.4个百分点，拉动全市社零总额增长0.7个百分点；饮料类商品零售额为57.23亿元，同比增长25.4%；烟酒类商品零售额为63.90亿元，同比增长29.5%。

药品类商品较快增长。2018年，全市限额以上中西药品类商品零售额151.00亿元（占全市限额以上批发和零售业零售额的4.3%），同比增长22.7%，增速比2017年提高4.1个百分点，拉动全市社零总额增长0.3个百分点。其中，西药类商品零售额126.80亿元，同比增长76.3%。

4. 穿戴类、用类商品增速加快

穿戴类商品保持增长。2018年，全市限额以上服装、鞋帽、针纺织品类商品零售额349.14亿元，占全市限额以上批发和零售业零售额的9.9%，同比增长8.3%，拉动全市社零总额增长0.3个百分点。

用类商品增速加快。2018年，全市限额以上日用品类商品零售额206.84亿元，同比增长23.4%，增速比2017年提高11.7个百分点，拉动全市社零总额增长0.5个百分点。

（三）从业态情况看，网上商店保持较快增长；有店铺零售保持增长，其中专卖店、专业店增速比2017年提高，大型超市零售下降，百货店增速低位运行

1. 网上商店零售较快增长

随着“互联网+”电子商务迅猛发展，消费群体结构的变化和人们消费观念的转变，2018年广州网上购物保持两位数以上较快增长，但增速有所回落。全年全市限额以上网上商店零售额为903.61亿元，同比增长15.4%，增

速比全市社零总额平均水平高 7.8 个百分点，比 2017 年（增长 19.3%）回落 3.9 个百分点，拉动全市社零总额增长 1.4 个百分点（如表 3 所示）。

表 3　2018 年广州限额以上零售业业态市场结构情况

单位：亿元，%

业　态	零售额	同比增速	占限额以上零售额比重
限额以上零售业	3273.76	9.4	100.0
有店铺零售	2331.27	7.0	71.2
其中:便利店	84.24	13.3	2.6
大型超市	175.39	-3.5	5.4
百货店	242.87	1.1	7.4
专业店	883.25	8.6	27.0
专卖店	894.76	9.6	27.3
无店铺零售	942.49	15.8	28.8
其中:网上商店	903.61	15.4	27.6

2. 专卖店、专业店增速比2017年提高

2018 年，广州限额以上有店铺零售业零售额 2331.27 亿元，同比增长 7.0%，增速比 2017 年（增长 3.5%）提高 3.5 个百分点，拉动全市社零总额增长 1.8 个百分点。其中：专卖店零售额 894.76 亿元，同比增长 9.6%，增速比 2017 年（增长 7.7%）提高 1.9 个百分点，拉动全市社零总额增长 0.9 个百分点；专业店零售额 883.25 亿元，同比增长 8.6%，增速比 2017 年（增长 1.5%）提高 7.1 个百分点，拉动全市社零总额增长 0.8 个百分点；便利店零售额 84.24 亿元，同比增长 13.3%。

3. 大型超市、百货店等传统动力增速不理想

2018 年，在“网购”冲击及经营成本、运营环境等多种压力下，大型超市呈现零售下降，百货店增速低位运行。全年广州限额以上零售业大型超市零售额 175.39 亿元，同比下降 3.5%，增速比 2017 年（增长 3.2%）回落 6.7 个百分点。百货店特别是市属百货公司等传统实体零售业态零售额增速仍于低位运行，消费总体出现偏冷淡状态，全年限额以上百货店零售额 242.87 亿元，同比增长 1.1%，增速比 2017 年（下降 2.6%）提高 3.7 个百分点。

（四）从空间结构看，6个区的社零总额增速高于全市平均水平

2018 年，广州各区社零总额同比增速高于全市平均水平的共有 6 个区，分别是：增城区增长 16.4%，黄埔区增长 9.2%，花都区增长 9.0%，海珠区增长 8.4%，白云区增长 8.3%，荔湾区增长 8.0%，增速高出全市平均水平 0.4 ~8.8 个百分点（如表4 所示）。与上年增长情况相比，广州有 3 个区社零总额增速提高，1 个区（花都区）增速持平，8 个区增速出现 0.4 ~3.1 个百分点的不同程度回落。社零总额增速提高的区是：增城区提高 9.3 个百分点，海珠区提高 0.4 个百分点，天河区提高 0.1 个百分点。社零总额增速回落的区是：回落幅度最大的是黄埔区，回落 3.1 个百分点；第二是荔湾区和南沙区，均回落 3.0 个百分点。

表 4　2018 年广州消费品零售市场空间动力结构情况

单位：亿元，%

项目	社会消费品零售总额	同比增长	占全市比重
全　市	9256.19	7.6	100.0
荔湾区	632.18	8.0	6.8
越秀区	1356.73	6.0	14.7
海珠区	976.49	8.4	10.5
天河区	1852.42	6.3	20.0
白云区	1025.38	8.3	11.1
黄埔区	930.88	9.2	10.1
番禺区	1254.31	6.5	13.5
花都区	524.60	9.0	5.7
南沙区	208.77	6.0	2.3
从化区	123.45	6.5	1.3
增城区	370.98	16.4	4.0

三　广州商品消费品市场存在的主要问题

2018 年，广州消费品零售市场整体上呈现平稳发展态势，但仍存在一些值得关注问题。

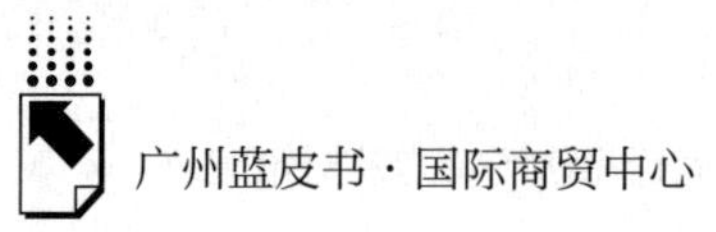

（一）社零总额增速放缓，低于全国、全省平均水平

全市社零总额增速放缓。自 2016 年起，广州社会消费品零售总额同比增速跌至个位数，且增速不断回落。2016 年增速为 9.0%，2017 年为 8.0%。2018 年全市社零总额同比增长 7.6%，增速比 2017 年回落 0.4 个百分点。其中，批发和零售业零售额同比增长 7.9%，增速比 2017 年回落 0.4 个百分点。住宿和餐饮业零售额同比增长 5.8%，增速与上年持平。广州消费品市场发展目前仍然处于市场整体活跃度下滑、网上销售等新型动力由高速发展向快速发展过渡、传统销售动力换档低速发展的平稳发展阶段，全市社零总额增速放缓。

广州增速低于全国、全省平均水平。2018 年，广州社零总额同比增长 7.6%，与全国（9.0%）、全省（8.8%）增速比较分别低 1.4 个和 1.2 个百分点。广州社零总额增速在我国八大国内主要城市中，虽与深圳持平，比北京、天津、苏州增速快，但比杭州（9.0%）、重庆（8.7%）和上海（7.9%）的增速分别低 1.4 个、1.1 个和 0.3 个百分点。

番禺、从化、天河、越秀、南沙区增速低于全市平均水平。2018 年，从分区数据看，全市 11 个区中有番禺、从化、天河、越秀、南沙 5 个区的社零总额增速低于全市平均水平（如表 4 所示）。2018 年，番禺区社零总额同比增长 6.5%，从化区增长 6.5%，天河区增长 6.3%，越秀区增长 6.0%，南沙区增长 6.0%，比全市社零总额平均水平分别低 1.1～1.6 个百分点。

（二）五金电料、家具、家用电器和音像器材等6大类商品零售下降

2018 年，从限额以上批发和零售业商品类别零售额分组数据看，全市 22 个商品大类中，有 6 个商品类别零售额同比增速下降，分别是：五金电料类同比下降 51.1%，家具类下降 12.1%，家用电器和音像器材类下降 9.4%，建筑及装潢材料类下降 1.0%，机电产品及设备类下降 38.5%，其

他类下降20.5%。有12个商品类别零售额同比增速低于全市限额以上批发和零售业零售额增速，占比54.5%。有8个商品类别零售额增速比2017年增速放缓降幅扩大或由正转负，占比36.4%。

（三）网上商店增速回落，传统零售业态低速运行

网上商店增速回落。近年来，“电商”市场发展日趋成熟。2018年，广州一些大型电商企业在伴随电商不断发展而网上购物市场竞争趋于更加激烈，加之促销活动效果不理想，导致“网购”消费零售额增速逐年出现回落，并对广州社零总额增速回落有较明显影响。2018年广州限额以上网上商店零售额增速为15.4%，比2017年回落3.9个百分点，增长低于2018年全国网上零售额（增长23.9%）和其中实物商品网上零售额（增长25.4%）增速。

传统零售业态低速运行。近年来，随着以网上消费为代表的新型消费不断增长，对大型超市、超市、购物中心、食杂店、百货店等传统实体零售业态造成冲击。2018年，广州传统实体零售业态增速多仍处于低位运行，传统动力增速不理想，消费总体出现偏冷淡状态，全年限额以上零售业大型超市零售额同比增速由上年的增长3.2%转为下降3.5%，回落6.7个百分点；超市零售额下降3.1%；购物中心零售额下降10.5%；食杂店零售额下降18.9%；百货店零售额同比增长1.1%，增速不甚理想。

（四）民营经济零售额增速趋于缓慢

2018年，广州占全市社零总额73.2%的民营批发和零售业、住宿和餐饮业零售额发展趋于缓慢，实现零售额6773.72亿元，同比增长3.2%，增速比全市社会消费品零售总额平均增速（7.6%）低4.4个百分点，比2017年增速（9.4%）回落6.2个百分点，比重比2017年（76.3%）回落3.1个百分点。其中：全市民营批发和零售业实现零售额5786.81亿元，同比增长3.4%，增速比全市社零总额、全市批发和零售业零售额（增长7.9%）的平均增速分别低4.2个和4.5个百分点，比2017年增速（10.3%）回落6.9个百分点。全市民营住宿和餐饮业零售额自2013年起增速不断放缓，

2017 年比 2013 年回落 9.5 个百分点；2018 年实现零售额 986.91 亿元，同比增长 2.3%，增速比全市社零总额、全市住宿和餐饮业零售额（增长 5.8%）的平均增速分别低 5.3 个和 3.5 个百分点，比 2017 年增速（4.1%）下降 1.8 个百分点，发展情况不甚理想。

（五）零售额百强企业增速回落，新设立小微企业四年存活率偏低

2018 年，全市零售百强企业合计实现零售额 2364.36 亿元，占全市社零总额的 25.5%，同比增长 13.5%，增速比 1～6 月（增长 17.7%）、1～9 月（增长 14.4%）分别回落 4.2 个和 0.9 个百分点；拉动全市社零总额增长 3.28 个百分点，拉动力比 1～6 月、1～9 月分别减少 0.86 个和 0.11 个百分点。在全市零售百强企业中，零售额增长的企业数共 58 家，比 1～6 月的 72 家、1～9 月的 67 家分别减少 14 家和 9 家（呈不断减少之势）；零售额下降的企业数共 40 家，合计实现零售额 427.65 亿元，同比下降 8.0%。

2018 年国家统计局广州调查队抽取部分 2014 年 3～7 月登记设立的小微企业（含个体经营户）开展为期四年跟踪调查的调查结果显示：因受近年社零总额增速放缓影响，商贸行业经营备受压力，广州新设立的批发和零售业小微企业一年存活率为 89.9%，两年、三年、四年存活率分别降至 73.4%、63.3% 和 43.7%；新设立的住宿和餐饮业小微企业一年存活率为 92.9%，两年、三年、四年存活率分别降至 64.3%、54.8% 和 39.5%。广州新设立的批发和零售业、住宿和餐饮业小微企业四年存活率，在全市各行业中分列“倒数第二、倒数第一位”，比全市各行业小微企业平均四年存活率（46.2%）分别低 2.5 个和 6.7 个百分点。

四　2019年广州消费品市场情况预测及建议

经调查研究预判分析，2019 年广州国内消费品市场总体将继续保持平稳发展。2019 年 1 月 21 日，国际货币基金组织（IMF）发布报告，将 2019 年和 2020 年的全球经济增长预期分别下调至 3.5% 和 3.6%。全球经济增长

预期的下调，一方面反映了全球贸易形势的严峻性和不确定性，另一方面将影响股市等金融市场的投资预期，从而影响居民在金融市场的收益预期，影响居民财产性收入和居民消费支出。2019 年我国国民经济下行压力仍然较大，有专家分析 2019 年我国经济增速或将前低后稳，但预计人民收入仍会稳定增加。1 月 1 日起正式实施新《中华人民共和国个人所得税法》，个人税负降低，市民会有更多的钱用于消费。兼之综合考虑广州传统商业销售增长乏力的趋势，电商由于网上购物市场竞争趋于激烈而导致零售额增速回落的现状，预计 2019 年广州社会消费品零售总额同比增长可能稍有回落，但消费品市场仍将会保持平稳发展态势。

（一）营造良好市场消费环境，增强居民消费信心

食品安全、提高收入是目前广大市民最关切的民生问题。要进一步激发居民消费潜力，一方面，政府部门要构建民生安全网，提高社会保障水平，继续深化收入分配制度改革，多渠道增加居民收入，切实增强居民购买力和居民消费信心，让居民能消费、愿消费、敢消费。另一方面，政府部门要加强对消费品市场（包括网上销售服务）各个环节的监管，加大对假冒伪劣、虚假宣传、网络欺诈等行为的惩罚力度，严厉打击侵犯消费者权益的不法行为，特别是在食品安全、产品质量、服务诚信等方面严控严管，从根本上降低消费安全隐患，努力营造安全放心、公平公正的良好市场消费环境，让居民放心消费。

（二）加大优质产品有效供给，培育新的消费热点

努力刺激扩大内需，为扩大旅游、文化、体育、健康、养老、教育培训等领域的消费提供政策基础和依据，借助技术进步、互联网技术、科技创新和文化艺术因素运用，培育、挖掘新的消费热点，引发新的消费热潮。要适应当今商品流通发展新趋势，以更好地为消费者服务为中心，鼓励推动传统商贸业态创新转型，大力培育线上线下融合发展的新型市场主体，提高商贸企业为消费者服务的能力。要积极推进商贸流通供给侧结构性改革，以高质

量的供给催生创造新的市场需求。从以下三方面努力实现广州社零总额不断增长：一是通过更好地为市民提供更精准“适销对路”高质量的商品销售和服务，推行柔性化生产，个性化定制式服务，更加注重消费者体验，增加高质量的优质产品、中高端消费品有效供给，促进市民消费需求不断释放。二是充分发挥广州“食在广州”、“千年商都”、全国重点旅游城市的优势和良好旅游综合服务能力，努力吸引越来越多的中外旅游者（特别是广州周边地区游客）多到广州旅游，多停留、多消费。三是通过大力引导和支持广州电商努力发展对外地、外省、外国的网上商品销售服务（这个市场发展空间“蛋糕”是很大的），努力实现广州社零总额不断增长。

（三）深入推进放管服改革，打造现代化国际化营商环境

广州要进一步加强宏观规划和政策引导，大力擦亮“千年商都”“购物天堂”“食在广州”“住在广州”名片，精心规划、打造各具岭南（广州）文化特色与现代商业特质的商业街（区）、美食街（区），着力实现广州“老城市新活力”，在综合城市功能、城市文化综合实力、现代服务业、现代化国际化营商环境等方面出新出彩，将广州商业资源优势转化为产业发展优势。在城市发展改造过程中，要更加重视保护和更好利用广州商业优势资源，加强老字号、传统商业街区的保护利用和发展。通过建立广州商业博物馆、广州商业发展信息资讯网等方式，加强广州商业历史、发展情况、实践经验、商业文化、理论探索的研究和宣传推介。广州应不断深化放管服改革，对标国际一流的营商环境标兵城市，不断制定完善实施各种信息透明、方便创业、便利经营、合理税收等的产业导向政策和政务服务制度，支持民营企业发展，积极为企业发展创造公平、公正、公开竞争的良好营商环境。

（四）提高商贸企业竞争能力，促进企业做大做优做强

广州目前努力打造国际消费城市，关键要采取切实有效的政策措施，从人才培养、科技兴商、文化兴商入手，引导商贸企业加强经营管理，实现企业服务质量、经济效益、核心竞争力“三提高”，促进企业做大、做优、做

强。第一要强化人才意识。人才是发展的第一资源。商贸企业要加强人才队伍建设，尤其是高素质的企业家，是企业竞争优势的重要因素。第二要实施“科技兴商”。应用现代科学技术手段，特别是加大计算机信息管理系统、网络信息化技术和电子商务、人工智能技术等应用力度，拓展企业发展空间，为客户提供“精准”的服务。第三要实施“文化兴商”。积极实施品牌竞争战略，通过创造独特品牌和企业文化，提高创新能力，打造一批大品牌企业，大力提高广州企业核心竞争力。

B.12

2018年广州餐饮业发展特点及2019年展望

林 鸿 邓 勇 黄宗凯*

摘 要： 2018年国际美食城市联盟春季会议首次在广州召开，被誉为“烹饪界的奥林匹克”的博古斯世界烹饪大赛亚太区选拔赛在广州举办，“食在广州”的品牌影响力进一步提升。成功举办2018年广州国际美食节，以“旅游+美食”模式促进乡村美食与乡村旅游融合发展、“广州过年，花城看花”与“看花城、品美食”交融，“食在广州”的知名度进一步巩固，广州住宿餐饮业零售额为1174.75亿元，增长5.8%，城市居民人均年餐饮消费继续领先。2019年，广州将加大力度推动餐饮业品牌宣传，构建美食地标和地标美食，落实粤港澳大湾区规划，将广州一江两岸打造成为弘扬“食在广州”文化的重要平台，推动美食之都载体创新。联合港澳顺德打造“世界美食之都”。

关键词： 餐饮业 美食集聚区 广州

2018年，广州加快推进餐饮业国际化、品牌化转型，国际美食城市联盟春季会议首次在广州召开，被誉为“烹饪界的奥林匹克”的博古斯

* 林鸿、邓勇、黄宗凯，广州市商务局。

世界烹饪大赛亚太区选拔赛在广州举办，成功举办2018年广州国际美食节，大力推动餐饮集聚区建设，加强餐饮业品牌建设，组织协会联动各大媒体加大“食在广州”宣传力度，以“旅游+美食”模式促进乡村美食与乡村旅游融合发展、“广州过年，花城看花”与“看花城、品美食”交融，促使“食在广州”的知名度进一步巩固，据初步统计，2018年年末常住人口1490.44万人，其中户籍人口927.69万人，住宿餐饮业实现零售额1174.75亿元，增长5.8%，高于北京、上海等国内主要城市，居国内大城市首位。2019年1~3月，广州住宿餐饮业零售额200.17亿元，同比增长9.5%，春节期间重点跟踪餐饮企业营业额均录得2位数增长。

一　2018年推动广州餐饮业发展的主要做法

（一）编制餐饮业空间网点规划

根据广州市委、市政府要求，从广州作为粤港澳大湾区核心增长极的地位、建设国际商贸中心及交往中心的功能定位等角度切入，深入思考、全面谋划，为广州餐饮业的优化升级发展提出统筹全局的发展指引，牵头编制了《广州市促进餐饮业转型升级实施方案》《广州市餐饮业网点空间布局专项规划（2016~2035年）》等纲领性文件。其中《广州市餐饮业网点空间布局专项规划（2016~2035年）》是国内首部城市餐饮产业空间布局专项规划，为此，牵头的商务局与承接执行的城市规划院开展了全市11个区商务主管部门的座谈交流及263处餐饮业网点的现场踏勘、访谈，并与行业协会、知名企业座谈交流，形成《广州市餐饮业网点空间布局专项规划现状调研报告》。为体现“餐饮+”产业融合发展思路，同时充分听取相关部门对规划编制工作的建议，根据最新环保、国土空间规定，按涉及民众重大决策的行政政策流程编制了此项规划，成为提升广州营商环境的重要契机，更是落实《粤港澳发展规划纲要》文化湾区的重要战略支点。

（二）将美食之都建设融入部门日常工作

编制《广州食之美》图册为城市推介材料，与广州招商引资、“一带一路”和营商环境推介活动密切结合，与湾区城市携手共建开放型经济体，打造比肩全球最高标准的营商环境，同时向香港、澳门等兄弟城市和顺德学习，四地联动弘扬中华美食，共建世界美食之都，倡导以“人民为中心”的要旨，以高质量美食供给增强人们的生活获得感、幸福感，加强粤菜、广府文化等优秀传统文化和广州国际商贸中心地位融合，在餐饮服务业先行先试，加快推动形成全面开放新格局。

（三）成功举办2018年广州国际美食节

2018 广州国际美食节，突出区域文化，全市联动。雄峰城中心会场共设置展位 290 个，其中包含 152 个美食展位，6.5 万平方米的面积较 2017 年翻一番。为期 10 天的美食节，中心会场入场人数达 81 万人次、消费额 1.57 亿元，番禺区全区一主五辅会场入场人数 94.53 万人次、消费总额约 1.72 亿元。海珠区采取设多家分会场、错开时段形式，成功举办海珠美食节活动，拉动餐饮业消费。开发区、黄埔区在绿轴广场举办了分会场活动，融入名优产品购物展示与嘉年华元素。天河区以“环球美食　品质天河”为子主题，尝试了都市白领寻找隐世米其林、“食”尚快闪等活动创新。全市参与美食节大联动企业超过 1.5 万家，中心会场及各区分会场累计入场总人数超过 118 万人次，消费总额超过 1 亿元，拉动全市餐饮业消费总额超过 10.8 亿元。活动期间无交通事故、无食品安全事件、无治安刑事案件、无服务投诉，通过对美食节现场游客和参展商开展问卷调查显示，“丰富”“广泛”“干净”“整洁”“舒适”是广大市民对广州美食节的普遍评价。

（四）引导餐饮业服务乡村振兴打造粤菜师傅精品工程

以“旅游 + 美食”模式促进乡村美食与乡村旅游融合发展，助推农民致富增收。组织开展百家旅行社进乡村品美食活动，包括“美丽乡村游阿姐美食大赛”“百家旅行社进乡村”活动，将乡村美食与美丽乡村游精品线路串联起来，精心设计推出了生态养生游、亲子休闲游、花果飘香游、农业生态游、绿色田园游、亲水乡村游、海丝文化游、古村史韵游、创意乡村游、古驿道游等10条特色乡村精品旅游线路，增城区举办乡村美食汇暨增城粤菜师傅工作室启动仪式，为乡村美食的传播推广和粤菜师傅的技艺传承打下基础，吸收、融合广州各区的特色乡村美食文化，在现场设置了美食区、厨艺菜品展示区、亲子互动区等10个功能区，集中传播广州乡村传统美食文化，重点展示上百种纯手工制作、地道乡村味的美食。

（五）开展“食在广州”宣传推广

多渠道、立体化宣传广州美食文化，在成功举办2018年世界美食城市联盟春季会议，推动《米其林指南·广州》成功发布的基础上，不断挖掘“食在广州”国际品牌的知名度，多渠道、立体化宣传广州美食文化，扩大广州旅游目的城市的国际影响力。在近几年广州主打的“广州过年，花城看花”的宣传推广活动中，将“广州美食”作为重点内容进行推广。通过广州市商务局官方网站、微信、微博、国际社交媒体等渠道发布与岭南美食有关的内容，策划了“品广州地道美食”一日游线路、“踏春寻味、食在广州”旅游线路，印制了精美的宣传画册在20多个城市进行宣传，吸引了大量游客来穗“看花城、品美食”。印制多种与美食有关的宣传资料，在国内外宣传推广和落地推介活动中进行宣传，把广州的美食文化作为重点内容进行推介。广州市广播电视台全方位宣传推广粤菜师傅工程系列活动，专门开设了“百味广州”“揾食珠三角”等品牌栏目作为推广广州饮食文化和推进粤菜师傅工程的重要平台。

二　2018年广州餐饮市场特点

（一）行业整体规模持续扩大

2018年，广州餐饮业继续呈现稳步增长态势，据初步统计，2018年广

州住宿餐饮业实现零售额 1174.75 亿元，同比增长 5.8%（如图 1 所示），与上年持平。餐饮业实现销售额 1092.14 亿元，累计增长 6.0%，占全市社会消费品零售总额的 11.7%，增速高于北京、上海等国内主要城市。广州人均年餐饮消费额继续居国内大城市首位，为广州建成以岭南文化为底蕴、以粤菜为标志、以一盅两件早茶美食为特色、以品牌企业为主导的荟萃天下餐饮的“世界美食之都”奠定坚实基础。

图 1　2009～2018 年广州住宿餐饮业零售额和增速

餐饮业涉及消费价格增幅高于总体消费水平，其中食品烟酒消费价格比居民消费价格高 0.1 个百分点（见表 1），其中除肉类外，各种细项类似粮食、水产品、鲜菜、在外餐饮等增幅较大。

表 1　2018 年广州居民消费价格指数

单位：%

类别及名称	指数(上年 = 100)	比上年涨跌幅度
居民消费价格总指数	102.4	2.4
消费品价格指数	102.2	2.2
服务项目价格指数	102.6	2.6
按类别分:		
一、食品烟酒	102.5	2.5

续表

类别及名称	指数(上年 =100)	比上年涨跌幅度
其中:粮食	105.4	5.4
畜肉类	96.8	-3.2
禽肉类	104.0	4.0
水产品	104.6	4.6
鲜菜	105.4	5.4
在外餐饮	103.0	3.0
二、衣着	104.2	4.2
三、居住	101.3	1.3
四、生活用品及服务	101.9	1.9
其中:家用器具	101.4	1.4
五、交通和通信	101.7	1.7
六、教育文化和娱乐	102.4	2.4
七、医疗保健	106.1	6.1
八、其他用品和服务	101.2	1.2

（二）整体呈现回暖趋势

自2010年增速高位回落后，2014~2015年曾出现短暂回升，但2016~2017年又呈现下降趋势，2018年增速下降情况开始出现扭转，住宿餐饮业零售额增幅与2017年持平，其中2018年餐饮业零售额出现6%的增长，高于住宿餐饮业零售总额总体增长0.2个百分点。根据2019年1~2月数据显示，强势回稳迹象更为明显，住宿餐饮业零售额为200.17亿元，同比增长9.5%，春节期间重点跟踪餐饮企业营业额均录得2位数增长。以广州酒家、半岛餐饮为代表的餐饮企业加快转型升级，产业化经营趋势明显，开展中心厨房配送、食品产业化生产基地等基础设施建设，经营业态更加丰富，菜品创新和融合趋势增强，企业抗风险能力得到提升。耀华集团、陶陶居、黄埔华苑等餐饮企业通过产业化生产、技术化改造和品牌化推广，加快企业餐饮食品产业化步伐，取得较好的市场业绩。

（三）企业连锁化发展速度加快

餐饮企业朝着规模化、连锁经营方向发展，形成集团优势。耀华集团致力产业化、连锁化、规模化发展，建立集团配送中心。闻道、新版鹅仔 d 等品牌以及岭南真味入驻 K11，都城、真功夫等品牌快餐连锁企业通过食品工业化生产，实施薄利多销的经营策略，主打单位团餐、社区快餐和白领工作餐市场，取得了较好的市场反响。“九毛九”通过直营和特许加盟方式在全国发展多家连锁门店。

（四）大众化餐饮消费畅旺

广州餐饮市场的刚性需求旺盛，高频次、低支出的餐饮消费成为广州餐饮市场的主要趋势。据行业调查数据，人均餐饮消费 50～100 元的家庭消费已成为广州餐饮消费市场的主流。随着居民生活、工作节奏的加快，营业网点多、品牌形象好、就餐便捷卫生、人均消费适中的大众化连锁餐饮企业赢得了众多消费者的青睐。较早转型开拓家庭消费市场的南园酒家等餐饮企业的销售情况良好，半岛滨江游艇会、泮溪酒家、真功夫连锁等深耕社区消费市场的餐饮企业销售额同比增长明显。主打个人消费的社区餐饮店、“农家乐”等销售持续旺盛。

三　广州餐饮业发展存在的问题

（一）餐饮企业人力成本增长过快

目前大部分餐饮企业仍然奉行传统、粗放型的经营方式，缺乏统一的现代经营标准，呈现出规模小、单店多、龙头企业少的特征。据中国烹饪协会公布的数据显示，最新公布中国餐饮百强企业中，广州只有真功夫、广州酒家、九毛九餐饮、大家乐等少数几家餐饮企业入围。目前，成本高企、利润较低已成为制约餐饮企业发展的重要因素。据 2018 年媒体调研，广州餐厅服务员平均月薪为6377元，在全国排名第三位。住宿餐饮企业房租成本、人工成本、人员培训费用、研发投入费用、水电燃气成本分别同比增加8.1%、13.4%、10.5%、18.9%、6.4%，而且人工成本、人员培训费涨幅远高出同期餐饮收入增幅。同时，在餐饮企业招聘量城市前十位排名中，广州排第二位，仅次于北京。

（二）餐饮供给侧改革有待加强

部分餐饮企业品牌意识不强，产业链条延伸不充分，重产品轻文化。对“食在广州”饮食文化内涵的挖掘整理和宣传推广有待加强，缺乏对粤菜知名企业、品牌、菜式由来、典故、传说等历史文化的收集整理，广州有超过10家国家、省、市餐饮“老字号”停业或歇业，广州岭南餐饮文化特色与优点未能充分展示。同时，我国消费群体结构的变化带来消费市场需求的变化，目前部分大众化餐饮的需求仍难以得到有效满足，尤其是受餐饮经营成本不断上涨、竞争加剧等多种因素的影响，部分大众化餐饮供给缺乏。社区、建筑工地、医院、学校、交通枢纽等特定区域餐饮供给明显不足，服务单一，产品有限，特色不显。

（三）整体运营水平有待提升

目前，广州域内大部分的美食街区以自发形成为主，公共服务设施配套不够完善。与日本京都祇园、香港兰桂坊、新加坡克拉码头、上海新天地等世界闻名的美食街区相比，广州美食街区在品牌影响、宣传推广、营运管理、饮食文化等方面差距较大，缺乏世界级特色美食街区。品牌餐饮企业走出本市、走出国门、走向国际的意愿不强，暂时未具备打造中餐粤菜国际品牌和产业化园区的能力。

四　2019年推动广州餐饮业发展的建议

（一）在规划建设餐饮业空间布局方面

正式印发《广州市餐饮业网点空间布局专项规划（2016～2035）》，推

动科学规划美食空间布局的实施；贯彻落实习近平总书记关于“老城市新活力”的重要讲话精神，依托城市有机更新，进一步加强七个近期重点项目（一江两岸国际美食长廊、珠江·琶醍啤酒文化创意园区改造升级、北京路老字号一条街二期、番禺大道五星商旅带暨广州美食文化广场、广州美食园改造升级、恩宁路—第十甫路—上下九老字号一条街、岭南大观园美食天地）推进；重点打造一江两岸国际美食长廊，在越秀、荔湾、天河等区沿江一带率先打造连片代表广州形象和发展水平、符合国际化要求的特色餐饮集聚街区，线上线下联动，构建“亚洲第一美食长廊”的世界级聚集带。

（二）在积极引育国际美食企业方面

根据《广州市促进老字号创新发展三年行动方案（2018～2020年）》，将加大对餐饮“老字号”的保护、传承和开发力度。培育本土美食品牌，支持组建大型餐饮企业集团，支持粤菜品牌企业“走出去”，开拓海外餐饮市场。加大招商引资力度，结合广州东塔（530米）、广州西塔（441米）、广州塔（600米）、广州媒体港、广报中心等新城高层酒店餐厅招租及沙面岛整治提升、珠江文化带西堤街区人居环境改善等工程，瞄准高端国际化餐厅，大力引进国内外知名企业，及时提请市政府研究给予“一企一策、一会一策”的优惠政策，将广州打造成为国际餐饮品牌聚集高地。继续推进国家级酒家创建工作，新培育一批国家级酒家，树立广州餐饮品牌。加强对重点餐饮企业转型升级项目的扶持，实现餐饮业的持续发展和素质提升。

（三）在餐饮业工商文旅展融合联动发展方面

引导餐饮企业完善餐饮产业链，向农副产品种植及加工基地、养殖业、批发市场等上游延伸，提高餐饮产业集聚度、安全度，尤其是在振兴乡村、扶贫攻坚上，与优质农副产品产地结对子。鼓励餐饮业横向拓展，加强与旅游、酒店、休闲娱乐、会展等行业的融合。将餐饮美食街区纳入旅游景点项目，拓展广州国际美食节、“广州美食一日游”等美食专题旅游项目，同时深化餐饮业与酒店业、娱乐业的融合发展，利用产业相关性，打造“吃、住、游、玩”一条龙的休闲旅游路线，弘扬“食在广州”美誉。结合广州粤菜发源地和大陆米其林第二登陆地优势，举办相应题材品牌发布，发掘新概念，助推产业发展特大型的会展项目，强化广州服务业全链条转型形成餐饮业“出新出彩”的良性发展格局。

（四）在协办亚洲美食节、深度策划国际美食节方面

通过登门拜访、考察学习、互惠合作等方式，拜访世界领先的美食聚集区，争取学习当地区域管理，协调世界各地餐饮协会商会及行业大咖参加广州的餐饮产业论坛、节庆活动。虚实结合，借力营销，与宣传部门紧密配合，营造“一江两岸”亚洲新锐美食聚集区的声势，争取通过在声光电传数年累积投入，制定美食消费目的地宣传推广政策，支持高端餐饮“一站式”服务，着力发挥餐饮业网点空间布局专项规划对产业的引领作用。扎实做好全市联动工作，协调全市工信、市场监管、港口、住建等相关部门，与上级部门和国家商会协会联动，做好美食节活动的市民参与及城市氛围营造。推广“平台＋美食”模式，在积极引进国内（百度外卖、饿了么、美团、微信附近）深入介入广州餐饮业的同时，注重孵化、培育自主评价体系，吸引英国的“Asia’s Best 50 Restaurant”、法国 LA LISTE 全球杰出餐厅等评价体系落地发展。

会 展 篇

Exhibition Reports

B.13

加快广州会展业高质量发展的对策建议

何 江　赖长强*

摘　要： 会展业是现代经济体系的重要组成部分，其发展水平已经成为衡量一个城市综合竞争力和国际影响力的重要标志。广州是我国三大会展中心城市之一，从1957年举办第一届广交会开始，广州会展业的重要地位和影响力一直延续至今。然而，目前广州会展业存在国际会议发展滞后、国际化水平不高等明显短板，而且还面临会展中心地位弱化、会展场馆优势正在丧失等严峻挑战。为了化解当前广州会展业面临的不利局面，必须走高质量发展之路，再造竞争

* 何江，广州市社会科学院现代市场研究所所长、副研究员；赖长强，广州市社会科学院现代市场研究所助理研究员。

新优势。在新的形势下，加快广州会展业高质量发展，不仅是会展业自身发展的客观要求，还应作为新时代广州建设国际大都市的一个重要抓手。为此应按照高质量发展的内涵，采取有效对策措施，努力补短板、强弱项，巩固传统优势，培育发展新动能，推进广州国际会展中心建设上新水平。

关键词： 会展业　世界会展之都　高质量发展

一　广州会展业的发展现状及趋势

（一）发展成效显著

广州是我国三大会展中心城市之一，从1957年举办第一届广交会，到2017年成功举办《财富》全球论坛，广州会展业的重要地位和影响力一直延续至今。近年来，广州致力于建设国际会展中心，不断优化会展营商环境，促进会展业持续健康发展，取得了显著的发展成效。

1. 会展业规模平稳增长

2012～2017年广州会展业景气程度持续回升，主要会展指标均保持了平稳增长态势（如表1所示）。2017年，全市重点场馆[①]共举办展览678场，展览面积达989.6万平方米，较上年增长10.4%；举办会议7768场，同比增长9.2%；接待参展参观参会人数1570.3万人次，同比增长5.4%。

① 重点场馆单位包括：中国对外贸易中心、广州中洲国际商务展示中心、广州白云国际会议中心、保利世贸中心、流花馆、南丰汇国际会展中心、广州艺术博物院、东方宾馆、中国大酒店、花园酒店、广州首旅建国酒店、广州鸣泉居度假村、广州大厦、广州香格里拉大酒店等会展场馆。

表1　2012～2017年广州重点场馆举办会展活动情况

主要会展指标	2012年	2013年	2014年	2015年	2016年	2017年
展览场次(场)	377	480	392	482	538	678
会议场次(场)	6682	7919	8385	7523	7114	7768
展览面积(万平方米)	829.0	831.8	858.7	861.7	896.5	989.6
参展参观参会人次(万人次)	1305.9	1405.9	1256.9	1338.9	1490.5	1570.3

2. 品牌展览继续做大做强

广州拥有一批国内外知名的品牌展览，成为行业风向标和晴雨表。全市10万平方米以上大型展览共15个（如表2所示），广交会、照明展规模高居世界同类展览第一，家具展、建材展、美容美发展位居亚洲第一。2017年广州品牌展览继续做大做强，国际和国内影响力显著增强。近期《进出口经理人》杂志发布了《2018年世界商展100大排行榜》[①]，广州有4个展览进入该榜单，较上年增加1个，其中中国（广州）国际建筑装饰博览会首次进入100大榜单，直接位列世界第四、中国第一。2017年国内细分行业排名前三位的展览中，有49个展览在广州举办，较上年增加7个。

表2　2017年广州10万平方米以上的特大型品牌展览

序号	展览名称	展览面积(万平方米)
1	第121届中国进出口商品交易会(春季)	118.5
2	第122届中国进出口商品交易会(秋季)	118.5
3	第39届中国(广州)国际家具博览会·民用家具展	32.9
4	第39届中国(广州)国际家具博览会·办公环境展	32.9
5	第19届中国(广州)国际建筑装饰博览会	38.0
6	第24届广州酒店用品展览会;第24届广州清洁设备用品展览会;2017广州酒店食品及饮料展览会	28.0
7	第31届中国国际塑料橡胶工业展览会	25.0
8	第46届中国(广州)国际美博会(春季)	24.0

① 国际商展100大展览都是国际化的大型展览，要求国外参展商数量要占总参展商数量的20%以上。世界商展100大展览的空间分布情况基本上反映了世界展览业的发展格局。

续表

序号	展览名称	展览面积(万平方米)
9	第 15 届中国(广州)国际汽车展览会	22.0
10	第 47 届中国(广州)国际美博会(秋季)	20.0
11	2017 广州国际照明展览会、广州国际建筑电气技术展览会	20.0
12	第 73 届中国教育装备展示会	15.0
13	2017 中国广州国际木工机械、家具配料展览会	14.2
14	2017 第 15 届中国(广州)国际专业音响、灯光展览会	13.0
15	第 24 届广州博览会	12.0

3. 国际会议快速发展

随着城市发展步入新阶段，广州开始把打造国际交往中心作为建设国际大都市的重要举措之一，着力优化国际会议发展的软硬件环境，使广州对各类国际会议的吸引力持续增强。国际大会及会议协会（International Congress and Convention Association，ICCA）发布的统计报告显示，2017 年广州共举办了 22 场国际会议，较上年增加 6 场，国际排名由 2016 年的世界第 160 位上升到 2017 年的第 119 位，国内排名由第六位上升至第三位，仅排在北京和上海之后。2017 年广州成功举办《财富》全球论坛，参会嘉宾层次与规模超过历届水平，习近平总书记发来贺信，汪洋副总理亲临大会并做主旨演讲，论坛向全世界展示了广州开放与创新的新形象。

（二）会展业发展居于国内前列

广州发展会展业的条件非常优越，在广交会的带动下，广州会展业取得了先发优势，曾经一度领跑全国。目前广州是我国三大会展中心城市之一，会展业整体发展水平居于全国前列。

1. 展览规模位居国内第二

广州展览业产业规模较大，具有规模经济优势，展览面积连续多年位居全国第二。2017 年广州办展面积达 989.6 万平方米，仅次于上海（1689 万平方米），明显高于北京（596 万平方米）、深圳（325 万平方米）等城市（如图 1 所示）。

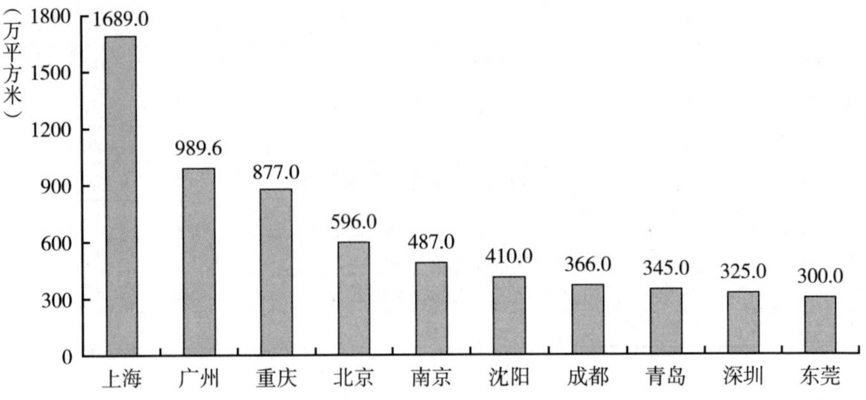

图1　2017年展览面积排名前十位的国内城市

资料来源：广州的数据由广州商务委提供，其他城市的数据来自《2017年中国展览数据统计报告》，中国会展经济研究会。

2. 大型品牌展览发展国内第二

2017年，按展览面积排序，国内排名前10位的展览中，广州占据5席，比上海多出2席。从表3可以看出，排名前100位的TOP100展览中，广州举办了15场，展览面积合计533.98万平方米，广州TOP100展览的数量和面积都位列国内第二。2017年国内行业排名前三位的TOP3展览共有372个，其中广州举办了49场，展览面积达685.11万平方米，也位居国内第二。

表3　2017年国内TOP100和TOP3展览排名十位的城市

名次	城市	TOP100展览(个)	TOP100展览面积合计(万平方米)	城市	TOP3展览(个)	TOP3展览面积合计(万平方米)
1	上海	38	754.08	上海	105	1003.03
2	广州	15	533.98	广州	49	685.11
3	成都	7	148.00	北京	46	313.10
4	长春	5	92.50	深圳	15	105.86
5	北京	5	84.10	成都	14	108.60
6	东莞	4	69.10	青岛	10	45.86
7	西安	2	48.80	西安	9	60.80
8	滨州	2	46.00	厦门	8	61.89
9	武汉	2	36.00	重庆	8	51.91
10	淄博	2	35.00	东莞	7	72.80

资料来源：《2017年中国展览数据统计报告》，中国会展经济研究会。

3. 展馆接待能力国内第二

从展馆接待展会能力来看，目前广州在国内城市中排名第二，仅次于上海。广州拥有 4 个专业展览场馆，既有能够承办特大型展会的广交会展馆，也有适合中小型展会的保利世贸博览馆、南丰汇环球展贸中心等专业展馆，室内展览面积合计 63.44 万平方米，国内排名第二（如表 4 所示）。城市会展业竞争力在很大程度上取决于是否拥有大型场馆，汉诺威、法兰克福、米兰等世界著名会展中心城市都拥有特大型会展场馆。国内 10 万平方米以上的大型展馆中，广州有两个，即广交会展馆和国际采购中心①。其中，广交会展馆在世界大型会展场馆中排名第五②，国内排名第二。

表 4　2017 年会展场馆室内展览面积合计超过 20 万平方米的国内城市

单位：个，万平方米

序号	城市	展览馆数量	室内面积合计
1	上海	9	81.33
2	广州	4	63.44
3	昆明	2	36.34
4	重庆	4	33.23
5	北京	7	32.25
6	成都	2	31.50
7	深圳	2	30.50
8	长沙	4	29.16
9	青岛	4	25.09
10	滨州	1	25.00
11	武汉	3	22.12
12	南昌	2	20.10

资料来源：《2017 年中国展览经济发展报告》，中国国际贸易促进委员会。纳入统计范围的会展场馆，要求室内可租用面积大于等于 5000 平方米，且 2017 年举办 2 个以上经贸类展览。广州的 4 个展馆分别为广交会展馆、国际采购中心、保利世贸博览馆、南丰汇环球展贸中心。

① 按照中国会展经济研究会统计的城市会展场馆数据，广州国际采购中心可以提供室内展览面积 20 万平方米，目前实际可使用的室内展览面积仅 3 万平方米。

② 世界前四大会展中心依次是汉诺威展览中心、国家会展中心（上海）、米兰国际展览中心、法兰克福展览中心，室内展场面积分别为 46.6 万平方米、40 万平方米、34.5 万平方米和 32.1 万平方米。

二　广州会展业存在的短板与面临的挑战

（一）存在两个明显短板

目前广州会展业存在发展不平衡、不充分问题，在国际会议发展、会展国际化两个方面存在“明显短板”，制约了整体发展水平的提升。

1. 国际会议发展相对滞后

虽然近年来广州国际会议发展势头不错，但与国内外先进城市相比，国际会议的发展短板仍然非常明显。广州缺少高级别会议，特别是国际政要出席的会议较少。2017 年，广州举办的 ICCA 国际会议数量仅 22 场，不仅明显落后于我国香港、北京和上海等城市，与巴塞罗那、巴黎、维也纳等著名国际会议中心城市相比差距更大（如表 5 所示）。广州 ICCA 国际会议数量的国际排名为 119 位，远低于广州第 40 位的全球城市排名①，国际会议发展状况与广州在全球城市体系中的地位不相匹配。

表 5　2017 年部分中国城市和国外城市 ICCA 国际会议数量和国际排名

城市	ICCA 国际会议数量(场)	国际排名(位)	城市	ICCA 国际会议数量(场)	国际排名(位)
香港	119	13	巴塞罗那	195	1
北京	81	25	巴黎	190	2
台北	76	26	维也纳	190	2
上海	61	39	柏林	185	4
澳门	39	65	伦敦	177	5
广州	22	119	新加坡	160	6
西安	22	119	马德里	153	7
杭州	18	148	布拉格	151	8
深圳	15	177	里斯本	149	9
武汉	15	177	首尔	142	10

说明：ICCA 国际会议是指至少 3 个国家轮流举行且与会人数至少 50 人的固定性会议。

① 参见全球化与世界级城市研究组织与网络（Globalization and World Cities Study Group and Network，GaWC）发布的 2018 年全球城市分级排名，GaWC 是最为权威的全球城市研究机构。

2. 会展国际化水平不高

国际化是衡量一个地区会展业发展水平的重要标志。国际化水平不高是广州会展业的一个明显短板，主要表现在以下三个方面。

首先，广州主要展会的境外参展商和境外来宾占比较低。2017 年广州主要展会境外参展商比例平均为 8.6%，低于国际会展中心城市的平均水平（见图 2），更低于全球顶级展览近 50% 的境外参展商比例。来广州参展参观参会人员中，境外人员的比例仅为 9.6%，而全球知名展览吸引境外观众的比例一般都超过 20%。

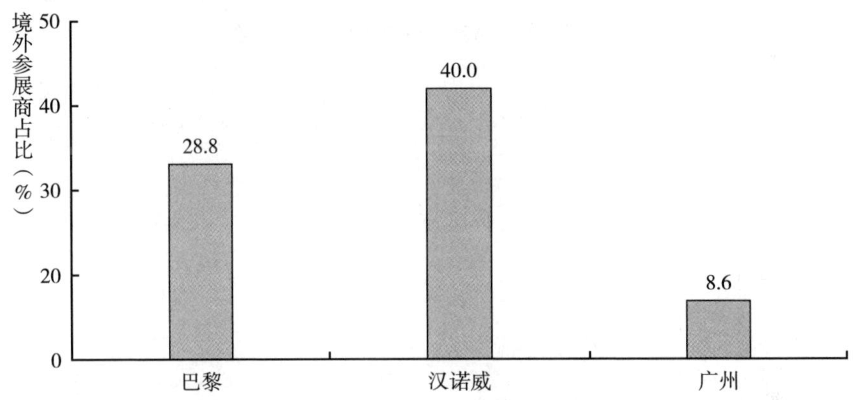

图 2　广州主要展会境外参展商占比的国际比较

资料来源：汉诺威、巴黎等国外城市的数据来自《国际城市会展业发展理论与实践》，2014。

其次，广州 UFI[①]（国际展览联盟）会员和认证展览的数量较少（如图 3 和图 4 所示）。2017 年，广州有 11 个 UFI 会员，跟深圳（11 个）持平，但明显少于北京（29 个）和上海（24 个）。再看展览项目，广州有 8 个 UFI 认证展览项目，不仅明显落后于北京（14 个）和上海（18 个），而且落后于深圳（10 个）。广州的 UFI 会员和项目数量都不及北上深。

① UFI 是迄今为止世界展览业最重要的国际性组织，能够成为其会员是该企业或机构在全球会展业中重要地位的体现。

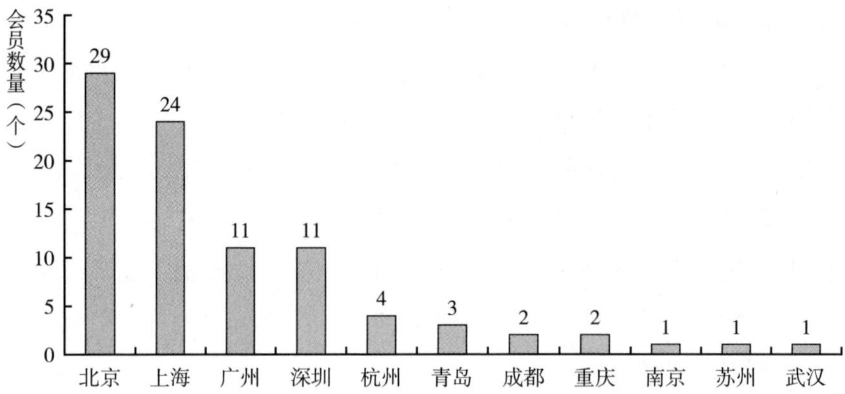

图3　2017 国内部分城市 UFI 会员数量

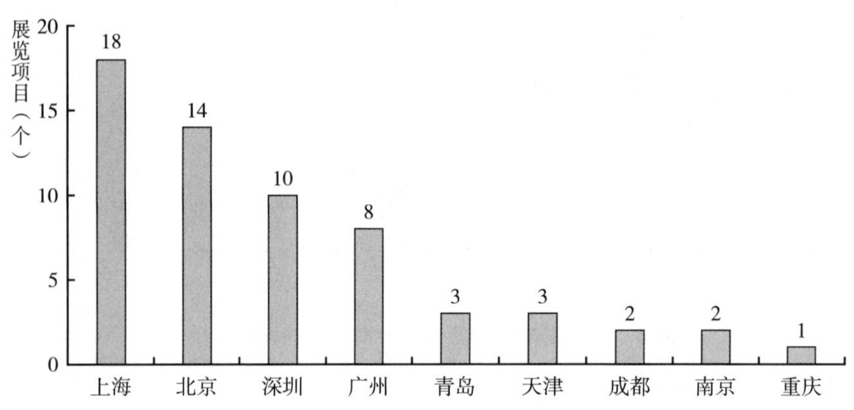

图4　2017 年国内部分城市 UFI 认证展览项目数量

第三，广州境外办展数量较少。如表 6 所示，2017 年广州自主举办境外展仅为 4 个，明显少于北京（78 个）和杭州（28 个），反映广州会展业“走出去”的步伐相对较慢。近年来，杭州独辟蹊径，以境外展为重要抓手，大力推动会展业高质量发展，取得了较好的成效。目前杭州的海外展会平台已成为江浙企业开拓“一带一路”市场的重要平台，提升了杭州国际影响力。杭州的经验值得广州学习，今后广州发展会展业应坚持“引进来”“走出去”并重，重视发展境外展。

表 6　2017 年国内城市境外自主办展数量

单位：个

城市	境外自主办展数量	城市	境外自主办展数量
北京	78	沈阳	1
杭州	28	昆明	1
广州	4	宁波	1
南宁	4	呼和浩特	1
上海	2	乌鲁木齐	1

资料来源：《2017 年中国展览经济发展报告》，中国国际贸易促进委员会。

（二）国内会展中心的地位有所弱化

近年来国内其他城市不断优化会展营商环境，促进会展业快速发展，使广州作为我国会展中心的地位相对弱化。主要表现在以下两个方面。

1. 主要会展指标占全国的比重呈下降趋势

广州占全国主要会展城市展览面积的比重，由 2014 年的 10.0% 下滑至 2017 年的 7.7%（如图 5 所示）；国内展览面积排名前 100 位的展览中，广州所占席位由 2014 年的 23 席下降为 2017 年的 15 席。

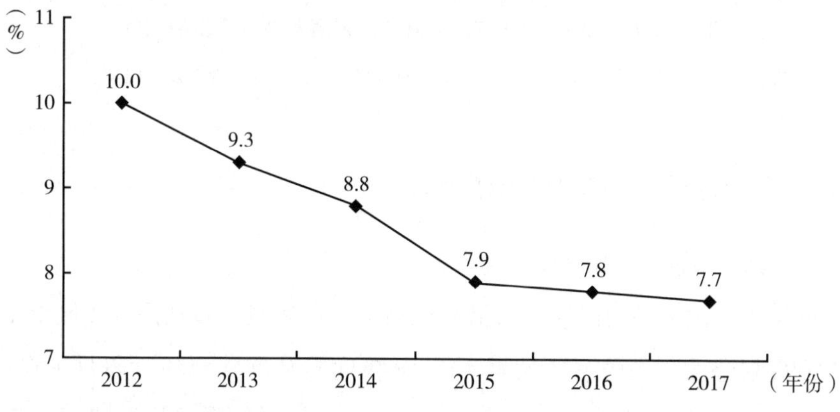

图 5　2012 ~ 2017 年广州占我国主要会展城市展览面积的比重

说明：我国主要会展城市有 83 个，2017 年这些城市的展览面积占到全国的 89.7%，数据来自《2017 年中国展览经济发展报告》，中国国际贸易促进委员会。

2. 与上海的差距在拉大，并被北京超越

近年来上海展览业的发展势头强劲，各项展览指标一直领跑全国，特别是上海国家会展中心建成投入使用后，产生了很大的虹吸效应，吸引了不少大型展会移师上海。例如广州电梯展、广告展、家具展（秋季）等一批品牌展会先后转移至上海举办。广州与上海展览业发展差距正在不断扩大（见图6）。2017年上海展览业发展综合指数达433.07分，远高于广州（213.42分）。另外，2017年北京凭借展览业境外办展、国际认证等方面的发展优势，展览业发展综合指数达到236.63分，也超越了广州。

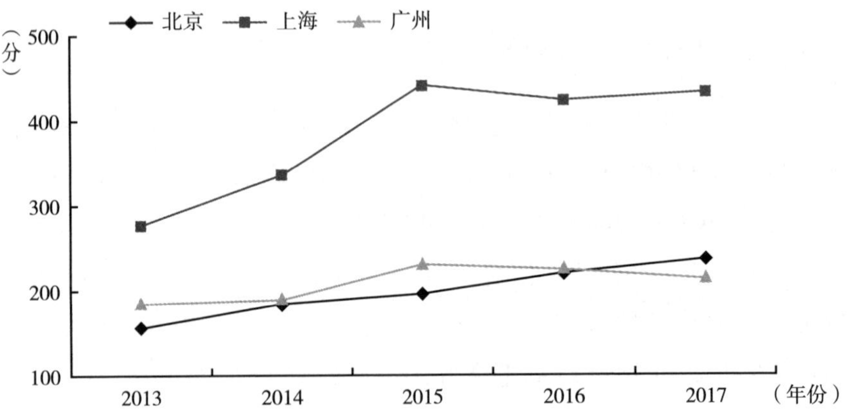

图6　2013～2017年北京、上海和广州展览业综合发展指数

资料来源：根据中国会展经济研究会发布的城市展览业发展综合指数整理。

（三）会展场馆的优势正在丧失

1. 国内城市纷纷兴建会展场馆

近年来，国内城市纷纷采取措施推动会展业发展，特别是许多城市正在建设或规划建设会展场馆（见表7），争夺优质会展资源的竞争日趋激烈。2015年上海国家会展中心全面启用以来，对全国乃至世界展览格局都产生了一定的影响。深圳规划50万平方米的国际会展中心项目预计2019年正式投入使用，建成后将超过德国汉诺威展览中心成为全球最大的会展中心。

2018 年 6 月，国家商务部与天津市联合宣布重启天津国家会展中心项目，规划展馆面积 40 万平方米。佛山也在加快推进会展场馆建设，广东（潭州）国际会展中心二期项目即将于近期完工。这些会展场馆建设必将进一步增强这些城市会展业的综合竞争力，广州面临的压力和挑战将更加严峻。

表 7　2017 年国内部分在建或待建的会展场馆

单位：万平方米

序号	场馆名称	城市	规划室内可供展览面积
1	深圳国际会展中心	深圳	50.00
2	国家会展中心(天津)	天津	40.00
3	石家庄国际展览中心	石家庄	36.00
4	青岛红岛国际会展中心	青岛	35.70
5	西安丝绸之路国际会展中心	西安	30.00
6	衡阳国际会展中心	衡阳	28.00
7	中铁青岛世界博览城	青岛	23.00
8	郑州新国际会展中心(一期)	郑州	18.00
9	郑州新国际会展中心(二、三期)	郑州	22.00
10	濰麟会议展览中心	菏泽	13.35
11	济南西部国际会展中心	济南	13.20
12	HM 全球家居会展中心	淄博	12.00
13	太原会展中心	太原	12.00

资料来源：国内在建或待建会展场馆信息由课题组收集整理。

2. 现有会展场馆已不能适应广州会展业发展的需要

与上海国家会展中心和即将建成的深圳国际会展中心相比，广交会展馆不仅规模较小，而且由于建成时间较早，在技术和功能上也处于明显劣势。例如，广交会展馆的功能相对单一，尤其是会议功能较弱，内部配套设施也不够完善，已经难以适应现代会展活动的需要。而且，广州现有几个展馆的利用率都比较高，特别是每年春季，档期非常紧张，现有展馆已经无法满足市场需求，会展场馆不足已成为广州会展业发展的瓶颈。另外，广州要建设国际交往中心，但大型商务会议场所非常缺乏。虽然白云国际会议中心也可以承办大型商务会议，但由于每年都会承担较多的政府会议（每年广东省和广州市的两会都在此召开），能够用于其他大型会议或活动的场所就受到了很大限制。

三 加快广州会展业高质量发展的内涵与意义

（一）加快会展业高质量发展的内涵

为了化解当前广州会展业面临的不利局面，必须走高质量发展之路，再造竞争新优势。新时代加快广州会展业高质量发展，主要包括以下四个方面的内涵。

一是稳中求进。“稳”是高质量发展前提和基础，不仅要求会展业持续平稳发展，避免大起大落，还体现在政策稳定性上，要一张蓝图绘到底。“进”是高质量发展的目标，要争取在一定时期或一定领域实现快速发展。

二是质量第一。贯彻新发展理念和高质量发展要求，把质量第一作为广州会展业发展的核心价值取向，不再过度追求产业规模的快速扩张，着力推进会展业发展质量上新水平，更加注重创新发展、融合发展、内生发展和可持续发展。

三是结构优化。聚焦广州会展业存在的发展不平衡、不充分问题，突出补短板、强弱项，通过弥补国际会议发展短板和提升会展国际化水平，持续优化会展业结构，形成会议与展览协同、国际与国内互济的发展格局。

四是动能接续转换。实现会展业高质量发展，关键在于新旧发展动能的接续转换。紧紧抓住供给侧结构性改革这条主线，通过优化营商环境、加强行业管理、建设新型场馆、培育新业态新模式等措施，为广州会展业发展提供新动能。

（二）加快会展业高质量发展的意义

会展业具有服务功能多、拉动效应大、辐射范围广等特点，加快会展业高质量发展，对现阶段广州发展来说具有重要意义。具体表现如下。

1. 有助于完善城市服务功能

纽约、伦敦、巴黎、东京、新加坡、香港等世界公认的国际大都市，都是著名的国际会展中心，拥有发达的会展业。会展业在国际大都市经济体系中的地位之所以如此重要，主要原因之一就是会展业能够提供许多重要的服务功能。主要包括：一是对外交往功能，举办国际会议数量多、规格高是国际交往中心突出特征；二是贸易促进功能，为城市开展经贸合作、拓展对外贸易提供了良好的平台，能够有力推动开放型经济发展；三是城市形象宣传功能，一个成功的会展活动能够快速提升城市的知名度和美誉度；四是知识传播功能，会展活动汇集最新的行业信息和技术，有助于人们开阔视野、增长见识。上述功能都是国际大都市不可或缺的服务功能。目前广州正在着力建设国际大都市，面临完善城市服务功能的战略任务，而加快会展业高质量发展有助于推进这一任务落到实处。

2. 有助于拉动城市经济增长

会展业影响面广、关联度高，能够产生很强的拉动效应，是名副其实的经济增长助推器。“在一个城市开一次国际会议，就好比有一架飞机在城市上空撒钱”，这是在会展业界广为传播的一句话，形象地描述了会议的拉动效应。据测算，会展活动组织者收入为 1 元钱时，拉动其他方面的收入可以达到 9 元钱，也就是说，会展业能够产生 9 倍的拉动效应。再以广州会展业的拉动效应为例，根据会展来宾问卷调查结果，会展业对上下游产业有显著的拉动作用，2017 年广州会展业拉动的旅游消费达 230.19 亿元，拉动旅游外汇收入 9.06 亿美元。可见，会展业能够产生正向的外部效应，值得政府去扶持发展，同时也要求用融合、联动的视角谋划会展业发展。就广州来说，当前稳增长任务依然艰巨，加快会展业高质量发展，有助于会展业产生更大的拉动效应，为完成稳增长这一中心任务发挥更大的作用。

3. 有助于增强城市辐射影响力

会展业能够向所在城市以外的客户提供服务，表现出非常广阔的空间辐射范围，适合在大城市集聚发展，是国际大都市实现其全球性辐射影响力的关键产业。以广州市会展业为例，如表 8 所示，广州会展业有多达 83.6%

的业务来自广州市以外，其中17.9%的业务来自境外，这两个比例明显高于律师业、人力资源服务业和创意设计产业。广州会展业的业务主要来源于广州市行政区域之外，显示了更加广阔的服务范围和更强的辐射影响力。广州是国家中心城市，肩负着向周边地区提供综合服务的任务。加强会展业高质量发展，有助于充分发挥会展业辐射范围广的优势，增强广州在国内甚至全球范围的辐射影响力。

表8 广州部分服务行业的辐射范围（业务的地区来源）

单位：%

业务来源	会展业	律师业	人力资源服务业	创意设计产业
广州	16.4	60.2	65.7	66.4
广东省内（不含广州）	37.5	17.7	22.5	22.8
中国境内（不含广东）	28.1	10.6	11.6	8.8
中国境外	17.9	11.5	0.3	2.0
合　计	100	100	100	100

说明：创意设计产业包括产品设计、服装设计、视觉传达设计、建筑设计、室内设计、景观设计、多媒体设计，以及旅游设计、展台设计等其他设计行业。

四 加快广州会展业高质量发展的对策建议

加快广州会展业高质量发展，不仅是会展业自身发展的客观要求，还应作为新时代广州建设国际大都市的一个重要抓手。为此应努力补短板、强弱项，巩固传统优势，培育发展新动能，推进广州国际会展中心建设上新水平。

（一）深入推进会展业管理体制改革

1. 研究成立会展管理局

近年来国内城市纷纷成立专门的会展管理机构，例如，成都成立了博览局，厦门成立了会议展览事务局，昆明成立了博览事务局，珠海成立了会议展览局。会展活动涉及面非常广泛，需要层级更高的部门来统筹规划和协调管理。目前广州市会展业主要职能部门是市商务委员会下设的会展促进处，管理机构设置与会展业在广州的地位不相匹配。广州应借鉴上述城市的经验，积极推进会展业管理机构改革，研究成立会展管理局，加强对会展业的宏观管理，更好地统筹广州会展业发展，提升行业管理水平和管理效率。

2. 充分发挥行业协会的作用

按照社会化、市场化、专业化原则，规范会展业协会的行业管理职责，充分发挥其行业管理职能。支持会展业协会制定和推行符合国际惯例的行业服务标准和规范，引导会展企业规范经营、诚信经营，切实发挥行业自律职能。鼓励会展业协会提供人才培训、行业研究、统计监测、活动协助、投诉处理、企业维权等服务，充分发挥其服务职能。支持会展业协会建立广州会展业行业平台，展示广州会展业发展成就，及时发布有关信息。

（二）着力优化会展业营商环境

1. 继续推进简政放权

改革会展业行政审批管理模式，从审批制逐步调整为备案制，实行重大会展活动备案制度。推行网上备案核准，提高行政许可效率和便利化水平。继续推行“一站式”窗口服务，实现展会确认、展品通关、核销结案等会展业务“一窗”办理、“一网”通办，进一步简化业务办理手续，提高展览品通关效率。

2. 加大财政扶持力度

研究出台更有力的财政支持政策，逐步扩大会展业发展专项资金规模。继续完善会展专项资金管理办法，根据形势变化对现行会展专项资金管理办法进行修订，优化资金规模及使用方向。目前应把扶持重点放在促进会展业国际化、专业化、融合化和信息化发展上，扶持品牌展会、境外展览、大型活动和城市营商环境宣传。加大 UFI 认证的奖励力度，鼓励更多广州会展企业申报 UFI 认证，提升广州会展业国际化水平。

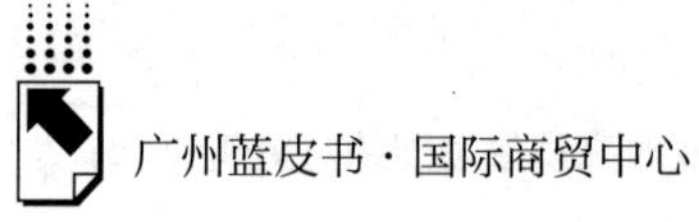

3. 进一步规范市场秩序

加快出台广州市展览业管理办法及相关行业规范，建立开放、透明、高效的市场规则，有效规范市场秩序。探索建立会展监督评估制度，通过事中监督和事后评估加强市场监管，规范会展市场主体的行为。加强品牌展会的知识产权保护，打击仿冒、剽窃等非法行为。采取部门联动、源头打击、技术升级、宣传提醒等多种手段，对倒卖展会证件、展位等行为进行打击。

4. 完善会展人才要素供给

健全会展业人才培养机制，支持中介机构、行业协会与相关院校和培训机构联合培养会展专门人才。建立健全会展人才的职称评审制度，建立一套具有国内特色又与国际标准接轨的会展人才资格认证体系。支持建立会展业人才公共服务平台，为会展企业提供职业资格鉴定、职业技能培训和人力资源服务。聘请专家组建会展专家智库，为广州会展业发展提供智力支持。

（三）再造广州会展场馆新优势

研究推进新型会展场馆建设，进一步拓宽广州会展业发展空间。针对广州缺少大型商务型国际会议中心的现状，合理选址建设地标性的现代化国际会议中心，为举办更高层次、更高级别的国际会议奠定基础。结合广州国际航空枢纽建设，研究在空港经济区或第二机场附近建设一个中等规模的新国际展览中心。或者不单独建设会议中心和展览中心，而是建设一个综合性国际会展中心，兼具展览和会议功能，打造集展览、会议、餐饮、购物、休闲于一体的现代化会展场馆综合体。盘活流花展馆，将流花展馆打造成为以新型会展经济为引领的现代商贸综合体，促进所在区域商旅文融合发展。推进会展场馆升级改造，提升展馆功能，完善配套设施，注重景观绿化和休憩场所设置，为参展商和参观人员提供更好的服务。

（四）提升会展品牌化、国际化水平

1. 继续扶持品牌展览

在进一步做优做强广州传统品牌展会的同时，支持更多专业展发展成为世界一流的大型品牌展会，扶持一批中小型展会做大做强。拓宽展会题材，大力发展新一代信息技术、高端装备制造、生物医药、数字经济、新能源、新材料、海洋经济等战略性新兴产业类展览。大力培育与引进国际消费类产品博览会，助推广州建设国际消费中心。深化国际交流合作，加大会展业招商力度，引进国际知名展览公司来广州单独或合作办展。

2. 大力发展境外展览

落实习总书记“一带一路”倡议和“四个走在前列”的重要讲话精神，借鉴杭州的经验，大力发展境外展览，特别是“一带一路”沿线城市的国际展览，促进沿线城市经贸交流合作，实现共赢发展。合理选择“一带一路”的重要节点城市，重点打造几个境外展览，争取连续举办，并获得国际UFI认证，成为全球高品质展览。利用境外办展契机，整体推介广州会展业，加强与“一带一路”沿线相关国家和地区的会展业合作。

3. 深化穗港澳大湾区会展业合作

利用粤港澳大湾区建设契机，深化穗港澳大湾区会展业合作。加快与香港、澳门等城市会展业实现联动发展，合力打造以广州为轴心的粤港澳大湾区会展城市群，实现会展资源优势互补、规模化和一体化效应。推动穗港澳三地会展企业合作办展，探索实施“一展三地”等设想，联合打造一系列具有世界声誉的专业展览，增强穗港澳在国际会展界的地位。

（五）促进国际会议快速发展

1. 积极吸引各类国际会议落户广州

加强与国际组织、行业机构的联系，了解国际会议举办动向，掌握各类国际大会的申报主动权。通过宣传推广等有效手段，吸引国际组织会议和跨国公司年会落户广州。依托世界经济年会、博鳌亚洲论坛等国际会议，搭建高规格、高层次国际推介平台，打造广州国际投资年会、达沃斯“广州之夜”等品牌招商活动。借鉴广州举办《财富》全球论坛的成功经验，认真筹办世界航线发展大会、世界港口大会、中国邮轮产业发展大会等高层次国际会议。建立学术会议资助制度和工作机制，吸引更多国际学术会议进入广州，打造一批高水平的国际学术交流平台。

2. 策划与承办“一带一路”高级别国际会议

策划设立“一带一路”沿线城市高峰论坛，通过定期举办主题论坛、成立智库联盟、签订战略协议等多种形式，将其打造成为“一带一路”沿线城市战略合作常态化平台，深化与“一带一路”沿线城市的合作，提升广州“一带一路”建设枢纽地位。加强与西亚国家、上合组织成员国和亚信峰会成员国的合作，策划和承办海上丝绸之路主题的高级别国际会议。扩大广东21世纪海上丝绸之路国际博览会主题论坛影响力，努力将海丝博览会主题论坛打造成为广东省、广州市参与“一带一路”建设的重要平台。

（六）推动会展业跨界融合发展

当今时代产业发展呈现出明显的融合趋势，今后应秉持大会展理念，推动会展业跨界融合发展，大力培育新型会展模式。一是“展览+会议”，大力推进展览与会议的融合发展，鼓励品牌展会同期举办行业高端论坛或会议，以展带会，以会强展。二是“会展+旅游”，大力发展会奖旅游，整合与挖掘会奖旅游资源，建立会奖旅游项目引进和申办机制，增强广州作为国际会奖旅游目的地的吸引力。三是“展览+贸易”，积极争取国家、广东省支持，在空港经济区或者南沙自贸区建设国别商品展销展示中心，展销来自发达国家的高新科技产品和其他优质消费品，以及“一带一路”沿线国家或地区的特色商品。四是“会展+产业”，积极推动会展服务实体产业，支持打造服务实体产业的会展平台，特别是要着眼于构筑广州产业体系新支柱，促进高端高质高新产业发展，形成以业带展、以展促业的良性发展格局。

B.14

2018年广州会展业发展特点及2019年趋势

罗 政 李建党*

摘 要： 会展业是广州建设国家中心城市和国际商贸中心的重要载体之一，已成为构建现代市场体系和开放型经济体系的重要平台，对社会和经济发展起着引领、集聚、辐射的作用。2018年，广州着力推进展览业向专业化、国际化、品牌化和信息化方向转型发展，更好地服务全市经济社会发展全局。本文对2018年广州会展业的发展现状、特点进行简要回顾，并对2019年发展趋势进行展望，提出促进展览业高质量发展的政策建议。

关键词： 广州 会展业 品牌展会培育

一 2018年广州会展业发展现状与特点

2018年，受贸易保护主义和单边主义的影响，世界经济增长动能有所放缓，我国经济继续保持中高速增长，以"一带一路"建设为重点的开放型经济发展深入推进，新业态、新模式不断涌现。在此背景下，广州紧紧围绕《国务院关于进一步促进展览业改革发展的若干意见》（国发〔2015〕15

* 罗政、李建党，广州市商务局。

号)、《广东省进一步促进展览业改革发展实施方案》(粤府〔2016〕25号)要求，努力推动展览业向专业化、国际化、品牌化和信息化方向发展。

(一)展览面积平稳增长，展览平均规模提升

2018年，面对贸易保护主义和单边主义有所抬头，世界经济增长动能有所放缓的不利情况，广州通过夯实会展财政资金支持力度，切实加大引进和培育力度，扩大会展品牌整体宣传等措施，兼顾保有存量和扩大增量，展览面积稳中有升、继续保持增长。2018年，全市重点场馆合计举办展览628场次，展览面积合计突破1000万平方米，达1020万平方米(如表1所示)，比2017年增长3.03%；展览平均面积16242平方米，比2017年增长11.23%。2018年，首次在广州举办的展览项目24个，展览面积369475平方米。其中，首届举办展览项目15个，新引进展览项目9个。

表1　2012～2018年广州重点场馆办展情况一览表

年份	2012	2013	2014	2015	2016	2017	2018
展览场次(次)	377	480	392	482	538	678	628
展览面积(万平方米)	829	831	859	862	897	990	1020

(二)会议业快速发展，国际会议快速崛起

近年来，广州提出打造高端国际会议目的地城市重要举措，整合优化会议业发展的软硬件环境，主动承接和吸引各类高端国际会议，不断巩固广州作为华南国际会议中心的地位。2018年，全市重点场馆合计接待各类会议8416场次，比2017年增长8.3%；合计接待参展参观参会人员1342.18万人次。其中，国际会议61场次。继2017年《财富》全球论坛之后，2018年9月15～18日，被誉为全球民航界“奥运会”和“世博会”的世界航线发展大会在广州成功举办，来自全球约110个国家的300多家航空公司、700多家机场管理机构、130多家政府及旅游机构等3500多名代表参会。大会围绕“航空”“城市”“经济”三大热词，举办“国际航空枢纽战略与城

市创新力论坛”“临空产业经济论坛”和“智慧城市与智慧机场论坛”三场论坛，并举办广州旅游推介会、一对一会谈、城市观光游及民俗文艺演出等系列活动。

（三）品牌展会培育引进成效明显，品牌能级不断提升

积极培育引进品牌展会。推进德国柏林展览有限公司在穗举办“中国广州电子消费品及家电品牌展（CECHINA）”。支持举办“博古斯”世界烹饪大赛中国区和亚太区选拔赛、第七届中国饭店文化节暨世界级城市群饭店餐饮合作大会、世界职业教育大会暨展览会、第80届全国药品交易会、第76届全国摩托车及配件展示交易会、广州国际汽车零部件及售后市场展览会（AAG）、中国会展教育与科技发展论坛、中国会展教育合作创新大会、“远华杯”全国大学生会展创意大赛等品牌会展活动。支持举办广州设计之夜暨2018广州时尚周、广州设计之夜暨2019春夏广州时尚周等系列时尚展示活动。

品牌展会成为广州会展业重要支撑。从展览面积来看，2018年广州举办5万平方米以上的大型特大型展览42场，比2017年增加7场，增长20%，展览面积合计734.4万平方米，占全年展览面积的72%。从展览的连续性来看，至2018年，广州举办超过10年以上的品牌展览会有81场。其中，30年（含）以上的品牌展览会共计10场；20（含）~30年的品牌展览会共计26场；10（含）~20年的品牌展览会共计45场。

《进出口经理人》杂志2018年第7期推出的《2018年世界商展100大排行榜》，按展览地毯面积计算2017年举办的国际化商业展览（国际展商数量占展商总数量20%以上、无政府背景的展览）规模，我国共22个展览入围世界商展100大，广州有4个展览入围，分别为中国（广州）国际建筑装饰博览会、中国国际塑料橡胶工业展览会、广州国际汽车展览会和广州国际木工机械、家具配料展览会，其中“中国（广州）国际建筑装饰博览会”展览面积为39.36万平方米，居100大榜单第4位，居100大榜单中中国展览的首位。

（四）展览题材丰富，产业会展特征明显

一般来讲，展会题材基本与当地城市的经济总量、产业基础、人口结构等特点相吻合。从中国进出口商品交易会展馆、保利世贸博览馆、南丰国际会展中心、广州国际采购中心、白云国际会议中心全年举办的232场经贸类展览会来看，轻工化工类展览会有141场，占比61%；服务贸易文化类展览会有39场，占比17%；重工工业设备类展览会有40场，占比17%；电子通信技术类展览会有12场，占比5%。由此可见，广州会展业发展主要由产业和市场双重驱动。广州拥有巨大的展会消费市场，展商看中广州作为他们的销售目标市场。从图1排名前十的细分题材可见，广州作为国家中心城市，工业制造辐射力较强，生产装备需求量大。另外，广州作为较高收入的城市，催生了对汽车、家具家装的需求，促进了汽车交通、家具家居、房产建材等类别的展览会发展。同时，广州生活水平的日益提高释放了对文娱活动和居民服务的需求，以图书动漫、礼品玩具、文化教育、健康医疗为题材的展览会场次较多。

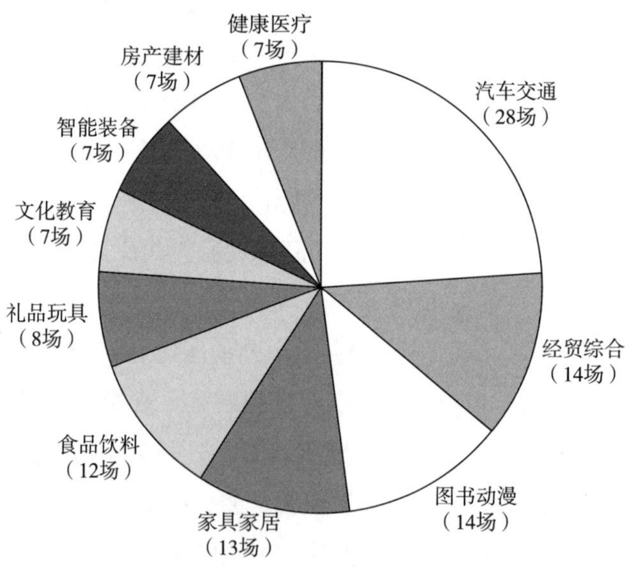

图1　2018年广州展览题材排名前十分布情况

（五）办展主体以民营企业为主，市场化程度高

从中国进出口商品交易会展馆、保利世贸博览馆、南丰国际会展中心、广州国际采购中心、白云国际会议中心全年举办的232场经贸类展览会来看，全年办展主体有141家企业。按注册地划分，广州展览企业101家，占比72%；外地展览企业40家，占比28%。按办展主体性质划分，党政机关12个，占比8.5%；国有企业12家，占比8.5%；外资企业12家，占比8.5%；民营企业105家，占比74.4%。从市场化程度来看，广州展览市场化程度较高，尤其在全国清理政府展、减少政府展的背景下，政府主导型的展览会有16场，场次占比7%，由企业纯市场化运作的展览会有216场，场次占比93%。从展览会举办数量和面积来看，党政机关、国有企业和外资企业举办的展览会63场，占比28%，展览面积占比61%；民营企业举办的展览会169场，占比72%，展览面积占比39%。这表明，民营企业举办的展览会大部分属于中小型甚至微型展会。

（六）会展业发展环境进一步优化，发展动能进一步增强

发挥财政资金引导和激励作用。落实《广州市商务发展专项资金会展事项实施细则》，组织实施2018年专项资金预算项目安排，对70家会展企业的会展项目予以资金扶持。印发2019年商务发展专项资金会展事项项目库申报指南，组织开展专项资金申报、评审工作，引导会展业进一步提升专业化、国际化水平。落实省级出口企业开拓国际市场专项资金，2018年支持会展事项（含企业参展、境外展会平台、境内展会平台）46个项目，组织4908个境外参展项目申报2019年省级专项资金（含大型骨干企业38个项目和中小企业4870个项目），鼓励中小企业借助境外展会开拓国际市场。

优化办展环境。专题调研广交会展馆及周边设施配套和管理问题，梳理出六个方面的问题，联合各相关部门协调解决。联合市工商、公安等部门加大对广交会“黑中介”的查处力度，约谈相关会展企业，协调解决展会恶性竞争问题。

强化会展业整体宣传。制作会展宣传小册子、宣传短片、全球商展100强和全市主要展会2019年排期目录，利用广州会展公共服务平台，中国会展业年会、中国会展教育与科技发展论坛等活动平台，以及《广州日报》、公共交通等市内公益广告平台，播放广州会展宣传片和重要会展项目举办信息，营造适宜会展业发展的良好氛围。

发展会展专业教育。支持和鼓励高等院校开设会展专业。至2018年底，广州有9所本科院校开设会展经济与管理专业，居全国之首；14所高职高专院校开设会展策划与管理专科专业，与上海并列全国之首。除会展经济与管理本科专业、会展策划与管理专科专业外，广州部分高等院校还开设婚庆服务与管理、服装陈列与展示设计、展示艺术设计、数字展示技术等其他会展相关专业，其中2家院校开设婚庆服务与管理专业，3家院校开设服装陈列与展示设计专业，3家院校开设展示艺术设计专业，1家院校开设数字展示技术专业。

二 2019年广州会展业的趋势和发展机遇

随着科学技术的进步、经济社会的变革和人文条件的发展，世界展览业正在发生深刻的变化。国际展览业协会（UFI）一项调查分析显示，世界展览业正在发生九个方面的变化：①参展商需求从一般性统一标准化服务向个体性定向服务演变；②参观者需求从信息获取型向现场体验型演变；③展览市场格局从区域化向国际化、全球化转变；④展览展示技术从实物、实体展览向跨媒体、多媒体展示转变；⑤展览形式从传统展览展示向反传统展示+、展览会议推介活动融合演变；⑥展览运营模式变化从摊位销售向理念创新、引领行业发展演变；⑦展览参与人群年龄结构从以“60、70后”为主向以“80、90后”为主变化；⑧展览设施场馆从供不应求向供大于求转变；⑨展览业资本运营从自我积累向金融跨界演变。

伴随改革开放的深化、经济社会的发展、会展实践和研究的深入，中国展览业界也出现了一些理念突破、认识升华和实践创新。关于展览业态的认识，大会展理念已经被社会各界普遍接受，展览、会议、节庆、演艺、赛事共同构成了大会展五大业态；会展经济、会展产业和产业会展已经形成共识，众多城市会展发展规划和扶持政策都强调产业会展的理念，注重对与当地产业关联性强的会展项目的培育和扶持；会展设施建设也突破传统单一展览馆建设向会展综合体、会展集聚区发展；会展内容日渐丰富多样，展中带会，会中有展，展+会、会+展，会展与演艺、赛事、旅游、休闲、养生结合，融合发展；展会运作模式不断翻新，B2B、B2B2C、O2O2O，互联、移动互联、大数据、物联、云端、VR、AR 等数字技术助推展览业创新发展，服务增值；智慧会展、绿色会展、生态会展、共筹共创、跨界融合、融合发展正在业界普遍推开；知识产权保护从展品知识产权保护向展品知识产权保护和展会名称权保护全覆盖演变。

2019 年乃至今后一段时期，广州会展业发展必将遵循世界和中国展览业发展的轨迹和趋向，出现一些新的动向和新的特征，创新发展成为主旋律，题材创新、模式创新、理念创新和服务创新引领广州展览业高质量发展。

（一）题材创新

首先，国家战略催生新的会展题材。中国国际进口博览会的成功举办对我国展览业产生了巨大的促进作用，可以预见，服务国家经济战略、外交战略、产业发展战略、区域发展战略的展会将会数量增多、质量提升、规模影响扩大。广东 21 世纪海上丝绸之路国际博览会移师广州，规模影响将进一步扩展，众多机制性展会、传统例展已经或可能充实“一带一路”内容，服务“一带一路”建设；“一带一路”倡议的推进和实施，为企业开拓国际市场和优势产能输出提供了重要契机，同时也为出展带来新的题材和机遇。

其次，新兴产业发展带来新的会展题材。依据国家、省、市“十三五”时期有关支持战略性新兴产业发展的意见，近年来节能环保、新一代信息技术、生物、高端装备制造、新能源、新材料、新能源汽车等产业快速兴起，给展览市场带来了新的题材。瞄准产业变革方向，服务企业展示交易需求，

抢占未来竞争制高点成为展览业界竞争制胜的法宝。服务新兴产业发展，一批人工智能、节能环保、新一代信息技术、生物、高端装备制造、新能源、新材料等以新兴产业为题材的展会将会涌现。

再次，区域发展战略催生新的会展题材。随着粤港澳大湾区发展规划纲要的实施，将可能出现以大湾区发展战略为题材，或包含促进区域协同发展内容的会展活动。

（二）模式创新

第一，除传统工业展继续发展以外，伴随国内消费需求的扩大和消费市场的兴盛，一批服务大众的消费类展览会将继续发展壮大，提高实际效果，B2B、B2C 同时并举，B2B2C 融合发展。

第二，随着人们对精神文化消费需求的提升，一些文化产业、文化市场类展会，以及以特定文化消费为主题的文化特展活动将会出现、成长、发展起来，形成新的展会内容和展会模式。

第三，会 + 展、展 + 会，展会与论坛、展会与推介、展会与演艺、展会与赛事等相关活动融合，展会内容丰富、形式多样，展会综合效应进一步提升。

第四，展会与展会合作，不同展会同期、同馆举办，互为上下游，互为专业买家，相互借势，抱团取暖，展会规模效应提高。

第五，跨界与跨界融合进一步发展，生产厂家、销售渠道介入会展活动加速，阿里、腾讯、京东办展办会成为常态，花样不断翻新，影响力持续攀升；更多生产厂家和渠道机构将可能会涉足会展，参与到展览业界中来。跨界发展与合作为展会注入了新动能和新的发展模式。

（三）理念创新

第一，绿色会展理念形成共识，转化为行动。在国家倡导推进和“广交会”等品牌展会示范带动下，“绿色、低碳、可持续”的理念已逐步深入产业链各个环节，成为行业共识和行动。展览主办单位将在展览会现场应用现代信息技术，减少一次性材料使用；展览工程服务企业将会加快绿色展具的研发设计和生产，探索共享租赁等模式，推出节能降耗解决方案。

第二，会展场馆建设理念创新，会展综合体、会展产业园、会展功能集聚区建设趋势凸显。会展场馆设施建设突破简单展览场所建设的传统理念，集展览展示、论坛会议、餐饮住宿服务功能于一体的会展设施综合体涌现。

（四）服务创新

信息技术发展创新了会展服务手段，更新了会展服务理念，增加了会展服务价值。智慧会展、会展信息化、会展服务智能化成为业界发展的新动能。会展信息化建设包括：运用“互联网＋”思维，采用互联网技术，推动信息共享，促进供需匹配，提升互动体验，实现展会管理、服务智慧化，信息利用智慧化；通过信息化建设，拓展会展服务领域，延伸会展服务手段，提高会展服务效率，实现管理互动升级，让会展更具黏性，提高会展整体质量和水平；利用互联网技术对目标受众进行深度分析，了解客户需要，量身打造，提供精准定制服务；了解展会供给需求、双方交易项目需求，有针对性地提供交易服务，开展网上配对，提高交易合作匹配度，提高展会实际交易成效；利用大数据技术，建设展会跟踪服务体系，实现客户关系管理智能化、智慧化；利用网络系统，推进展会流程程式化、智能化、规范化和管理自动化；应用最新二维码签到、移动互联网 LBS、人脸识别技术，完善、提升现场服务；应用 3D 技术、直播互动、VR、AR、MR 等再造展会现场（ZR），让用户全景感受展会氛围和认知展会品牌和企业；建设经济有效、自由方便、快速准确，具有极强互动性的网络平台，加强展前、展中、展后服务全过程管理，实现主办方、参展商、服务商和观众的互动体验和信息共享，实现多方共赢；利用互联网技术为客户提供增值服务，推广使用O2O2O，提供线上线下展示、交易，线上线下金融、物流服务，节约交易成本，提高交易效率。

三　广州会展业高质量发展的对策建议

（一）完善工作机制，健全会展业促进体系

推动成立市会展业改革发展工作领导小组，健全会展业管理协调机制。出台《广州市党政机关境内举办展会活动管理实施细则》，规范党政机关境内办展行为，促进展会市场化发展。调整完善会展业促进政策，引导会展业加快与国家发展战略融合，与国家、省、市产业发展规划融合，与新兴技术融合，促进会展业题材创新、模式创新和服务创新。健全会展业统计制度，探索建立会展业标准体系和行业诚信体系，加强事中事后监管，健全公共服务体系。支持行业协会、高校、企业探索建立人才培养合作机制，完善会展业人才支撑体系。支持会展行业协会加强自身建设，提升其在行业发展和行业自律中的作用，进一步优化展会市场秩序。

（二）统筹规划，进一步优化全市会展业发展设施

根据城市总体规划、片区功能定位以及广州会展产业发展规划，委托专业机构，统筹开展会展场馆布点规划，打造具有全球影响力的会展场馆群，实现会展业集群化、规模化发展。编制《琶洲地区发展规划》，促进琶洲地区产业发展、综合交通和新型智能交通、基础设施与公共服务配套、地区环境提升，进一步优化提升琶洲地区基础设施。协调推进越秀国际会展中心、琶洲互联网创新集聚区及会展物流轮候区 PPP 项目建设，进一步提升会展业集聚功能。

（三）支持广交会提升发展，增强广交会的会展龙头带动作用

一是扩大城市品牌宣传。推动将广交会作为城市品牌，在国际友城交往和境内外经贸交流活动中进行广泛宣传推广，助力广交会吸引更多高质量的新采购商到会。二是营造良好宣传氛围。协调相关部门，利用城市主干道、

交通站点、出入境口岸、主要商业区等场所，通过平面媒体、电子媒体等，扩大对广交会的宣传，组织境内外主流媒体加强对广交会的采访报道，营造良好的城市宣传氛围。三是推动广交会优化展区结构。支持广交会进口展区做大做强，协助邀请国内进口企业、跨境电商企业、大型超市、百货商场等优质采购商到会，推动进口展区拓展展品题材和提升采购商规模质量，促进广交会进口和出口、外贸和内贸融合。继续优化广交会广州交易团参展企业结构，提升参展企业对广州外贸出口的贡献度，促进外贸增长。四是策划组织配套活动。策划举办有影响力的高端论坛，务实组织行业对接活动，打造展览与会议、行业交流相互促进的开放合作平台。五是推动时尚设计展示发展。联合粤港澳大湾区各城市，与中国对外贸易中心（集团）共同致力于促进设计产业发展，共同举办时尚、设计、创新展示活动，推动中国制造向中国设计、中国创造转变。支持广交会出口产品设计奖（CF 奖）评选活动，发动更多企业参与，促进企业提升研发创新能力，培育形成外贸竞争新优势。

（四）引进培育国内外品牌展会，提高会展业专业化国际化水平

一是促进展览业国际交流与合作。支持中国（广州）国际物流装备与技术展览会、世界职业教育大会暨展览会、中国（广州）电子消费品及家电品牌展、亚洲再制造展等中外合作项目做大做强，提升跨国展览公司在广州办展的信心。与德国、英国、法国、意大利、荷兰、美国等会展业发达国家的知名展览公司建立密切联系，吸引更多国际知名品牌展会落户广州。鼓励、支持国家商会协会、中央企业在广州举办国际性、全国性专业展览和行业会议，推动更多国内大型巡回展固定在广州举办。二是加强粤港澳大湾区会展业合作。继续办好“澳门·广州缤纷产品展”，引进“活力澳门”展览项目，打造一批穗港澳会展合作示范项目。进一步探索有效合作的模式机制，整合湾区会展资源，打造有国际影响力的展会活动，促进企业互相参展参会。利用广东 21 世纪海上丝绸之路国际博览会移至广州举办的契机，以粤港澳大湾区建设为重要主题，推动三地合作办展和三地企业共同参展，促

进湾区会展业协作协同。三是推动展会和产业融合。深入分析广州现有展会结构，结合广州产业优势和现代产业体系发展，突出行业细分和产业特色，有针对性地开展展会培育和招商工作，推动构建完整的专业展览体系，提升广州展览专业化水平。积极引导会展企业在广州举办新一代信息技术、人工智能、生物医药和新能源、新材料、海洋经济等新兴产业展会，促进会展业的创新迭代。发挥广州商贸会展和流通领域的独特优势，整合广州地区各种纺织服装和设计师行业组织、特色产业集群、专业市场和大型企业的资源，推动共同打造在国内外有影响力的时尚发布、展示、交流、交易平台。

（五）提高会展服务水平，营造良好营商环境

一是扩大会展整体宣传。加强与大型宣传策划公司、宣传媒体的合作，充分利用广州公益广告平台，在重点商业区和地铁、公交站、机场等人流密集区滚动播放广州会展业宣传片和重点展会信息。探索线上宣传渠道，将线上和线下相结合，完善广州会展业的“宣传网”。二是优化展会通关通行服务。围绕促进展会国际化目标，协调海关在广交会和其他大型展会期间派员驻场监管，创新优化展会的相关审批手续与通关流程，提升广交会与广州会展的国际贸易便利化水平。研究在广交会及其他大型展会期间设立值机柜台，为参展参会人员提供便利的通行服务。三是促进会展人才培育。与有关职业培训机构、高等院校、会展行业组织密切联系和合作，推动开展多层次、多渠道的会展职业教育和培训。

物 流 篇

Logistics Reports

B.15 全球价值链视角下的广州物流产业资源协同研究*

王术峰**

摘 要： 运用价值链理论，剖析在区域物流产业体系构建过程中资源协同的重要性与规模经济效应。通过对构建区域物流产业体系的主要影响因素进行分析，得出了区域物流产业体系建设是政府政策与企业要素协同的产物结论，进一步提出了广州在粤港澳大湾区物流体系中的产业定位。广州在全球价值链分工中，要善于抓重点区域重点企业，实现本地资源的最优配置及协同融合，以此带动广州区域物流效率化。

* 本文为广东省哲学社会科学“十二五”规划项目“基于区域增长极理论的粤港澳物流业合作发展对策研究”（GD12XGL02）阶段性成果。

** 王术峰，广东白云学院珠三角区域物流研究中心主任、教授，硕士生导师。

关键词： 全球价值链　粤港澳大湾区物流产业　资源协同　广州

在经济全球化中，广州的物流产业发展，要辐射“环珠三角”[①]、引领全国、融入世界，不一定同时把若干个行业的物流服务价值链进行提升，要善于在产业调整和区域合作中寻找最佳切入点，要善于抓重点区域重点企业，从政府与企业价值链资源协同视角，得出政府规制政策与企业活动要素相辅相成的结论，从而实现本地资源的最优配置及协同融合，以此带动广州区域物流效率化。

一　问题的提出

广州作为环珠三角地区国家中心城市和交通枢纽城市，物流产业发展实力雄厚，市场份额较大，政府历来积极倡导建立区域产业合作机制，建立不同的产业集群，从而构建起区域产业体系。随着信息科技高速发展，云计算、物联网、大数据、互联互通深刻改变了传统经济商业模式，区域物流产业体系建设受到深远影响。如何通过要素配置、资源共享实现经济高效发展，成为大数据时代科技创新驱动背景下构建区域物流产业体系亟待解决的问题。课题基于全球价值链分工的视角，研究如何实现广州物流产业资源协同，探究物流企业内外资源、地区内外资源之间，可以实现资源协同融合发展的动力、机理，特别是政府与物流企业如何实现协同，以便在构建环珠三角区域物流产业体系中发挥引领作用。

选题意义和价值在于，资源基础论和价值链理论不仅可以用来进行企

① “环珠三角”是指珠江三角洲广州、深圳、东莞、惠州、佛山、珠海、中山、江门、肇庆九市所辖经济区域，辐射周边的清远、云浮、汕尾、河源、阳江五市所辖经济区域以及香港、澳门所辖经济区域（9+5+2）。区域范围包括珠江口流域、珠江东岸流域、珠江西岸流域以及经济辐射周边地区，主要由“广佛肇+清远、云浮”“港深莞惠+汕尾、河源”“澳珠中江+阳江”三个经济圈组成。文中所指的粤港澳区域物流体系，涵盖“环珠三角”地区。

业微观层次的探讨，也可用来进行中观产业层次的研究。从资源基础论来看，广州具有发达的物流服务市场，区位优势明显，发挥着国际航运枢纽、国际航空枢纽“双枢纽”作用，物流资源禀赋具有明显优势，可以根据市场需求和服务能力匹配度进行资源协同。也就是说，针对物流服务要素，进行有效整合，主要包括运输能力、服务设施、信息网络技术和专业人员，发挥规模效应，实现价值链延伸，不仅要延伸到下游，还要延伸到上游；不仅向时间的纵向延伸，还要向空间的横向延伸，形成立体式资源协同体系。

二　广州物流产业资源现状

近年来，广州物流产业发展迅速，产业规模不断扩大，已经成为地区经济发展的重要力量。然而，随着广州经济步入“新常态”，物流业的发展也呈现出增速放缓的新特征。广州物流业应当审视目前发展遇到的瓶颈，抓住发展的新机遇，主动适应“新常态”的发展要求。

（一）物流规模实现稳步增长，物流业竞争力不断提升

2018 年，广州物流业主要指标稳步增长。2018 年广州全年货运量为 13. 13 亿吨（见图 1），比上年增长 8. 8%，增速比上年（11. 8%）下降 3 个百分点。2018 年全年货运周转量为 21487. 22 亿吨千米（见图 2），比上年增长 1. 07%，增速较上年有所放缓（见表 1）。2018 年，白云机场货邮行吞吐量 249. 33 万吨，增长 6. 6%。广州港开拓全球集装箱航线，截至 2018 年底共开通集装箱航线 209 条，其中外贸班轮航线 103 条，广州港口货物吞吐量 61177. 72 万吨，同比增长 3. 67%，港口集装箱吞吐量达 2191. 18 万标箱，同比增长 7. 6%，排名上升至世界第 5 位。2018 年，广州获批成为 2018 年流通领域现代供应链体系建设重点城市和城乡高效配送试点城市，入围全国首批供应链创新与应用试点城市，物流领域试点走在全国前列。

表 1　2018 年广州主要物流指标对比

指标	单位	绝对值	比上年增长(%)
货物运输量	万吨	131321.60	8.80
货运周转量	亿吨千米	21487.22	1.07
港口货物吞吐量	万吨	61177.72	3.67
港口标准集装箱吞吐量	万标箱	2191.18	7.60
机场货邮吞吐量	万吨	249.33	6.60

资料来源：《广州 2018 年国民经济和社会发展统计公报》。

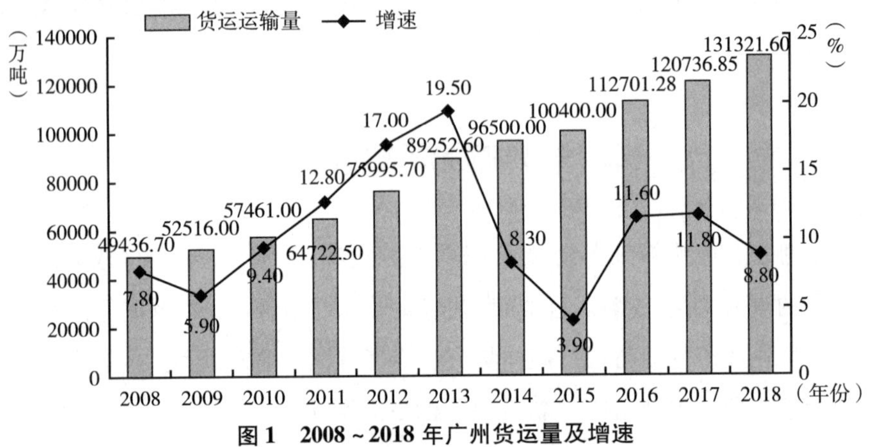

图 1　2008～2018 年广州货运量及增速

资料来源：《广州统计年鉴》（2009～2018 年）、《经济综述》（广州市统计局网站）http：//www.gzstats.gov.cn/gzstats/gzsq/201902/f09f94aac5634e66ae4eb6f09dd85d8d.shtml。

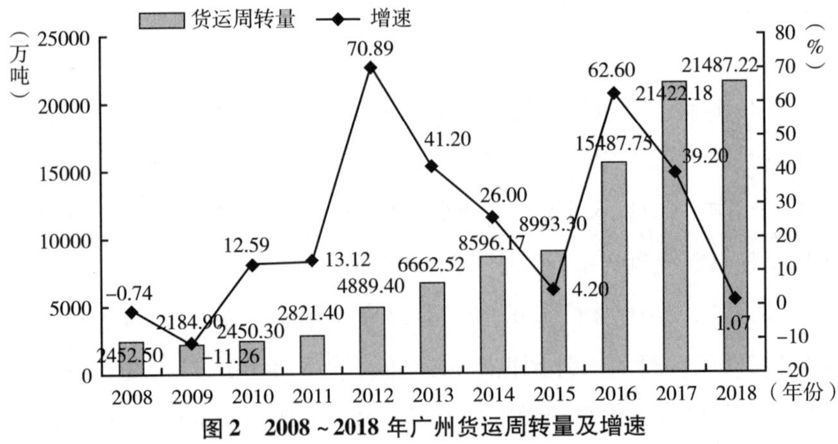

图 2　2008～2018 年广州货运周转量及增速

资料来源：《广州统计年鉴》（2008～2018 年）、《广州 2018 年国民经济和社会发展统计公报》。

（二）一般货物运输、保税仓及跨境电商状况

2018 年广州全年交通运输、仓储和邮政业实现增加值 1577.95 亿元，比上年增长 5.3%。

如表 2 所示，2018 年广州各种运输方式完成货物运输量，稳步增长。全年港口货物吞吐量 61313.31 万吨，增长 3.9%；其中外贸货物吞吐量 13941.05 万吨，增长 7.5%。港口集装箱吞吐量 2192.21 万国际标准箱，增长 7.6%。全年广州白云国际机场旅客吞吐量 6974.32 万人次，机场货邮行吞吐量 249.33 万吨，分别增长 5.9% 和 6.6%。

表 2　2018 年广州各种运输方式完成货物运输量及其增长速度

指　标	单位	绝对数	比上年增长（%）
货物运输总量	万吨	127752.06	8.8
铁路	万吨	1989.37	9.2
公路	万吨	82032.44	6.4
水运	万吨	42608.16	13.6
民航	万吨	137.08	3.7
管道	万吨	985.01	12.0
货物运输周转量	亿吨千米	21487.17	1.1
铁路	亿吨千米	20.86	-6.5
公路	亿吨千米	952.16	7.4
水运	亿吨千米	20446.30	0.8
民航	亿吨千米	67.33	6.6
管道	亿吨千米	0.52	9.5

资料来源：广州统计信息网。

全年完成邮电业务收入 877.90 亿元，增长 16.1%。其中，邮政业务收入 518.11 亿元，增长 24.6%；快递业务量 50.64 亿件，同比增长 28.8%；快递业务收入 479.75 亿元，增长 27.9%；电信业务收入 359.79 亿元，增长 5.8%。

（三）政府出台系列优化政策不断改善营商环境

1. 广州政府设立广州现代物流发展专项资金

“降本增效”已经成为近几年物流行业的关键词，唱响了物流业的主旋

律。广州也在着力推进物流业发展，促进物流业降本增效，出台了一系列相关优惠激励政策。广州市政府常务会议决定继续设立广州市现代物流发展专项资金，从2016年至2020年，广州每年安排3000万元用于扶持广州现代物流发展项目，引导广州市物流项目向“高精尖”方向发展。由此可见，广州物流产业资源状况良好，既有良好的物流基础设施，也有政府政策性的大力支持。

2. 南沙自贸区营商环境改革全国领先

自成立以来，南沙自贸区围绕促进投资贸易便利化，对接与国际投资贸易通行规则，着力营造国际化、市场化、法制化营商环境，在改革开放重点领域和关键环节取得实质性进展。2018年，南沙自贸区发布广东自贸区首张金融业对外开放清单指引——《中国（广东）自由贸易试验区南沙片区金融服务业对外开放清单指引（2018年版）》，在全市率先上线“人工智能+”商事登记系统，创新“一口受理、五十让联办”模式，推广应用国际贸易“单一窗口”标准版，打造“线上海关”样板间，集装箱通关审单从1小时缩短到5分钟。实现政务服务事项60%（1125项）“零跑动”、159项“即刻办”、107项“全区通办”、164项湾区9城“跨城通办”，启用全国首个“身份证网证”微信政务应用。制度创新走在全国前列，2018年南沙自贸区新增制度创新成果105项，其中17项、16项、31项分别在国家和省、市复制推广。南沙制度创新指数连续两年排名全国前三，其中“贸易便利化”指数蝉联全国第一。

三　构建广州区域物流产业体系的影响因素分析

（一）影响广州区域物流体系构建的主要问题

1. 政府层面

第一，缺乏长远发展战略规划，资源协同力度不够。区域物流规划缺乏系统性统筹，行政区域的划分使政府与企业的协同不能发挥有效作用，物流基础设施协调性差，造成浪费物流资源，削弱市场竞争力。第二，显性和隐性的行政壁垒依然存在。政出多门，多头管理，政府部门与企业缺乏有效沟通，专业化、社会化服务水平低。这些明显的行政障碍，导致资源必然缺乏有效配置，影响物流企业的正常经营。区域内部市场分割，要素资源得不到优化配置。第三，物流投资环境有待改善。第四，物流基础设施建设缺乏系统性。

2. 企业层面

第一，企业间的不协同使物流资源难以发挥高效率。环珠三角港口定位趋同，物流规划呈现离散性。从发展定位看，粤港澳区域性航运中心只能有一至两个，发展定位趋同必然导致各港口难以错位竞争发展。空港同样存在一定程度的重复建设，不可避免地造成内部的竞争并最终导致资源的浪费。第二，物流企业缺乏开放意识。改革开放以来，香港的物流企业一直寻求在珠三角的发展机会。然而广州的物流企业对合作显得并不是那么迫切。熟悉国际市场是香港物流企业的优势，组织货源是广州物流企业的优势。只有通过合作，才能开拓国内产品的海外分销渠道，充分利用香港物流业的管理和信息技术优势，提高广州物流服务水平。第三，区域信息系统不畅制约物流发展。尽管前期在物流公共信息平台建设方面做了大量工作，但基础数据录入的真实性、信息的有效性、物流信息的及时性均有待提高。第四，物流行业监管滞后于企业经营的发展趋势。在通关环境方面，对加工贸易企业的分类管理过于精细、核销时间过长，海关审单及口岸查验时间效率低下，难以满足客户对通关时效性的要求。

3. 政府与企业的大数据联通层面

作为重要资源，数据集成是关键。构建区域物流体系，大数据建设是基础。然而，在数据集成层面，主要存在两个问题：一是数据采集的结构和标准是否相同，这决定了系统中大数据能否充分利用；二是利益相关者之间的关系是否能够很好地协调，这直接影响到信息集成的程度。只有有效地解决这两个问题，才能优化区域智能物流系统。

（二）构建广州区域物流产业体系的影响因素分析

面对广州物流资源现状，基于内部环境和外部环境的视角，来进行构建广州区域物流产业体系的影响因素分析。

1. 广州区域物流体系构建的内部环境分析

（1）区位优势。广州地处珠三角经济区，是内地通向世界的重要门户地区之一，同时广州位于粤港澳大湾区方位圈中，区域物流可以在空间和时间上实现效益最大化，占据粤港澳大湾区群的优势可以充分发挥香港、广州、深圳等物流产业优势，而因惠州、肇庆、江门、中山营商成本更低，就可以很好地承接广州的产业转移。粤港澳大湾区临近全球第一黄金航道，是太平洋和印度洋航运要冲，是东南亚乃至世界的重要交通枢纽，是丝绸之路经济带和21世纪海上丝绸之路的交会点。

（2）产业优势。广州作为粤港澳大湾区中心城市，航运业发达，拥有全球最繁忙的港口群和机场群，客货运量都位居全球前列，是国家开放格局的重要门户。粤港澳大湾区具有较为丰富的知识人口储备，具有产业链较高覆盖率和制造快速反应能力，且总部众多。

（3）政策优势。在国家《物流业发展中长期规划（2014～2020年）》中明确阐述了物流业在国民经济中的基础性、战略性地位。《物流业调整和振兴规划》提出的21个全国性物流节点城市有两个在粤港澳大湾区内（广州和深圳），而香港又是国际贸易和国际航运中心，物流业一直是其优势产业之一。

2. 广州区域物流体系构建的外部环境分析

（1）粤港澳大湾区内存在制度差异。在世界上，湾区内实行“一国两制”属于首创，广东、香港和澳门三地政府具有比较明显的管理制度上差异。广东的物流业具有典型的多方管制、程序烦琐等特点，这对于港澳企业来说，行政审批制带来干预和信息不对称，影响港澳物流企业进入内地发展。

（2）湾区内物流企业缺乏有效的协作。目前，粤港澳三地港口之间被认为处于一种相互竞争的关系，缺乏协同运作与错位发展，导致物流效率低下。

（3）物流业快速发展的法律环境有待于进一步协同。粤港澳大湾区内制度法规存在一定的差异，物流技术标准也存在不统一，很多商品或服务在过关时可能因为标准不一带来滞留等问题，这不仅提高了企业的物流成本，也大大降低了物流效率。

（三）如何实现广州物流产业资源协同

实现广州物流产业资源协同，宜从区域价值链在全球价值链中的分工与定位的角度展开分析。综合利用分散的物流资源，协调整合相关职能，重组优化物流管理和运营流程，促进相关产业的组织和服务，可以降低物流总成本，对物流整体能力提升做出最大贡献。通过协同整合，注重发挥物流的时间效用、空间效用和经济效用，实现提高广州物流业的效率化。

1. 基于物种视角的协同

在物流产业生态系统中，物种既是其构成的主体，也是其构成的基础要素，同时也是系统内最为活跃的要素。根据广州的地理环境来分析，不仅适合省内汽车运输的方式，而且对于省外和国外来说，选择内贸运输的方式也是必不可少的，这其中就包括跨境电商的内容。研究物流产业资源协同时，需要考虑物种的角色，而且物流有七大功能主体，无法独立于其他物种而活动，因此无法脱离物种的研究视角。作为物流三大环节之一的运输功能是商品供应与消费的媒介，起着重要的桥梁作用。商品的生产商、供应商、渠道商、需求方都依靠运输来完成商品的交接，以期获得与商品交易相关的各类信息，实现商品交易的达成。物种之间存在不同程度的相互影响与关联，物流产业只有在实现资源协同的情况下，才能最大限度地达到利益最大化。推进广州物流产业资源协同，就是要促进商品流、信息流、资金流、物流在各物种间的正常流通。

2. 基于业态视角的协同

业态系统强调环境因素不可忽视，需要物种与环境之间的能量交换。除了物种交流外，它们还需要物种与环境的交流。区域物流生态结构对提升区域经济发展水平、优化区域经济结构具有十分重要的作用。这不仅有利于区域资源的优化配置，而且有利于产业结构的优化升级和区域经济竞争力的提高。面对“十三五”期间大力发展物流的历史机遇，优化物流生态环境，培育广州区域物流新经济增长极，有利于广州产业结构的优化和经济社会的可持续发展。

3. 基于价值链视角的协同

基于价值链理论的内涵，企业间的协调、信息和信息技术等概念推动了价值链理论从传统价值链向虚拟价值链的发展，并进一步向价值网络的方向发展。价值链理论的范围扩展到了价值网络的所有理论模型所描述的一组企业，其内涵也扩展到让所有的成员企业都有自己的价值取向。以核心竞争力为基础的紧密合作，可以优势互补，实现资源协作。广州物流业的资源协调可以从物流主体、物流对象、物流市场、物流网络、物流监管等方面探讨物流服务价值链的发展。为广州优化商品流通资源配置，研究制定相关措施，在新时期实施新的流通模式提供政策建议。

4. 基于空间布局视角的协同

物流产业资源协同集聚是产业结构调整的现实空间平台，一如现代电子商务商业模式打破了商品与消费的时空限制，而跨境物流属于跨境电子商务生态系统中的重要物种。珠三角城市群空间联系格局演变、珠三角城市群协调发展与制度创新三个方面，根据商品从供应商到商品买家的地理空间流向，商品的地理空间流动包括商品从供应商流向卖家，卖家确保商品通过物流各个环节流出卖家所在地，最后在商品买家所在地内实现物流配送活动，以此完成物流资源在地理空间上的协同。物流各环节之间需要实现协作与配合，以实现商品在地理空间上的流动。

四　实现广州物流产业资源协同发展的对策建议

广州物流产业发展，实现资源协同，要明确广州在全球价值链分工中的产业定位，要积极融入粤港澳大湾区区域经济建设，要辐射到“环珠三角”经济腹地，要突出重点物流服务价值链，要善于在产业分工和区域分工中寻找最佳切入点，要着重抓重点区域、重点企业，要善于协调好政府与企业价值链资源协同关系，从而实现本地资源的最优配置及协同融合，以此提升广州区域物流效率。

（一）明确广州在全球价值链分工中的产业定位

区域物流服务对于经济社会发展，犹如人的血脉对于人的生命一样重要。广州物流产业的优质发展，对调整产业结构转变经济发展方式发挥带动作用。发挥区域物流引领作用，通过点（南沙自贸区）、线（广州物流产业布局）、面（环珠三角）分步实施发展战略，建设“国际航运中心”“国际航空中心”两大枢纽，终极目标是将广州建设成为全球物流网络体系“国际物流中心”。

国际国内物流需求快速增长。经济全球化呈现国际化采购、国际化生产、国际化销售的格局，国家实施“一带一路”建设、自由贸易试验区战略，进一步加快对外开放，以经济利益为纽带来促进环珠三角地区各产业群与“一带一路”沿线国家的合作发展。新型工业化要求加快建立规模化、现代化的制造业物流服务体系。新型城镇化将伴随产生许多生产性、生活性物流需求，并催生新的物流需求。

（二）积极融入粤港澳大湾区区域经济建设

粤港澳大湾区，一个湾区、两种社会制度、三个关税区、四个中心城市。广州要积极融入粤港澳大湾区区域经济建设，充分发挥国家中心城市和综合性门户城市引领作用，全面增强国际商贸中心、综合交通枢纽功能，培育提升科技教育文化中心功能，着力建设国际大都市。

（三）着重抓重点区域重点企业

着力促进重点企业发展。发挥重点企业示范带动作用，生产要素外溢效应，高质量发展。着力打造广州物流产业市场主体。通过区域内外、企业内外物流资源的协同，通过物流市场资源优化配置，着力打造一批“第五方物流服务商”，通过龙头企业、骨干企业、创新企业，引领广州物流产业的发展。为此，要改变加入 GVC 的方式，增加对现有制造业的人力资本、生产者服务与物流服务投入。区域物流效率化助力企业智慧制造，如何实现由“微笑曲线”低端向两端上升，占领价值链高端市场，将环珠三角地区建设成为世界经济发展的增长极。

建设广州南沙粤港澳综合示范区，携手建设高水平对外开放门户。加快大湾国际航运、金融、科技创新承载区建设。协调解决南沙新增建设用地规模，调整优化城市布局和空间结构，加强城市规划、综合交通和公共服务设施与周边地区的融合，建设“半小时交通圈”。

（四）善于协调好政府与企业价值链资源协同关系

基于区域价值链资源协同视角，广州物流产业体系建设是政府政策与企业要素协同的产物。广州物流产业商业模式。基于全球价值链分工的视角，发挥物流的五大作用，转变经济发展模式，大力发展现代服务业，进一步提升物流服务业的比重，提升价值链的价值。继续扩大供应物流、销售物流市场规模，同时加大生产物流发展力度。做好物流服务，降低物流成本，提高物流效率，通过改善物流环境，进一步改善广州的投资环境，吸引多元化资本来广州投资。

持续推进广州引领珠三角物流一体化发展。发挥珠三角物流发展的辐射带动和示范作用，加强多式联运、甩挂运输等运输方式衔接，推进交通运输物流公共信息平台发展，着力构建环珠三角区域国际物流主干网络，促进优质物流资源和要素的合理流动，增强珠三角物流在国际市场的核心竞争能力。

（五）带动本地资源的最优配置及协同融合

促进广州物流产业资源协同。广州是环珠三角区域的国家重要中心城市，应发挥作为华南地区主要物品集散地和国际贸易枢纽的优势，以建设国家现代物流示范城市为契机，以建设亚洲物流中心、与港澳错位发展的南方国际航运中心、国际航空中心为目标，重点推进口岸物流、产业物流和城市配送物流的发展，全面提升广州物流业的信息化水平。

推进区域物流协调发展。加快完善广东省城市物流节点布局，着力推动广州、深圳建设国家现代物流创新发展试点城市，打造具有国际资源配置功能和国际商务营运功能的全球物流枢纽城市。

（六）实现广州区域物流效率化

加强广州物流产业资源协同发展的统筹指导，做到组织落实。建议设立“广州物流产业发展领导小组”，研究解决广州物流产业体系建设中政策实施、项目安排、体制机制创新、平台建设等方面的重大问题，协调好政府与企业、资源与市场的关系，协同资源配置，提升物流效率。

如何通过要素配置、资源共享实现经济高效发展，成为大数据时代科技创新驱动背景下构建区域物流产业体系亟待解决的问题。南沙自贸区作为广州物流产业发展的引擎，引领环珠三角区域发展，未来发展成为全球的区域经济增长极。提升珠三角港口群国际竞争力。增强广州、深圳国际航运综合服务功能，进一步提升港口、航道等基础设施服务能力。聚焦服务业重点领域和重点市场，促进生产性服务业向专业化和价值链高端延伸发展。

参考文献

王术峰：《区域物流理论与实证研究》，科学出版社，2018。

王术峰：《基于区域增长极理论的粤港澳物流业合作发展对策研究》，广东省哲学社会科学规划办公室，2015。

王术峰、龙涛：《第五方物流枢纽服务商运营模式探析》，《中国流通经济》2015 年第 6 期。

王术峰、黄乃文：《基于城市空间发展的物流功能区定位分析——以广州南沙新区为例》，广东省社会科学界联合会，2013。

何江、魏颖、张小英：《2017 年广州商贸业发展形势分析与 2018 年展望》，《广州商贸业发展报告（2018）》。

董小麟：《南沙建设高水平对外开放门户枢纽对策研究》，《广州商贸业发展报告（2018）》。

赖伟娟：《广州建设跨境电商中心城市的策略和建议研究》，《广州商贸业发展报告（2018）》。

张小英：《广州建设全球供应链重要枢纽城市的战略研究》，《广州商贸业发展报告（2017）》。

罗谷松：《基于问题导向的广州跨境电商海外仓发展策略研究》，《广州商贸业发展报告（2017）》。

中国政府网：《粤港澳大湾区发展规划纲要》，中共中央、国务院，2019。

广州统计信息网：www. gzstats. gov. cn。

Opresnik D, Taisch M. The manufacturer's value chain as a service – the case of remanufacturing. Journal of Remanufacturing, 2015, 5 (1): 1 –23.

Ming – Yuan Y. U. , Fan A. J. , Economics S. O. , et al. Global Value Chain, Productive Service and Improvement of the International Competitiveness of China's Manufacturing Industry. Collected Essays on Finance & Economics, 2016.

Yao X. , Zhou M. , Gao X. A study of the offshoring performance in China'; s service industry from the perspective of global value chain decomposition. Science Research Management, 2016.

WU Yu – Lin, YY Yin, Synergy innovation and value analysis of enterprises based on synergetic theory, Science – Technology and Management, 2016.

黎峰：《增加值视角下的中国国家价值链分工——基于改进的区域投入产出模型》，《中国工业经济》2016 年第 3 期。

B.16

广州和深圳物流业发展水平的比较分析*

李松庆　裴艳丽　王术峰**

摘　要： 本文以2007~2017年广州、深圳物流业相关统计数据为基础，从物流业基础设施水平、物流业规模以及信息化水平三个方面构建了两个城市的物流业发展水平评价指标体系，然后通过主成分分析评价模型对广州和深圳的物流业发展水平进行综合评价并分析评价结果，最后对广州、深圳的物流业发展提出相关建议。

关键词： 物流业　主成分分析　综合评价　广州　深圳

物流是一种以降低总成本为目的，将货物从生产地到需求地中间所涉及的仓储保管、流通加工、包装、运输、配送、装卸搬运以及物流信息等物流活动综合起来的一种集成式管理。快速、高效的现代物流可以大幅度缩短交易中的物流时间，提高交易效率，降低交易中的物流成本。物流在经济发展中占有越来越重要的地位，其发展水平成为衡量地区经济竞争力和发展水平的重要标志。广州、深圳作为珠三角经济发展的龙头城市，近年来大力发展物流产业，物流水平提高很快。然而，面对粤港澳大湾区新的发展机遇，如

* 本文为广东省哲学社科“十三五”规划项目（GD17XGL21）、教育部人文社科研究规划项目（编号：19YJC790043）、广东省普通高校特色创新类项目（人文社科）（2017WTSCX023）资助，特此致谢。

** 李松庆，广东工业大学管理学院教授、博士，硕士生导师；裴艳丽，广东工业大学管理学院研究生；王术峰，广东白云学院物流经济学教授，硕士生导师。

何正确认识自身物流发展水平，进一步推进物流业发展，提高物流效率，也是两个城市面对的一个重要问题。

一　广州与深圳物流业发展现状比较

（一）经济、人口和地理等物流业发展外在条件

广州位于我国的南部，位于东江、西江和北江的汇合处，是海上丝绸之路的起点之一。作为珠三角都市圈、粤港澳都市圈和广佛都市圈经济发展的核心，广州是整个华南地区物资集散流通的主要节点和对外通商口岸。深圳与东莞、惠州以及香港相连，也是珠江三角洲经济带的重要组成部分，作为靠海的城市，深圳有着众多的海湾以及绵延的海岸线，是联结港澳地区与内陆地区经济、文化等交流的桥梁。

广州 2018 年的地区生产总值已经达到了 22859.35 亿元，对比 2017 年增加了 6.2%，人均地区生产总值为 155491 元，其中，2000～2018 年，第三产业的生产总值占整个生产总值的比例从 55% 增长到了 71.7%。截至 2018 年底，广州常住人口达到 1449.44 万人，户籍人口为 927.69 万人，常住人口密度为 1950 人/平方千米。深圳 2018 年的地区生产总值为 24221.98 亿元，对比 2017 年增加了 7.6%，人均地区生产总值为 189568 元。2000～2018 年，深圳第三产业的生产总值占整个生产总值的比例从 49.3% 增长到了 58.8%。截至 2018 年底，深圳常住人口为 1302.66 万人，户籍人口为 454.70 万人，常住人口密度为 6524 人/平方千米。从上面两个城市 2018 年的数据可以看出：深圳的地区生产总值、增加率和人均地区生产总值都比较高；广州的常住人口和户籍人口总数比较高，但是常住人口密度比较低；广州第三产业生产总值占整个生产总值的比例较高。

（二）物流业基础设施建设

经济的日益发展，对广州运输网络体系服务能力的要求越来越高，逐渐

形成了集水、陆、空为一体的运输网络体系。2017 年，广州的公路营运里程为 9322 千米，其中高速公路有 8635 千米；内河航道有 1303 千米；码头总长度 70229 米，万吨级的泊位有 76 个；民用汽车 2489029 辆；物流业固定资产投资总额为 9067102 万元。此外，广州对于交通运输结点的建设计划：建成以南沙、黄埔以及空港为主的 3 个国际性物流园区，在芳村、番禺以及白云等地建成 5 个区域的综合型物流园区，即“3 +5”的物流园区规划模式。

作为最早的一批经济特区，近年来深圳物流业的发展水平也越来越高。2017 年，深圳的公路营运里程为 1634 千米，其中高速公路有 420 千米；码头总长度超过 15000 米，万吨级的港口有 74 个；民用汽车 3214434 辆；物流业固定资产投资总额为 5087547 万元。在水路运输中，与广州以内河运输为主相比，深圳主要是以海港运输为主。

（三）物流业发展规模

广州经济发展的类型属于外向型，有大量的货物需要出口，这就需要长途的国际物流，而国际物流中的主要运输方式还是水运，这种长途运输的运输里程比较长，则货物的周转量就会偏高，而公路和水运是广州货物运输的两种主要方式，虽然白云机场的航运设施正在日渐完善，但相比之下规模仍然比较小。以 2017 年数据看，广州货物周转量为 21422. 18 亿吨千米，旅客周转量为 2348. 82 亿人千米，港口货物吞吐量为 59012 万吨，而白云机场的货物吞吐量为 233. 85 万吨。

深圳货物运输方式也以公路运输和水路运输为主。以 2017 年数据看，深圳货物周转量为 2302. 53 亿吨千米，旅客周转量为 1092. 39 亿人千米，港口货物吞吐量为 24136 万吨，而机场的货物吞吐量为 116 万吨。从以上数据可以看出，不论是货物周转量、旅客周转量还是港口货物吞吐量、机场货物吞吐量，深圳都比广州低。

通过对广州、深圳物流业发展外在条件、物流业基础设施和发展规模的对比可看出，2018 年深圳总的经济发展水平虽已超过广州，但物流业发展不论从基础设施建设还是发展规模看，都落后于广州。

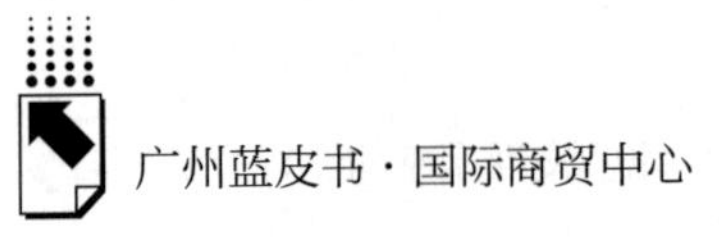

二 广州与深圳物流业物流发展水平的评价指标构建

（一）评价指标的选择原则

评价指标的选取直接影响评价结果。衡量物流业发展水平的因素很多，无法将所有因素都包含进指标范围，所以按照一定原则选取指标非常关键。评价指标选择一般遵循五大原则。

1. 科学性原则

指标体系必须是遵循某种规律或者通过科学方法和手段得来，能通过主观评议和客观统计方式得出的定性或者定量的指标。即使定性指标，也能通过科学方法赋值，运用定量研究方法进行分析和研究。本文使用指标就是根据这一原则确定的。

2. 定量原则

由于衡量物流业发展水平十分复杂，为了能得到较为直观的认知，需将所选指标进行定量处理，用数字呈现较清晰的结果，方便不同领域的读者了解。然而现实中获取多个指标体系的准确数据有难度，本文将根据实际情况对某些数据采用数学方式进行模糊化处理。

3. 系统性原则

物流系统是通过经济系统、人力资源系统、电子信息系统等诸多系统共同起作用的，单单依靠物流业不能够起到促进经济发展的作用。而任何系统离开了物流系统也难以起作用。因此，应把物流作为整个社会系统中一个子系统来对待，全面考虑与其相互影响的因素构建指标，才会使分析结论具有说服力。

4. 代表性原则

要从不同角度较为全面地反映物流业的发展水平，则需要从众多的指标中筛选出具有代表性指标，将复杂的问题简约化，做出较为综合的评价。

5. 可行性原则

指标的选取除了上面的四个原则之外，可行性原则也很重要。相关指标的数据不仅是可获取的还应该是真实有效的，不涉及隐私或其他不可获得因素，可用一定数学方式处理，处理结果有意义。

（二）评价指标的选择

张贤[①]从物流业产值、物流业行业总产值占生产总值比例、铁路密度、公路密度、物流业就业人数、货物周转量、货运周转量七个指标出发，开展中国 31 个省市区物流业发展的实证研究。李亚琦[②]从三个一级指标物流供需情况、物流发展环境因素和外部的不经济影响因素，来建立城市物流业发展水平的评价指标体系。物流供需情况包括物流需求规模和物流供给状况两个二级指标，物流发展环境因素包括基础设施建设情况和信息水平及支持要素两个指标，外部的不经济影响因素包括交通拥挤、环境恶化和能源高消耗三个指标。甘卫华、许颖等[③]从产业规模、产业基础和产业环境三个层面建立了丝绸之路经济带物流业发展水平的评价指标体系。刘弯弯[④]以经济基础、物流业发展规模和信息化水平为三个目标层，建立了中原经济区物流业发展水平的评价指标体系。李国俊、付青叶[⑤]建立了以物流需求、物流供给、区域物流发展的相关产业以及区域经济为一级指标的西部地区物流业发展水平的评价指标体系。

从以上学者对物流业发展评价指标体系的构建看，物流业基础设施水平、物流业规模指标是不可或缺的，现代信息化的发展对物流业发展起到了

① 张贤：《我国物流业发展水平评价》，《物流技术》2014 年第 12 期，第 264 ~ 266 页。

② 李亚琦：《城市物流发展水平评价指标体系研究》，《流通经济》2017 年第 12 期，第 206 ~ 207 页。

③ 甘卫华、许颖、黄雯、王茹红：《基于 PCA 和 RSC 的丝绸之路经济带物流发展水平评价》，《华东交通大学学报》2015 年第 6 期，第 132 ~ 142 页。

④ 刘弯弯：《中原经济区物流业发展水平评价研究》，《经经贸实践》2017 年第 8 期，第 87 ~ 88 页。

⑤ 李国俊、付青叶：《西部地区物流发展水平的评价与实证》，《统计与决策》2016 年第 3 期，第 73 ~ 76 页。

越来越重要的作用。因此，本文根据指标选取的原则，选取物流业基础设施水平、物流业规模和信息化水平三个一级指标来构建广州、深圳物流业发展水平评价的指标体系。对于物流基础设施水平一级指标，选取公路营业里程和民用汽车数量两个指标作为二级指标。选取货物周转量、港口货物吞吐量、物流业生产总值以及物流业就业人数作为一级指标物流业规模的二级指标。对于物流信息化水平一级指标，选取国际互联网用户数作为二级指标。具体衡量物流业发展水平的评价指标体系如表 1 所示。

表 1　物流行业发展水平评价指标结构

目标层	一级指标	二级指标	
物流业发展水平	A 物流业基础设施水平	X_1	公路营业里程（千米）
		X_2	民用汽车数量（万辆）
	B 物流业规模	X_3	货物周转量（亿吨千米）
		X_4	港口货物吞吐量（万吨）
		X_5	物流业生产总值（亿元）
		X_6	物流业就业人数（人）
	C 信息化水平	X_7	国际互联网用户数（万户）

（三）评价指标的内涵

1. 物流业基础设施水平

本文中物流业基础设施水平用公路营业里程以及民用汽车数量来评价。一个国家或地区的物流业基础设施水平越高，说明当地货物流通所花费时间越短，可以减少大量人力、物力的浪费，同时也可以提高货物流通的准确率。

X_1 为公路营业里程，指一个地区所有已经交付使用或者已竣工的公路总长。公路指包括隧道、渡口和公路桥梁的长度以内的城市之间、城乡之间和乡村车辆能够行驶的公共道路，不包括企业的内部道路和城市街道等。

X_2 为民用汽车数量，指按照《机动车注册登记工作规范》于报告期末在公安交通管理部门已经注册登记，并且领有民用车辆牌照的全部汽车数量。

2. 物流业规模

本文中物流业规模的用货物周转量、港口货物吞吐量、物流业生产总值和物流业就业人数作为指标来评价。

X_3为货物周转量，在一定时期内，某种运输工具的货物周转量为其运送货物数量与相应运输距离的乘积，这里的货物周转量指各种运输工具的货物周转量之总和。

X_4为港口货物吞吐量，是指包括补给运输船舶的燃料、物料和淡水以及邮件及办理托运手续的行李、包裹在内的通过水运经过装卸的进出港区范围的所有货物的总量。

X_5为物流业生产总值，指按当时市场价格计算的一个地区交通运输、仓储和邮政业所有常住单位在一定时期内生产活动的最终成果。本文中该指标的数据以 2000 年为基期换算价格。

X_6为物流就业人数，一个地区交通运输、仓储和邮政业在报告期末城镇私营企业、非私营单位以及个体就业人员的总数。

3. 信息化水平

现代社会发展离不开信息化，不管是经济发展、居民生活还是物流发展。物流业的信息化发展水平越高，各物流运输商的信息以及货物运转的信息等交换使所需花费的时间越短，可以节省大量时间和资源成本。本文选取国际互联网用户数来评价信息化的水平。

X_7为国际互联网用户数，指6 周岁及以上的某地区居民在过去半年内使用过互联网的人数。

三　广州与深圳物流业发展水平的评价方法选择

（一）评价方法综述及选择

近年来，开展区域物流发展水平研究的学者越来越多，方法也日趋多样化。

高爱霞、满广富[①]以2012年山东省17个地市数据为样本，构建了包括17个指标的物流发展水平评价指标体系，运用因子分析法从众多复杂的评价指标数据中提取了四个公共因子，评价了各个地市的物流业发展水平，再结合聚类分析法根据不同的物流发展水平将这17个地市分为3类，并根据不同的物流业发展水平提出了相应的物流业发展政策建议。李国俊、付青叶[②]以2013年西部地区12个省份数据为样本，筛选出10个指标来构建区域物流发展水平的评价指标体系，再结合R型因子分析和灰色聚类分析的方法分析了西部地区12个省份的物流发展水平。唐佳、李俊松、杜程博[③]收集整理了绵阳2005年至2015年十年的100项数据，构建出区域物流水平评价体系，利用主成分分析法评价绵阳市十年的物流发展水平。马晓洁[④]测度和评比了我国各地区的物流发展水平，结果显示整体上我国物流的发展水平呈上升趋势，但是东中西三大地区之间的物流发展仍然具有差异性。

由于我国物流业发展水平评价指标体系中所选取的评价指标较多，而且各指标之间也可能存在相关性，进行综合评价时较复杂。主成分分析法具有能够剔除多指标间存在相关性及重叠信息的特点，通过主成分分析方法选取出的主成分是互不相关的，可以保留评价系统中多个指标的主要信息，能够使多个指标的评价问题简单化，在一定程度上也可以降低确定权重时的主观性和随意性。因此，本文采用主成分分析法建立广州和深圳物流业发展水平评价的定量模型，分析广州和深圳的物流业相关数据，评价两个城市的物流业发展水平，进而提出相应的政策建议。

① 高爱霞、满广富：《基于因子分析的山东省17地市物流发展水平实证研究》，《区域经济》2014年第3期，第113～118页。

② 李国俊、付青叶：《西部地区物流发展水平的评价与实证》，《统计与决策》2016年第3期，第73～76页。

③ 唐佳、李俊松、杜程博：《绵阳市物流发展水平综合评价研究》，《电脑知识与技术》2017年第29期，第280～284页。

④ 马晓洁：《我国物流发展水平综合评价及现状分析》，《江苏科技信息》2018年第15期，第25～27页。

（二）主成分分析法评价广州、深圳物流业发展水平的具体步骤

设有 P 个评价指标，n 个年度，可知本文中的 P 为 7，物流业发展水平评价指标体系的原始数据矩阵如下。

$$X=(X_1+X_2+\cdots+X_n), i=1,2,\cdots,n; j=1,2,\cdots,P \qquad \text{（公式 1）}$$

1. 将原始数据进行标准化处理：

$$Z_{ij}=(X_{ij}-\bar{X}_j)/\sqrt{var(X_j)} \qquad \text{（公式 2）}$$

其中，$\overline{X_j}=\sum_{i=1}^{n}X_{ij}/n$，var（$X_j$）$=\frac{1}{n-1}\sum_{i=1}^{n}$（$X_{ij}-\overline{X_j}$）^{2}。

2. 计算相关矩阵：

$$R=(r_{ij})_{pxp} \qquad \text{（公式 3）}$$

其中，$r_{ij}=\frac{1}{n-1}\sum_{k=1}^{n}$（$Z_{ik}-\overline{Z_1}$）（$Z_{ik}-Z_i$）′

3. 令 $|R-\lambda I|=0$，在使 $\lambda_1 \geqslant \lambda_2 \cdots \geqslant \lambda_p$，其对应特征向量为 $\mu_1 \geqslant \mu_2 \geqslant \mu_p$ 的条件下，求出 R 的特征根 b。得到主成分：

$$y_j=\mu_j\sum_{j=1}^{p}X_j \qquad \text{（公式 4）}$$

4. 计算各主成分的方差贡献率：

$$e_j=\lambda_i/\sum_{k=1}^{p}\lambda_k \qquad \text{（公式 5）}$$

累计方差贡献率为 $E=\sum_{j=1}^{m}e_j$。

主成分个数提取原则是其对应的特征值大于 1 的前 m 个主成分，或者当累计方差贡献率 E 大于等于 85%，将 m 的最小整数作为 m 的值，这个值就是所提取的主成分的个数。

5. 将每个主成分的方差贡献率作为权重，最终的综合评价函数通过其线性加权求和的方式得到：

$$F_i=\sum_{j=1}^{m}e_jy_j \qquad \text{（公式 6）}$$

第 i 个年度物流业发展的水平即为 F_i ，若 F_i 的值越大，则第 i 个年度物流业发展的水平越高，越小则越低。

四 广州与深圳物流业发展水平的具体评价过程

物流业作为近年发展起来的一个新兴行业，在各统计年鉴中还未出现行业相关的统计数据，但是有其相关的行业，即交通运输、仓储和邮政业，且占有物流业总份额的83%以上，因此交通运输、仓储和邮政业的统计数据可以在一定程度上反映整个物流业的发展。本文根据2007～2017年广州和深圳交通运输、仓储和邮政业的统计数据来评价两市物流业发展水平。

（一）评价数据的标准化处理

2007～2017年，广州和深圳物流业发展水平评价指标的原始数据如表2和表3所示。根据构建的主成分分析模型，将各评价指标的原始数据导入spss21.0统计软件中，得到各评价指标标准化后的数据，如表4、表5所示。

表2 2007～2017年广州物流业发展水平指标原始数据

年份	X_1	X_2	X_3	X_4	X_5	X_6	X_7
2007	8409.5	104.19	2470.68	37053	394.45	298210	194.50
2008	8971.0	117.17	2462.06	36954	401.50	337118	235.42
2009	9089.0	134.05	2176.23	37549	409.94	353651	280.19
2010	8975.0	159.89	2450.85	42526	474.08	373693	422.90
2011	9052.0	185.77	2861.19	44770	445.33	398880	621.40
2012	8997.0	204.16	4938.39	45125	501.15	394096	645.20
2013	9004.0	214.81	6822.44	47267	546.31	456574	766.45
2014	9219.0	222.77	8633.55	50097	611.87	426075	742.21
2015	9320.0	243.86	9050.42	52096	675.95	452275	539.26
2016	9336.0	242.09	15386.42	54437	609.33	485601	613.00
2017	9322.0	248.90	21422.18	59012	669.00	505095	605.00

资料来源《广州统计年鉴》（2009～2018年）。

表 3　2007～2017 年深圳物流业发展水平指标原始数据

年份	X_1	X_2	X_3	X_4	X_5	X_6	X_7
2007	1938.00	112.45	852.27	19994	184.72	81057.63	189.32
2008	1619.06	125.27	1094.16	21125	189.52	142857.80	205.50
2009	1619.06	141.90	1136.64	19365	196.30	203542.00	247.58
2010	1617.35	166.97	1654.16	22098	241.17	249861.00	261.50
2011	1617.70	197.62	1955.69	22325	235.59	294429.00	280.52
2012	1659.00	224.92	2018.88	22807	253.62	302495.00	304.35
2013	1680.00	262.29	1999.07	23398	249.75	364805.00	584.00
2014	1647.00	315.39	2386.35	22324	269.74	411219.00	630.00
2015	1644.00	319.35	2253.07	21706	291.49	417104.00	674.00
2016	1638.00	322.59	2246.86	21410	279.73	410504.00	632.00
2017	1634.00	326.60	2302.53	24136	312.89	430318.00	483.00

资料来源：《深圳统计年鉴》（2008～2018 年）。

表 4　2007～2017 年广州物流业发展水平指标标准化数据

年份	X_1	X_2	X_3	X_4	X_5	X_6	X_7
2007	-2.49943	-1.60921	-0.74827	-1.22439	-1.19431	-1.69320	-1.59101
2008	-0.35232	-1.36263	-0.74965	-1.23782	-1.12817	-1.08979	-1.38791
2009	0.09890	-1.04197	-0.79534	-1.15712	-1.04889	-0.83339	-1.16570
2010	-0.33702	-0.55115	-0.75144	-0.48210	-0.44707	-0.52256	-0.45737
2011	-0.04258	-0.05955	-0.68586	-0.17775	-0.71679	-0.13195	0.52787
2012	-0.25290	0.28968	-0.35385	-0.12960	-0.19306	-0.20614	0.64600
2013	-0.22613	0.49191	-0.05271	0.16092	0.23079	0.76281	1.24781
2014	0.59600	0.64322	0.23677	0.54475	0.84595	0.28981	1.12750
2015	0.98222	1.04382	0.30340	0.81587	1.44731	0.69614	0.12017
2016	1.04340	1.01628	1.31611	1.13338	0.82213	1.21298	0.48617
2017	0.98986	1.13959	2.28084	1.75388	1.38211	1.51530	0.44647

表 5　2007 ~ 2017 年深圳物流业发展水平指标标准化数据

年份	X_1	X_2	X_3	X_4	X_5	X_6	X_7
2007	2. 94608	-1. 37157	-1. 75569	-1. 35462	-1. 44666	-1. 83101	-1. 13890
2008	-0. 49367	-1. 22023	-1. 31183	-0. 54259	-1. 33317	-1. 31593	-1. 05477
2009	-0. 49367	-1. 02401	-1. 23388	-1. 80622	-1. 17269	-0. 81015	-0. 83595
2010	-0. 51211	-0. 72818	-0. 28424	0. 15600	-0. 11105	-0. 42410	-0. 76357
2011	-0. 50833	-0. 36647	0. 26906	0. 31898	-0. 24306	-0. 05264	-0. 66467
2012	-0. 06292	-0. 04422	0. 38501	0. 66504	0. 18348	0. 01459	-0. 54075
2013	0. 16357	0. 39677	0. 34866	1. 08936	0. 09181	0. 53392	0. 91340
2014	-0. 19233	1. 02348	1. 05931	0. 31826	0. 56484	0. 92076	1. 15260
2015	-0. 22469	1. 07021	0. 81474	-0. 12545	1. 07941	0. 96981	1. 38140
2016	-0. 28940	1. 10843	0. 80335	-0. 33797	0. 80121	0. 91480	1. 16300
2017	-0. 33254	1. 15578	0. 90550	1. 61922	1. 58588	1. 07994	0. 38821

（二）KMO 和 Bartlett 检验

如表 6 所示，因为 KMO 分别为 0. 799 和 0. 792，且 Sig. =0，表示所选指标之间的相关性很好，所以广州和深圳的相关数据都能够进行主成分分析。

表 6　KMO 和 Bartlett 的检验

地区		广州	深圳
取样足够度的 Kaiser - Meyer - Olkin 度量		0. 799	0. 792
Bartlett 的球形度检验	近似卡方	79. 767	91. 400
	df	21. 000	21. 000
	Sig.	0. 000	0. 000

（三）选取主成分

主成分个数提取原则是其对应的特征值大于 1 的前 m 个主成分。从表 7 和表 8 可以看出，符合这一条件的主成分均只有 1 个，其累计贡献分别为

79.761%和76.680%，可以基本反映全部指标的信息，故可以提取1个新变量以替代原来的7个变量来评价广州和深圳的物流业发展水平。

表7　解释的总方差（广州）

成分	初始特征值			提取平方和载入		
	合计	方差的%	累积%	合计	方差的%	累积%
1	5.583	79.761	79.761	5.583	79.761	79.761
2	0.586	8.374	88.135			
3	0.440	6.281	94.416			
4	0.278	3.971	98.387			
5	0.078	1.119	99.506			
6	0.023	0.322	99.827			
7	0.012	0.173	100.000			

表8　解释的总方差（深圳）

成分	初始特征值			提取平方和载入		
	合计	方差的%	累积%	合计	方差的%	累积%
1	5.368	76.680	76.680	5.368	76.680	76.680
2	0.858	12.253	88.933			
3	0.585	8.355	97.288			
4	0.118	1.687	98.975			
5	0.052	0.745	99.719			
6	0.012	0.165	99.884			
7	0.008	0.116	100.000			

（四）计算主成分得分

根据公式6，最后得到广州物流业发展水平评价函数（如表9、表10所示）：

$$Fg = 0.36Z_1 + 0.42Z_2 + 0.29Z_3 + 0.41Z_4 + 0.40Z_5 + 0.41Z_6 + 0.35Z_7$$

深圳物流业发展水平评价函数：

$$Fs = -0.21Z_1 + 0.42Z_2 + 0.42Z_3 + 0.32Z_4 + 0.42Z_5 + 0.43Z_6 + 0.38Z_7$$

表 9 成分矩阵（广州）

类别	X_1	X_2	X_3	X_4	X_5	X_6	X_7
成分 1	0.842	0.989	0.684	0.957	0.943	0.970	0.825

表 10 成分矩阵（深圳）

类别	X_1	X_2	X_3	X_4	X_5	X_6	X_7
成分 1	-0.494	0.970	0.980	0.745	0.963	0.992	0.870

（五）计算综合得分

将 2007～2017 年七个指标标准化后的数据代入上述综合评价函数中，所得结果即为近年来广州和深圳的物流业发展水平综合得分，如表 11、表 12 所示。

表 11 2007～2017 年广州物流业发展水平综合得分

年份	2007	2008	2009	2010	2011	2012	2013	2014	2015	2016	2017
得分	-4.02	-2.81	-2.28	-1.32	-0.47	-0.06	1.02	1.63	2.12	2.65	3.55

表 12 2007～2017 年深圳物流业发展水平综合得分

年份	2007	2008	2009	2010	2011	2012	2013	2014	2015	2016	2017
得分	-4.19	-2.66	-2.58	-0.79	-0.21	0.25	1.24	2.09	2.19	1.93	2.73

（六）广州、深圳物流业发展水平的评价分析

通过主成分分析法得出的广州和深圳物流业发展水平综合得分情况，按 2007～2017 年排列如图 1 所示。2007～2017 年，广州物流业发展水平呈现不断上升态势。2012 年之前，广州物流产业发展水平相对来说较低，但发展速度很快。原因可能是物流业发展初期，还未形成大的产业规模。2012 年后，广州物流业已发展到较高水平，发展速度开始放缓，整个产业也形成

了较大规模。深圳物流业发展在 2007 ~ 2017 年总体来说也是呈上升趋势，且发展速度和广州大体一致，但物流业发展水平在 2016 年有短暂下滑。

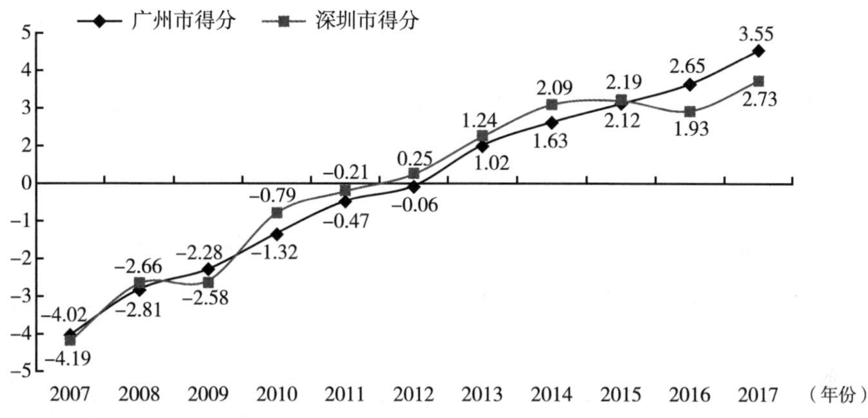

图 1　2007 ~ 2017 年广州、深圳物流业发展水平综合得分情况

从表 9 和表 10 可知，影响广州物流业发展水平评价结果最大的三个指标是民用汽车数量、物流业就业人数和港口货物吞吐量，而影响深圳物流业发展水平评价结果最大的三个指标是物流就业人员、货物周转量和民用汽车数量。影响两个城市物流业发展水平评价结果的指标相似。促进广州和深圳物流业发展，必须要提高物流行业基础设施设备尤其是壮大公路运输、水路运输能力，发挥综合交通运输枢纽优势，提高信息化水平，扩大行业规模，提高货物的周转量。

五　结论与建议

本文构建广州、深圳物流业发展水平的评价指标体系，根据两市 2007 年至 2017 年评价指标相关数据，通过 SPSS 数据软件，利用主成分分析法，对两市物流业发展水平进行评价分析，发现两市物流业发展趋势相似，行业发展水平都不断上升，且后期上升趋势都有所放缓，影响两市物流业发展水平结果的评价指标相似。为此，对广州和深圳物流业发展提出如下建议。

一是重视物流业的投入，加强政府政策的导向性。政府应该出台能促进物流业发展的相关优策，扫清制约物流业发展的体制方面的障碍；加大对物流业基础设施设备的建设投入，提升物流业技术化水平。

二是促进周边城市物流业的协同发展。继续保持广州和深圳物流业快速健康发展的同时，努力建立其余周边各地市物流业的协同发展，健全物流业协同互动机制，推动整个珠三角区域物流业的和谐发展，扩大物流业发展的规模。

三是重视物流业与其相关产业的协同发展。物流业加快交通运输业、邮政仓储业、批发零售业等相关产业的发展，刺激物流业潜在需求，加快传统物流业改造，优化产业结构。

四是发挥两市物流业发展的优势。广州和深圳位于经济繁荣的珠三角地区、粤港澳大湾区，应充分利用地区优势，促进水、陆、空多种运输方式协调发展、相互对接，进而促进货物转运更加便捷、顺畅。

环 境 篇

Environment Reports

B.17 广州全面深化营商环境综合改革的策略建议

陈旭佳*

摘 要： 习近平总书记的重要指示体现了党中央近年来对营商环境建设的高度重视，为广州建设开放型经济新体制指明了新方向，确立了新坐标。这是广州改革发展史上的一件大事，也是推动广州改革发展全面上水平的重大机遇。落实习近平总书记关于广州在营商环境方面出新出彩要求，必须把优化营商环境作为全面深化改革的“头号工程”，以“336”战略部署（三项国家级改革试点、三个重点区域改革突破和六项“走在全国前列”改革举措）为总纲领，以“23106”评价体系为评价单，以11个专项行动为施工图，找准企业最迫切、最

* 陈旭佳，广州市社会科学院广州城市战略研究院院长助理、副研究员。

现实的"痛点"和"堵点"问题，精准把握全所有制、各类规模、全生命周期企业的迫切需要，瞄准最高标准、最高水平，推动营商环境改革取得实质性突破，打造"广州样本"。

关键词： 营商环境　深化改革　全球企业投资首选地

一　新时代、新使命：建设现代化国际化营商环境正当其时

营商环境是指企业从开办、营运到结束等活动全过程的要素综合，是影响企业运作的一系列制度安排，包括市场环境、商务成本环境、基础设施环境、生态环境、社会服务环境等方面，是一个地区的重要软实力、竞争力。2017 年 7 月 17 日，习近平总书记在中央财经领导小组第 16 次会议上强调，广州等四个特大城市要率先加大营商环境改革力度。8 月 24 日，中央财经领导小组办公室主任刘鹤主持召开工作会议，要求参会单位落实好中央财经领导小组第 16 次会议的决策部署，高质量完成各项任务，保证工作进度要求，并特别强调北京、上海、广州、深圳四个城市具有标志性，是窗口和门户，要发挥率先示范作用。2018 年 11 月，习近平总书记视察广东时强调，像广州这种特大城市一定要把大的优势发挥出来，更好发挥中心辐射作用，在综合城市功能、城市文化综合实力、现代服务业、现代化国际化营商环境方面出新出彩。

习近平总书记的重要指示体现了党中央近年来对营商环境建设的高度重视，为广州建设开放型经济新体制指明了新方向，确立了新坐标。这是广州改革发展史上的一件大事，也是推动广州改革发展全面上水平的重大机遇。近年来，广州在推动建设现代化国际化营商环境上出新出彩方面成效显著。2017 年，广州新登记市场主体增长 33.9%，日均增加 898 户。2010 年以来，广州多次荣居福布斯中国大陆最佳商业城市排行榜榜首。中国发展研究基金

会与普华永道联合发布的《机遇之城》报告中，连续两年广州被评为中国“机遇之城”首位。2017 年 11 月，粤港澳大湾区研究院选取全国直辖市、副省级城市、省会城市共 35 个城市，根据六大类指标，即软环境、市场环境、商务成本环境、基础设施环境、生态环境、社会服务环境，来测算 2017 年各城市营商环境指数，广州凭借在上述指标中的综合竞争优势，在全国 35 个城市中排名第一。世界城市组织（GaWC）发布的 2018 年世界级城市名册显示，广州首次入围世界一线城市，排名第 27 位，在中国大陆仅次于北京和上海。华南美国商会发布的《2018 年中国营商环境白皮书》中，广州荣登中国大陆最受欢迎投资城市榜首。

落实习近平总书记关于广州在营商环境的要求，必须将学习贯彻习近平新时代中国特色社会主义思想和党的十九大精神紧密结合起来，与学习贯彻习近平总书记关于广东工作重要指示批示精神结合起来，动员全市上下树立“总书记有要求、广州市见行动”的决心，弘扬敢为人先、开放包容、务实创新的城市精神，将率先加大营商环境改革力度的部署要求贯穿到广州工作的各领域各方面，作为改革头号工程推进，迅速组织力量开展学习贯彻落实工作并取得阶段性成效。

二　新格局、新优势：广州建设现代化国际化营商环境成效显著

近年来，广州按照习近平总书记的要求，率先构建市场化、国际化、法制化营商环境，相继出台了一系列优化营商环境的地方性法规及规章制度、政策文件，增强工作举措的针对性、有效性。制定出台了《广州市建设市场化国际化法治化营商环境三年行动方案（2015 ~ 2017 年）》，明确了广州市营商环境建设的总体要求、主要任务和保障措施。2016 ~ 2018 年，营商环境建设均被列入市委常委会重点工作计划，并印发年度工作方案，进一步细化各项任务举措。出台优化市场准入环境的若干意见，推出经营范围自主申报、个人独资企业转型、外商投资企业准入一体化等优化市场准入的 12

项政策“干货”。推出降低实体经济企业成本实施方案，实施普遍性降费、降低要素成本和加快企业资金周转等一揽子措施。推出促进民营经济发展的若干措施，聚焦破解民营经济发展面临的营商环境共性问题、难点问题，提出筹建供应链金融服务平台、支持民营企业并购重组等政策。出台《关于率先加大营商环境改革力度，加快形成全面开放新格局的若干意见》，推出推动贸易和投资自由化便利化等22项重点工作措施，打造国内外企业投资首选地和最佳发展地。广州改善营商环境的主要做法包括以下几方面。

一是减少审批事项。深入实施放权强区改革，有序有效承接120项省级行政职权事项。自2011年以来，广州已共分9次下放257项市级事权，近日再次出台《关于将一批市级行政职权事项调整由区实施的决定》，新增264项市级事权下放至区，下放事权数量比历次下放数总和还多7项。下放行政职权类别包括行政许可、行政备案、行政处罚、行政检查、行政确认、行政裁决等。建设工程项目审批办理时限由原来的80个工作日缩减至45个工作日，审批事项压缩了44%，提交材料由43项缩减至30项，减少了30%。清理规范行政审批中介服务，出台保留为市政府部门行政审批必要条件的中介服务事项清单，2017年共清理规范217项行政审批中介服务事项，累计清理规范296项，有效减轻了企业和群众的负担，进一步释放了简政放权红利，激发了市场和社会活力。

二是加强市场监管。加强信用信息系统建设，“信用广州网”被评为全国信用信息共享平台和门户网站一体化建设特色性平台网站。强化信用联合奖惩机制建设，出台《对海关高级认证企业进行联合激励的20项措施》，成为全国首个落实国家对海关高级认证企业实施联合激励合作备忘录的地方实施意见。强化失信惩戒，建立企业年度报告、经营异常名录、严重违法“黑名单”等信用监管制度，失信企业在银行贷款、政府采购、工程招投标、国有土地出让等工作中被予以限制或者禁入，25家企业被列入严重违法失信企业名单，1463名相关违法情形未改正企业的法定代表人受到任职限制。推行“双随机、一公开”监管，建成覆盖市、区两级行政执法部门的广州“双随机、一公开”综合监管平台，工商部门实现了监管业务“双随机”抽查全覆盖，随机抽取检查主体和检查对象，及时公开检查结果，体现公平公正原则，提升法律震慑力，减轻企业负担。

三是清理涉企收费。出台《降低实体经济企业成本实施方案》《物流业降本增效专项行动方案》《落实省降低制造业企业成本若干措施的实施意见》，进一步降低企业税费、物流、融资等成本，对企业做到无事不扰、服务到位。制定《广州市行政事业性收费改革实施方案》，拟停征政府提供普遍公共服务或体现一般性管理职能的收费项目，涉及停征或免征项目 23 项，年减负金额预计 4 亿元；取消或停征 41 项中央设立的行政事业性收费，年减轻企业负担超 2 亿元。大力降低企业用能成本，工商业、居民电价每千瓦时分别下降 4.12 分、1.79 分，每年降低社会用能成本约 27 亿元，将非居民用气价格每立方米从 4.36 元降低为 4.25 元，每年减轻用户负担 7742 万元。全面取消车辆通行费年票制，规定不再收取年票、次票或委托高速公路代收的普通公路次票，每年减负金额逾 10 亿元。整治规范港口通关收费，继续减免口岸货物吊装、移位、仓储等费用，对进出广州港南沙港区的国际集装箱班轮按最新标准费率优惠 15% 后计收引航费。多项政策协同发力，2017 年为企业减负超过 1000 亿元。

四是促进民间投资。出台“民营经济 20 条”，聚焦破解民营经济发展面临的营商环境共性问题、难点问题，提出筹建供应链金融服务平台、支持民营企业并购重组等利好。探索政府和社会资本合作支持城市建设发展的新模式，实施《关于创新重点领域投融资机制　鼓励社会投资的实施意见》和《推进政府和社会资本合作试点项目实施方案》，鼓励社会资本投资交通运输、市政设施、城市更新等七大重点领域。推动岭南广场、如意坊隧道、车陂路—新滘路隧道、琶洲西区地下综合管廊等一批 PPP 试点项目落地实施。探索引导社会资本支持城市建设发展新模式，出台《优化城市道路项目组织实施方式　创新投融资体制机制的工作方案》，探索政府引导下社会资本发起设立城市建设和转型升级基金，有效满足城市道路建设资金需求。

五是优化政务服务。加快商事制度改革。出台优化市场准入环境 12 条，在全国首创“人工智能 + 机器人”全程电子化“无人审批”商事登记服务，商事登记实现了“免预约”“零见面”“全天候”“无纸化”“高效率”办理，推动商事制度改革走在全国前列。2014 年、2015 年、2016 年全市新登记市场主体同比分别增长 20%、11%、18%。2017 年新登记市场主体 32.8 万户，同比增长 33.9%，截至 2017 年底，全市实有市场主体 175.1 万户，同比增长 15.4%，每千人拥有企业 58 户，是全省平均千人拥有企业数的 1.6 倍，超越发达国家平均水平。推进“互联网 + 政务服务”改革，深入开展“五个一”政务服务模式建设和应用，设立广州市政务中心琶洲分中心，为腾讯、阿里巴巴等 12 家互联网产业巨头提供市区审批事项“一站式”的贴心服务，广州“12345”政府服务热线连续三年荣获“中国最佳客户中心奖”。加速推进优化税收环境试点。在全国第一个上线“税务企业号”、第一个全面实现国库（退税）业务全流程无纸化，在全省第一批上线“一键申报”增值税、第一个实现代开增值税专用发票国地税联征功能，为全省、全国税务系统提供了可复制、可推广的广州经验。

通过持续聚焦不断优化营商环境，广州坚持用一流服务、一流效率、市场化国际化法治化营商环境确立国际合作竞争新优势，成效显著。一批世界级枢纽型项目先后在广州落地生根、开花结果，特别是 2017 年以来，富士康 10.5 代 8K 显示器（投资总额 610 亿元）、思科（广州）智慧城（200 亿元）、国新央企运营投资基金（注册资本 500 亿元）、冷泉港广州生物医药产业基金（总规模 100 亿元）、通用生物产业园（16 亿元）、百济神州生物制药（23 亿元）、中远海运散货总部（20 亿元）、中铁隧道总部（10 亿元），粤芯 12 英寸芯片制造、宝能新能源汽车产业园、南沙人工智能产业园、中国电科华南电子信息产业园等一批重大生产力项目和总部型项目相继落户，新一代信息技术、人工智能、生物医药（IAB）和新能源、新材料（NEM）产业布局进一步完善，将有力推动广州发展动能转换。“工商流程做减法”“企业效率变乘法”等一系列营商环境改革措施成效显著，“广州效率”“广州速度”被企业家广为赞誉，苏黎世保险、安达保险、富士康等项目高效注册落地形成口碑，广州正逐步成为全球企业投资首选地和最佳发展地。2017 年以来，世界 500 强企业在广州新增 109 个投资项目，累计共

921 个项目在广州投资，总额达 5000 亿元。2017 年，来源于广州地区的一般公共预算收入 5947 亿元，增长 14%，同比提高 10.9 个百分点；税收收入 4244.9 亿元，可比增长 13.1%；第三产业增加值占比 70% 左右，现代服务业增加值占服务业增加值比重的 66% 左右，先进制造业增加值占制造业增加值比重的 64% 左右，当年新增高新技术企业 4000 多家，累计突破 8700 家。

但是，我们也清醒看到，广州营商环境改革离党中央的要求、离习近平总书记的要求、离国内外产业界的期待还有不少差距。对照世界一流城市的营商环境标准，广州仍然存在薄弱环节，主要体现在：营商环境建设存在碎片化情况，政府部门数据信息共享不够，部门协同推进合力亟待加强；改革可复制、可推广的经验成果不足，尚未形成重点突破的示范带动效应；国际化程度不高，跨国企业和跨国服务机构数量还不够多，对接国际规则的能力尚有欠缺等。必须下大力气推动改革向纵深发展，努力营造与国家重要中心城市现代化治理体系和治理能力相匹配的营商环境。

三　新举措、新谋划：推动广州在建设现代化国际化营商环境上出新出彩的策略安排

营商环境既是城市“软实力”的体现，也是生产力的动力来源之一。作为改革开放前沿地和国家重要中心城市，广州将努力在全国构建开放型经济新体制中体现广州担当、贡献广州力量。到 2020 年，力争广州营商环境达到全球先进国家和地区水平，建成与国际通行规则相一致的投资贸易服务体系，增强在国际经贸体系中的话语权和影响力，成为全球企业投资首选地和最佳发展地。下一步，我们将以习近平新时代中国特色社会主义思想为指导，在全国率先加大营商环境改革力度，把这项工作摆在更加重要的位置来抓。主要对策思考包括以下几方面。

（一）以减政促简政

一是压减审批环节和事项。推行工商“容缺登记”，推动实施银行开户

备案制，确保开办企业耗时保持全国领先水平。深化工程建设项目审批制度改革，以剥离行政审批和技术审查为着力点，优化建设工程项目联合审批流程，推进多评合一、区域评估、联合审图、信任审批，精简行政审批前置条件、审批程序和办理时间，取消一批不必要的技术审查，确保政府投资工程建设项目从立项到竣工验收环节的技术审查和行政审批时间压缩至90个工作日以内，社会投资项目从用地许可到竣工验收环节的审批时间控制在50个工作日以内。取消工程建设消防设计审核或消防设计备案等专项许可，将需办理施工许可证的新建、扩建、改建等建设工程消防设计技术审查并入施工图设计文件审查。简化办税流程，压缩涉税资料，推广无纸化网上办税。精简水、电、气、网络报装程序，加快推动水电气事项流程再造。减少用地审批层级，争取将农用地转用和土地征收实施方案审核权、征地补偿标准裁决权、省管农用地转用和土地征收审批权等下放到重点项目集中落户的区。

二是提高通关便利化水平。推动国际贸易“单一窗口”标准版口岸和应用项目全覆盖。制定实施口岸改革工作方案，落实中央关于年内集装箱进出口环节合规成本比2017年降低100美元以上，沿海大港要有更大幅度降低，年内整体通关时间再压缩1/3、到2021年底比2017年压缩一半的要求，进一步梳理和规范口岸作业环节和集装箱堆场收费，实施进出口企业信用等级的跨部门共享，减少对守法企业通关的风险布控和检验检疫抽查，推动南沙率先建成全流程“线上海关”，打造自贸区“一码通关”的科学高效监管体系。探索推进“单一窗口”平台与港澳、“一带一路”沿线国家口岸的互联互通，推动南沙创新与香港港口通关模式，建立与香港机场海空铁空联运通道。推动广州口岸实现365天通关。争取国家支持优化广州企业申办港澳商务备案政策，扩大申领港澳商务签注人员范围，最大限度地延长签注有效期。在南沙开通口岸签证业务，建设海上智能服务中心，方便外国人往返南沙及港澳地区。压减企业投资项目核准和备案办理时限。争取省将承诺备案制的实施权限下放到区。全面实行准入前国民待遇加负面清单管理制度。推行外资商务备案与工商登记“一套表格、一口办理”，实现“无纸化、零见面、零收费”。推动扩大教育、文化、医疗、法律、航运等专业服务市场准入，争取国家允许港澳在广州设立独资国际学校，争取国家在广州试点放宽外资参股医疗机构的股比限制。

三是开展商事制度综合改革。深化“多证合一”“证照分离”改革，分类分批改革涉企行政审批事项，推动“照后减证”。推行开办企业“一网通办、并行办理”服务模式，推进“人工智能+机器人”全程电子化商事登记全覆盖，打通开办企业全流程信息共享链条。加快推进外资商事服务“穗港通”“穗澳通”，实现港澳企业商事登记“足不出境，离岸办理”。探索进一步放开港澳个体工商户经营范围限制。建设企业合格假定监管示范区，选取特定行业试行“无条件准入、登记式备案、免审批准营、信用制监管”的合格假定监管模式。

（二）以加法优服务

一是加强民营企业和中小企业服务。推广设立政策兑现窗口，推进政务服务“即刻办+零跑动”。保持政策的稳定性和延续性，落实好省“民营经济十条”，制定市“民营经济20条”修订版。实施“两高四新”中小企业提质增效工程。依法保护民营企业和企业家人身权和财产权，严格规范涉案财产处置，依法慎用羁押性强制措施和查封、扣押、冻结等强制措施，最大限度地降低对企业正常生产经营活动的不利影响，加大甄别力度，及时纠正侵害企业产权的错案冤案。着力破解民营和中小企业融资难、融资贵问题，健全政策性融资担保体系，完善“广州市中小微企业信用信息和融资对接平台”建设，鼓励银行机构开展无还本续贷业务、供应链融资等业务，支持民营和中小企业到多层次资本市场挂牌融资。加快构建亲清新型政商关系，建立健全各级领导干部常态化联系服务企业制度，对不作为、乱作为、慢作为问题严肃问责。

二是加大知识产权保护和运用力度。发展知识产权代理、法律、信息、咨询、培训等服务，提升知识产权分析评议、运营实施、评估交易、保护维权、投融资等服务水平，构建全链条的知识产权服务体系。推进建立互联网、电子商务、大数据等领域知识产权保护规则。推进知识产权综合执法，建立跨部门、跨区域的知识产权案件移送、信息通报、配合调查机制。加快建立知识产权侵权惩罚性赔偿制度。健全知识产权维权援助和涉外应对机制。建设全国知识产权交易中心，推动知识产权证券化，完善知识产权质押登记制度、知识产权质押融资风险分担机制。深入推进广州知识城知识产权运用和保护综合改革实验，做优做强国家商标品牌创新创业（广州）基地、广东省知识产权服务业集聚发展示范区。建立南沙自贸区商标、专利、版权“三合一”的知识产权统一管理体制机制和快速维权机制，推进南沙全球质量溯源中心建设。

三是全面推进营商环境法治化建设。依法平等保护各种所有制经济产权，依法保护民营企业、中小企业的合法权益，营造公平竞争环境。建立健全快捷公正的多元商事争议解决机制。提高商事诉讼的审判效率，推行案件简繁分流制度。健全商事合同纠纷非诉解决、速调速裁机制，探索国际商事网上调解方式，引导商事主体选择网络仲裁，快速解决商事争议，建设商事法律服务最便捷城市。积极发挥广州互联网法院的作用。建立与境外仲裁机构的合作机制，推动国际仲裁机构在南沙自贸区开展法律服务，加快中国南沙国际仲裁中心建设。建立常态化、制度化的法律事务合作协调机制。争取国家支持，推动与港澳建立大湾区法律问题协调与合作小组。加强对港澳商业行会规则的研究和学习，实现行业内三地企业的连接与交流。

四是精准有效做好人才服务工作。发挥好中国海外人才交流大会、中国创新创业成果交易会等人才平台载体作用，加大国际高端人才引进力度。以天河人才港、琶洲互联网创新人才集聚区为双核，番禺青年创新创业服务园区、广州开发区高层次人才服务园区、南沙粤港澳人才合作示范区、越秀现代服务业人才服务园区、花都临空产业人才服务园区、黄埔海归小镇为多点支撑，建设好国家级人力资源服务产业园。推动南沙加快建设国际化人才特区。提高外籍人才签证和工作便利度，探索发放外国人工作许可证，鼓励获得世界知名大学学士及以上学位的应届外籍毕业生，直接申请外籍人才来华工作许可。对持有外国人永久居留身份证的人员在广州创办科技型企业，给予国民待遇。扩大与港澳职业资格互认，鼓励港澳台和外籍青年来穗创业。推动建立南沙自贸试验区、广州经济技术开发区海外人才离岸创新创业基地，建设海外人才工作站。提升人才绿卡政策含金量，试行人才政策“大礼包”，将人才绿卡核准权限下放到有条件的区，清理与人才绿卡不对应的区级政策、部门政策。实施更优惠的人才住房政策，创设人才公寓租赁服务公司，试点先租后买、以租抵购制度。推动在穗银行率先开设“人才服务银行”，探索开展“人才创业贷”，对高端创新人才项目给予信用贷款。

（三）以降本增效益

落实制造业等行业增值税税率下调、高新技术企业所得税优惠、进口设备减免税、企业研发费用税前扣除等税收优惠政策，持续为市场主体减负。推行国际贸易“单一窗口”一键申报出口退税，实现符合条件的退税申请10日内办结。严格落实政府定价经营服务性收费目录清单制度，在行政事业性收费领域率先基本实现审批管理零收费。深化口岸查验服务费综合改革，继续推行政府购买查验服务。降低企业物流成本，逐步降低、取消广州境内高快速路收费。落实工商业销售电价调整政策，扩大电力直接交易主体范围。重新核定市内燃气管道运输价格和天然气销售价格，降低企业配气价格，以专管专线方式满足重点项目用气需求。全面落实省降低制造业企业成本若干措施，下调城镇土地使用税适用税额标准和工业用地税额标准，探索实行工业用地使用权弹性出让、先租后让政策，落实降低失业保险、社会医疗保险、工伤保险、基本养老保险单位费率政策。

（四）以征信强监管

建立公共信用信息管理规范，更新公共信用信息资源归集目录，建设全市统一的公共信用信息服务平台和联动体系，高质量归集各领域公共信用信息，推动信用信息在各领域深化共享应用。争取国家和省授予信用“红黑名单”认定标准制定权限。坚持“以用促建”的工作方针，推动信用信息在市场准入、公共服务、旅游出行、创业求职等领域广泛应用，在信用惠民便企方面推出一批品牌案例。完善守信联合激励和失信联合惩戒机制，编制各部门联合奖惩工作指引，实现信用联合奖惩“一张单”。将信用信息查询和联合奖惩措施应用嵌入行政审批、事中事后监管、公共资源交易、招投标等业务流程，加快构建以信用为核心的新型市场监管机制，打造诚信示范城市。

参考文献

李玉梅、桑百川：《中国外商投资企业营商环境评估与改善路径》，《社会科学文摘》2018 年第 12 期。

彭冬松：《比例原则视野下完善法治化营商环境的再审视》，《法治论坛》2017 年第 4 期。

李万祥：《用法治打造最佳营商环境》，《经济日报》2019 年 3 月 6 日。

张茅：《推进市场监管创新持续优化营商环境》，《学习时报》2019 年 3 月 1 日。

倪外、沈开艳：《优质营商环境服务长三角企业“走出去”》，《社会科学报》2019 年 2 月 28 日。

阎海峰：《营商环境是上海参与全球竞争的软实力》，《第一财经日报》2019 年 2 月 28 日。

本刊编辑部：《持续优化营商环境推动广东经济高质量发展》，《广东经济》2019 年第 2 期。

郭靖超：《对黑龙江省优化营商环境的若干思考》，《知识经济》2019 年第 4 期。

B.18

加快广州商务诚信建设的探讨

刘 旭　丘月华*

摘　要： 广州是商务部首批认定的商务诚信建设试点城市并取得一定的成效。近年来，国家制定了进一步推动诚信建设的纲领性文件。本文阐述了广州商务诚信发展现状并分析存在的主要问题，提出了加快广州商务诚信建设的思路和对策。

关键词： 商务诚信　信用体系　广州

广州是商务部首批认定的商务诚信建设试点城市。商务诚信是社会信用体系建设的重要组成部分，是创新行政管理方式的必然要求，是营造共建共治共享社会治理格局的重要手段。广州加快商务诚信建设对提振消费者信心，促进消费升级，满足人民群众对美好生活的向往，都具有十分重要的意义。

一　商务诚信建设的基本情况

（一）国家商务诚信建设基本情况

商务诚信是我国社会信用体系建设工作的重点。近年来，国家加快商务诚信建设，信用建设正向多层次宽领域推进，向信用大数据智能化方向发

* 刘旭、丘月华，广州市商务局。

展。国务院出台了《国务院关于印发社会信用体系建设规划纲要（2014—2020年）的通知》，成为我国推动诚信建设的纲领性文件。2016年国务院出台了《关于建立完善守信联合激励和失信联合惩戒制度加快推进社会诚信建设的指导意见》，构建政府、社会共同参与的跨地区、跨部门、跨领域的齐抓共管工作机制，为营造诚信社会环境提供了顶层设计和强大支撑。

商务部根据国家总体部署相继制定了商务诚信领域相关管理办法，出台了指导意见、实施意见、管理规范和信用评价企业名录等，提出通过建立政府与市场相结合、线上与线下的信用约束机制，鼓励商圈和交易市场建立信用机制，着力打造良好的信用环境，到2020年基本建立商务诚信体系。

（二）国内先进省市商务诚信建设情况

商务部会同质监总局和财政部联合商务诚信体系建设工作，并确定上海市和广东省等8个省市为商务诚信建设试点地区。

1. 上海市商务诚信建设情况

在全国率先开通商务诚信在线公众服务平台。该平台在政府监管、企业自治和社会监督方面发挥了积极作用，一是实现酒类流通全过程“信用+追溯”监管。二是对商户实现“政府部门+行业平台+消费者”的三重共治监管。三是该平台旗下市场信用子平台的信用数据覆盖市场主体总量从15万家提高到30万家，从占全市170万家市场主体的近10%提升到近20%。

建立商业服务业诚信评估标准。委托第三方专业信用评级机构，对建档企业诚信度每年进行综合评价，并通过网络向社会公布接受监督，实现政府、企业和公众三者网络互动，并逐步实现考评网络化。

成立全国首个商务诚信联盟。依托上海市商务诚信公众服务平台，2017年6月找钢网、阿里巴巴、苏宁云商、携程、红星美凯龙、一号店等20多家平台型企业及相关信用机构联合发起成立了全国首个跨领域跨行业的商务诚信联盟，发布商务诚信倡议书，进一步完善政府监管与行业自律、企业自治、社会监督的商务信用格局，构筑从征信评信到运行的完整生态链。

成立全国首个商务信用标准化技术委员会。为更好地支撑上海市商务信用标准化工作，上海市商务委推动成立了“上海市商务信用标准化委员会”，主要从事商务信用标准化政策与理论研究、商务信用国内外标准动态跟踪与研究等工作，切实发挥标准化建设在改善上海市商务诚信环境、提升企业商务信用水平、支撑内贸流通体制改革等方面的规范和引领作用。

探索“商务信用 +”的新型流通治理模式。一是“商务信用 + 保障中国国际进口博览会”，引入第三方评信机构，建立信用评估指标，在展前、展中、展后全过程融入信用绩效评价和成效评价。二是“商务信用 + 打响上海购物品牌”，会同第三方机构发布“商圈信用指数”，积极探索“信用消费”。三是“商务信用 + 探索建设自由贸易港”，在上海自贸区打造“6 + 365”的国际医药交易中心，进出的医疗器械可根据国际通用的 GS1 标准全程可追溯。四是“商务信用 + 推动长三角区域经济一体化”，建立长三角商务信用信息互联互通，促进市场信用信息共享；同时加强“长三角—云剑行动”，实现跨区域跨部门联合执法。

2. 广东省商务信用建设基本情况

广东省人民政府出台了《广东省社会信用体系建设规划（2014 ~ 2020）》和《广东省建立完善守信联合激励和失信联合惩戒制度的实施方案》，着力推进全省商务诚信建设。

广东省商务厅相应制定了《关于加快推进商务诚信建设的实施方案》（粤商务秩字〔2015〕1 号），并提出用 6 年左右的时间建成商务诚信体系，打造诚信商都。于 2018 年 5 月开通广东商务诚信公共服务平台（诚信粤商），市民可通过平台查询企业诚信情况。委托广州标准化研究院制定了省级《商圈商务诚信评价规范》。该标准解决了商贸流通企业商务诚信评价内容缺乏规范，以及商圈商务诚信指数评价的内容、要求和流程缺乏规范的问题，填补了国内标准空白，为广东省商务诚信建设和管理提供保障。2018 年 5 月，该标准已通过广东省质监局组织的标准审定发布实施。

（三）广州商务诚信建设情况

广州市商务委自开展商务诚信试点工作以来，坚持政府推动，社会共

建，联合广州市财政局设立了专项资金支持诚信项目建设，打造诚信兴商的流通环境，有效规范市场经济秩序。

1. 诚信平台建设情况

广州市家庭服务行业自律平台。广州家庭服务业协会积极打造以商务诚信为基础的互联网管理平台“广州市家庭服务行业自律平台”，建立企业及家政人员的诚信档案，从源头上杜绝家庭服务公司和从业人员的违约违规行为，加强企业和从业人员的自律意识。截至 2018 年 7 月底，已有 238 家家政公司入驻、服务人员 179179 人、客户 25984 个、派单 61456 次，用户对平台系统投诉率小于 1%。

一德路商圈诚信平台。一德路商圈诚信平台是由人民街行业商会联合海味干果商会、玩具协会、食品商会、五金鞋业商会、印刷包装商会和民间金融商会共同建立的广州首个专业市场商务诚信平台。该平台由越秀区食药监和市场监管等职能部门提供数据支撑，对各类市场产品信息进行全面收集，建立了高效、便捷的食品安全溯源机制和相适应的诚信等级评分标准，制作发布了商圈企业“红名单”和“黑名单”，统一对外公示并作相应奖励或惩罚。目前，该平台拥有近 2000 户海味干果食品商户最新实时诚信监管信息和 80000 个食品备案标签登记信息，市民可以通过微信扫描登录“一德诚信平台”公众号查询商家信用情况，也可以扫码食品上的二维码标签，查询产品的溯源信息。由人民街行业商会联合会牵头，由消费者、商场和商会综合评分，评选出 90 名商家为“一德商圈海味干果行业 2018 年度五星诚信商家”并在“一德路诚信平台”上公布，比 2017 年度增加 15 名，通过平台促进活动，企业诚信兴商的意识不断增强。

广州汽车服务业协会征信体系。积极推进二手车市场主体信用体系建设，推广“广州好车”服务认证品牌，成立“广州放心二手车推广示范点”，完善从业人员征信体系，指导企业积极配合消费者投诉，规范企业的销售行为，净化广州市二手车销售氛围，营造和谐消费环境。该协会和广东省汽车电子商务促进会携手《羊城晚报》，以及广东省各汽车行业商（协）会联盟在广州举办“2018 广东汽车服务产业百强评选”，评选了一批先进汽车服务类企业和优秀从业人员，树立行业诚信经营的典范和标杆。

2. 单用途商业预付卡情况

一是2018年2月，广州成立了单用途商业预付卡履约保证保险共保体，这是继上海市之后全国第二个成立共保体的城市。共保体由领航国际保险经纪有限公司牵头，人保财险广州分公司等5家保险公司组成，各保险公司按承保份额分摊风险和保费，大大提升了单用途商业预付卡市场风险抵御能力。截至2018年底，共有壳牌石油、香格里拉大酒店、易卜莲花连锁超市、广东星巴克咖啡和永旺天河城等10家企业加入共保体，占全市规模以上单用途商业预付卡备案企业的23%。

二是印发《广州市商务委关于开展白云区商业特许经营和单用途商业预付卡专项整治的通知》，在白云区开展防范利用单用途商业预付卡非法集资的专项整治行动，进一步加强商业特许经营和单用途商业预付卡等领域监管。结合“三鼎家政”事件，开展对全市单用途商业预付卡备案企业进行排查工作，对存在违规行为的10家企业逐家约谈，责令其中6家当即改正，另外4家下达整改通知书限期整改，促使企业守规经营。

3. 肉菜流通追溯体系建设情况

一是出台流通追溯体系建设工作方案。根据市政府部署要求，由市商务委起草，由广州市人民政府办公厅印发《广州市肉类蔬菜流通追溯体系建设工作方案》（穗府办〔2017〕37号），明确肉菜流通追溯体系建设的任务目标及工作重点，落实部门职责分工及进度安排，出台有针对性的政策措施。

二是委托专业咨询公司对广州肉类蔬菜流通追溯体系建设进行总体规划设计，编制《广州市商务委肉类蔬菜流通追溯管理信息系统项目建设方案》，以及业务规范和技术规范，为广州肉类蔬菜流通追溯体系建设提供专业支撑，开发完成肉类蔬菜流通追溯管理信息系统，根据广州实际需求进行平台部署并与各节点对接和测试追溯数据。

三是制定肉菜追溯资金扶持政策。为进一步加强和规范专项资金项目监督管理及验收工作，制定印发了《广州商务发展资金商务诚信和肉菜追溯管理细则》等政策文件，进一步明确了资金申报条件、扶持内容和标准等有关要求，为各区商务主管部门和有关企业提供了可操作化的参考依据。

4. 诚信文化宣传情况

诚信文化宣传是商务诚信建设的重要一环，积极开展诚信宣传活动，使企业和商户树立诚信经营理念，提高诚信经营意识。近年来，广州主要的商圈围绕确保商品质量、提升服务品质、坚持诚信经营、树立商业品牌等方面内容，积极组织开展了各具特色的诚信文化主题宣传活动。

表1　广州地区商圈2012年以来开展商务诚信宣传活动情况

序号	年份	商圈	活动及主题
1	2012	岗顶IT商圈	“通讯诚信经营,明白和谐消费”志愿服务活动
2	2012	沙溪陶瓷城	番禺区“三打两建”为民、利民、惠民宣传日暨洛浦街社会诚信体系建设启用仪式
3	2013	美博城	“中国美容美发化妆品行业规范行动誓师大会暨广州美博城新十年‘信誉市场’发展战略启动仪式”
4	2015	石井鞋业商圈	2015石井鞋业商圈发展论坛——引导商户诚信经营促进经营转型升级
5	2015	白马服装市场	“诚信兴商月”活动以“倡导诚信兴商理念,共创诚信营商环境”为主题
6	2015	江南西商圈	“诚以待人信以兴商”海珠区“诚信宣传”主题实践活动
7	2017	一德路商圈	一德诚信平台宣传活动
8	2017	琶洲商圈	“广州市海珠区2017年放心消费共建活动暨‘双11’购物节电商诚信承诺活动”
9	2018	岗顶IT商圈	百脑汇携手天河区举行2017～2018年放心消费共建活动
10	2018	一德路商圈	一德商圈海味干果行业2018年度五星诚信商家评选活动

资料来源：由广东商圈诚信平台整理。

二　广州商务诚信建设存在的主要问题

一是相关部门思想认识和重视程度不够。各区商务主管部门较重视经济指标和相关考核指标，对诚信工作重视不够。二是商务部和广东省商务厅奖惩标准制定滞后。由于“红、黑名单”和联合惩戒措施由省级以上单位制定，目前，省相关标准仍未出台，使广州市商务诚信“红名单”和“黑名单”认定工作无法开展。三是行业协会和商圈开展诚信建设较少。大部分协会和商圈只重视行业联谊性活动，但对开展行业诚信自律以及诚信企业的认定和宣传缺乏，日常活动多数以业务信息交流和娱乐联谊为主，没有使协会的诚信自律工作常态化、专业化，商务诚信平台项目少。四是企业参与度不高。企业对诚信建设不够重视，标杆企业少。五是商务诚信宣传活动不够。诚信文化宣传活动组织次数少，各个商圈和协会之间缺乏互动，影响宣传活动的效果。

三　加快广州商务诚信建设的思路和建议

（一）发展思路及目标

1. 发展思路

以政府引导、协会和商圈统建和商贸流通企业为主体，以建立守信激励和失信惩戒机制为重点，以信用评价机制为支撑，创立与国际接轨的商务诚信建设体系，努力实现法制化、国际化和市场化的营商环境。

2. 发展目标

争取用 3 年的时间，构建以信用为核心的新型监管机制，通过政府与市场相结合、线上与线下相结合，建成商贸领域信用平台，企业诚信意识显著增强，放心消费环境明显改善，到 2020 年基本建成商务诚信体系。

（二）基本原则

1. 政府引导，社会共建

充分发挥政府部门统筹推动诚信建设的作用，注重政策引导，鼓励和调动企业、行业组织、中介机构等社会各方力量广泛参与，合力加快商务诚信体系建设。

2. 统筹规划，分步实施

按照国家和省、市部署，结合广州实际，制定广州市诚信体系建设的长远规划和整体设计，培育、引导和规范市场信用机制，明确阶段性目标，有序建设和逐步完善广州商务诚信体系。

3. 共建共享，突出应用

打破“条块分割”，推进行业、协会、商圈建设商务诚信管理系统，鼓励行业、协会、商圈间信用信息的共享和共识。按上级标准逐步推进“红、黑名单”认定、信用信息和信用服务的应用，加强对信用行为的联合奖惩。

（三）重点领域

1. 肉菜及重要产品追溯领域

一是推进平台数据共享。加快平台建设，完成与市农业局、食药监局等部门的数据对接；鼓励本地商超企业通过 ERP 系统对接、交易系统对接等方式实现追溯；发挥平台兼容整合的功能，为各企业打通上下游链条信息服务，共建可持续发展的追溯体系。二是运用先进技术创新追溯工作。鼓励农产品、食品企业与信息技术企业合作共建，利用区块链和云技术等现代信息技术提高广州肉菜等追溯系统建设水平。三是注重数据挖掘和分析，主动给节点企业和广大消费者反馈食品安全的真实信息，形成来源可追溯、去向可查证、责任可追究的工作机制，实现“要我追溯”向“我要追溯”的转变。

2. 家政服务领域

发挥“广州市家庭服务行业自律平台”作用，指导行业协会和企业认真执行《家庭服务业管理暂行办法》，建立和健全家政企业及人员的诚信档案，推行家政服务业服务规范，推广《家政服务机构登记划分及评定》，鼓励企业参加“守合同重信用”评选，促进家政行业诚信建设。

3. 电子商务领域

按照省《电子商务平台诚信评价指标》的要求，推进电子商务领域诚信制度建设，推进实施国家有关电子商务经营主体、交易行为和交易信息管理规范，推广应用 CA（证书签发、认证、管理机构）数字证书。开展创建诚信网店、星级网站活动。按照国家发改委和八部委《八部门加强电商失信问题专项治理》的要求，加强电子商务企业信用信息的共享，防范电子商务欺诈，推动电子商务信用评价，逐步实行信用分类管理。加强自我监管和自我评估，推动行业自律。

4. 会展和广告领域

按照省地方标准《会展组展企业商务诚信指标》，推进展会主办机构诚信办展，践行诚信服务公约。探索引入第三方信用中介机构，从诚信理念、组织规范、平台形象、财务能力、人员保障能力等方面，健全市场主体信用评价机制，逐步完善会展、广告失信惩戒机制和严重失信淘汰机制。

5. 对外经济合作领域

探索在“一带一路”建设中建立商务信用信息共享和信用互认机制，建立与相关国际信用服务组织交流合作平台。建立完善对外援助实施主体诚信评价体系，对实施主体参与援外项目过程中的行为进行评价。联合惩戒对象为被对外经济合作主管部门和地方列为对外经济合作领域严重失信行为的责任主体和相关责任人。在开展“一带一路”建设和国际产能合作中，参与出现违反国内及合作国相关法律法规以及违反国际公约、联合国决议，扰乱对外经济合作秩序且对实施“一带一路”建设造成严重不良影响，危害国家声誉利益等情节特别严重、影响极为恶劣的行为，相关主管部门将失信主体、责任人和失信行为记入信用记录，实施联合惩戒。

6. 国内贸易流通领域

联合惩戒对象为批发零售、商贸物流、住宿餐饮及居民服务等国内贸易流通领域存在严重违法失信行为的市场主体。该主体为企业的，联合惩戒对象为企业及其法定代表人、主要负责人和其他负有直接责任的人员；该主体为其他经济或行业组织的，联合惩戒对象为其他经济或行业组织及其主要负责人和其他负有直接责任的人员；该主体为自然人的，联合惩戒对象为本人。

7. 对外贸易领域

探索建立重要进出口商品信息追溯和信用保证体系。对虚假贸易、恶意低价竞争、编造虚假业绩或者因企业产品质量安全问题给社会及进出口贸易造成重大危害和损失的，将失信主体、责任人和失信行为记入信用记录，并实施联合惩戒。鼓励企业在一般贸易、跨境电子商务等跨国贸易活动中，使用信用报告、保理服务、信用保险等信用服务，有效化解信用风险。

8. 外商投资领域

构建外资企业信用监管和服务体系，发挥外商投资企业诚信档案及信息公示平台的激励和警示作用。在自由贸易试验区积极探索建立事前告知承诺、事中分类监管、事后联合惩戒的信用管理体系，规范招商引资行为，营造良好投资环境。

9. 服务贸易领域

建立健全服务贸易市场主体信用记录和信用评价体系。在贸易促进活动中，开展信用审查、可信交易对手推荐和失信警示等信用支撑服务。依托展览业重点企业联系检测制度开展企业信用评价。

（四）信用体系建设

1. 完善信用评价机制

一是鼓励协会和商圈认定商务诚信企业红名单和黑名单，树立诚信经营标杆企业和示范企业。二是引导商圈、协会、平台企业与第三方信用服务机构合作，不断优化信用评价标准和方法，防范信用操作风险。三是引导消费者在交易过程中使用商户信用评价信息，并有效反馈消费评价。四是推动商圈、协会、平台企业共享和互认信用评价信息。五是鼓励信用保险公司、商业保理公司成立履约保证保险共保体，在单用途商业预付卡、商业特许经营、平行进口汽车等领域建立企业信用交易记录，完善企业交易信用评价机制。六是鼓励第三方信用服务机构开展电子商务信用评估与认证，以信用促消费。

2. 健全联合奖惩机制

健全褒扬和激励诚信行为机制，探索除专项资金申请外，在政府采购、招标投标、评选评优等事项中使用信用记录和信用报告。对守信者实行优先办理和简化程序。健全惩戒和约束失信行为机制，对失信者采取惩戒措施，加大失信成本，逐步建立失信企业市场限期禁入机制。制定信用信息异议制度，健全信用修复机制。

3. 优化市场经营秩序

一是继续做好单用途商业预付卡风险排查工作，督促企业按存管比例做好单用途商业预付卡资金管理工作。二是加大履约保证保险共保体宣传推广力度，积极联系发卡企业，宣传单用途预付卡的相关规定，以及以保险替代存管资金的相关优点，争取更多的企业在改进资金存管方式上有突破。三是报请商务部修改单用途商业预付卡资金管理办法，对预付卡的预存折扣优惠作出严格限制；对规模发卡企业预存，要求发卡企业上年度的资产负债率在80%以下，预存折扣原则上不能超过九折，若超过的必须报商务部批准。四是借鉴上海市的做法，政府引导并提示消费者“预付卡有风险，购买时要谨慎”，通过多种形式切实降低监管风险。

（五）保障措施

1. 建立长效工作机制

发挥市信用办社会信用体系建设统筹协调小组作用，加强商务诚信建设，构建政府协调、商协会主导、企业参与的三方共治共管的模式。制定实施工作方案，齐抓共管，推动商务诚信建设。

2. 加快公共服务平台建设

利用互联网和大数据技术，不断扩大信息归集范围，鼓励商圈、协会和平台型企业建设商务诚信平台，建立企业诚信档案，通过诚信平台对企业及从业人员经营信用信息进行归集、管理和共享。逐步提高商务诚信数据市场覆盖率。

3. 加大宣传力度

借助“诚信兴商月”“百城万店无假货”等活动大力开展诚信文化宣传活动，树立诚信企业典范，助推诚信促消费活动。加强商务领域信用体系建设研究，组织商务系统信用工作知识培训，提升工作能力。引入第三方评价机制，逐步建立健全企业商务诚信档案。开展联合惩戒工作，鼓励协会、商业加快企业“红、黑名单”认定。积极探索“商务信用+”的流通治理模式，逐步建成具有广州特色的商务诚信体系。

4. 发挥各集聚区作用

越秀区和天河区重点推进家政、国内贸易流通、对外经济合作和对外贸易领域的诚信工作，荔湾区重点推进电子商务领域的诚信工作，海珠区重点推进会展和广告领域的诚信工作，黄埔区和南沙区重点推进外商投资、电子商务领域的诚信工作。鼓励各区对辖区商圈和企业开展肉菜及重要产品追溯、服务贸易等领域商务诚信促进活动，提振消费者信心，提高诚信促消费水平。

5. 齐抓共管做好商务诚信工作

由市场秩序与调节处牵头负责商务诚信建设工作，并负责肉菜及重要产品追溯的诚信建设工作；政策法规处负责商务诚信建设有关规范性文件的合法性审核；财务与运行分析处负责财税政策对商务诚信建设工作的支持；商贸服务业处负责家政、国内贸易流通领域的诚信建设；对外贸易发展处负责对外贸易领域的诚信建设；电商物流处负责电子商务领域的诚信建设；会展促进处负责会展和广告领域的诚信建设；服务贸易处负责服务贸易领域的诚信建设；对外投资与经济合作处负责对外经济合作领域的诚信建设；信息中心负责商务诚信信息归集及大数据分析。各部门齐心协力共同提升广州商务诚信工作的质量和水平。

大　事　记

Key Events

B.19
2018年广州商贸业发展大事记

一月

1月4日　常务副市长陈志英到花都区国际市场采购贸易方式试点、广州空港经济区开展“构建高水平开放型经济新体制”专题调研。

1月12日　国家统计局广州调查队发布统计数据：2017年1～12月广州城市居民消费价格指数（CPI）同比上涨2.3%。

1月15日　覆盖全省的冷链公共服务管理平台在广州正式上线，平台的启动标志着广州冷链物流在产业化、信息化、智慧型建设方面有了新突破。据广州市商务委透露，目前，广州冷库总容量超过110万吨，冷藏车1776台，分别占全省的36.7%和45.5%。

1月19日　奈雪の茶广州花城汇店正式开业，是其目前面积最大的门店，同时对整体空间进行了升级和全新概念的阐释。

1月20～26日　市委书记任学锋率广州市代表团赴瑞士达沃斯参加世

界经济论坛2018年年会，顺访广州友好城市德国法兰克福。

1月21日 广州市商务委发布数据显示，春节黄金周期间，全市主副食品市场供应充足、稳定，百货零售业销售旺盛，餐饮业消费持续兴旺。据市商务委对全市重点商贸流通企业的统计，黄金周期间销售总额达29.4亿元，呈两位数增长。

1月22日 麦当劳宣布广州首家未来餐厅旗舰店在VT101维多利广场开业。全新开业的未来餐厅旗舰店采用了简约、现代及工业风的设计，通过数字化的硬件、个性化的产品与人性化的服务，为顾客提供自助点餐、移动支付以及送餐到桌等八大服务，让顾客享受简单轻松的用餐体验。维多利广场餐厅还是广州首家拥有个性化定制甜品吧的麦当劳餐厅，提供满足顾客不同口味与需求的定制产品。

1月26日 “2018澳门·广州缤纷产品展”在琶洲保利世贸博览馆一号馆开幕，常务副市长陈志英巡视了展会。

1月28日 雄峰城B1馆迎来盛大开业嘉年华。雄峰集团董事何碧芳、雄峰集团执行总裁何德峰、雄峰房产集团营运副总裁黄锡明以及雄峰房产集团领导、雄峰特钢公司领导、众多雄峰城商家代表与超万名消费者共同见证了开业仪式。

1月29日 广州市广百物流有限公司与广东烟草广州市有限公司在珠岛宾馆举行合作签约仪式，标志着广百物流构建城市配送业务体系的又一个重要里程碑。

1月31日 常务副市长陈志英会见毕马威中国区主席廖子彬一行。市委常委蔡朝林会见达索系统执行副总裁兼亚太区总裁罗熙文一行。

二月

2月8日 全市商务工作视频会议召开。常务副市长陈志英、省商务厅副厅长陈越华出席会议并讲话。

2月9日 全市肉菜流通追溯体系建设工作会议在市商务委召开。常务副市长陈志英出席会议并讲话，市政府副秘书长刁爱林主持会议。

2月12日 常务副市长陈志英到东川新街市视察春节前市场供应情况。

2月13日 省商务厅厅长郑建荣到杨箕新街市和中华广场检查广州市春节前商贸领域安全生产和市场供应情况。

2月21日 市旅游局发布数据，春节黄金周期间广州共接待游客1561.10万人次，同比增长17.85%；旅游业总收入111.25亿元，同比增长12.81%，创历史纪录；对6000名来穗游客进行的抽样调查数据汇总结果显示，游客对广州旅游的满意率达99.5%。

2月23日 南沙开发区与诺贝尔奖获得者科学联盟签署协议开展战略合作。广州市市长温国辉会见诺贝尔奖获得者科学联盟主席理查德·罗伯茨爵士一行，并共同见证协议签署。

2月26日 广州市市长温国辉就优化营商环境、支持企业发展到黄埔区进行调研。

2月28日 菜鸟联合阿里巴巴公益基金会、中华环境保护基金会，以及中通、圆通、申通、天天、百世快递、韵达等快递公司共同发布“中国绿色物流研发资助计划”。至此，国内首个聚焦绿色科研项目的资助计划诞生，也标志着绿色物流进入创新驱动时代。

三月

3月1~3日 第26届广州国际旅游展在中国进出口商品交易会展馆举行。来自53个国家和地区的1029家企业参展，展出面积达36000平方米，较2017年增加26%，共接待参观人数约17.66万人次，较上届增加24.1%，17家参展旅行社营业收入累计13531.12万元，比2017年增加1105.12万元，增长8.9%。

3月12日 国家统计局广州调查队发布数据，2月广州城市居民消费价格指数（CPI）环比上涨1.7%，八大类商品及服务价格环比呈“7涨1降”，其中食品价格变动最大的是菜类，鲜菜价格总体上涨21.5%。在交通和通信类中，小汽车清洗费（普通清洗）价格大幅上涨72.5%。

3月13日 由广州商业总会主办的“2018广州中外商界新春大会”在东方宾馆金色大厅举行。广州众多商业界学界精英、市政府主管部门领导、驻穗领馆及境内外商协会代表等近400人参加。广州市质监局副局长袁玲、市贸促委副主任刘泽武等领导出席大会。会上揭晓了“广州商界突出贡献企业家”名单，表彰“2017广州商业创新之星”和“2017广州商业服务之星”，启动“改革辉煌路　启程再出发”摄影展，以此作为改革开放40周年献礼。

3月16日 世界奢侈品巨头LVMH集团旗下百年高端餐饮品牌店COVA正式进驻广州丽柏广场，不仅是广州首个门店，也是全国第4家全餐旗舰店。

3月20日 常务副市长陈志英出席广州商贸产业基金成立暨银企战略合作签约仪式。

3月20日 广州百货企业集团、广州国资发展公司以及7家战略合作商业银行在广州举行“广州商贸产业基金成立暨银企战略合作签约仪式”，该基金是广州首只以商贸产业为投资标的的基金。

3月24~25日 广州市委书记任学锋、市长温国辉率广州市代表团赴京参加中国发展高层论坛2018年年会，参加论坛开幕式、经济峰会、迈向高质量发展分论坛等活动，共会见27家中外知名企业和机构负责人。任学锋应邀在论坛“万亿之城的新机遇”主题活动上演讲。

3月26日 国内首座立体式汽车无人贩卖机大楼在广州投入使用。该大楼为钢体结构，近20米高，坐落在广州市白云区5号停机坪商场附近，占地面积近1000平方米，整栋大楼配备智能升降系统以及完善的身份认证系统，消费者可以实现“刷脸”买车。

3月27~28日 由市政府主办，市商务委承办的“广州，您的最佳选择”2018中国广州国际投资年会举行。活动内容包括全体会议、23场专题分会、市主要领导集体会见20名重要嘉宾、市领导“一对一”会见36批次企业和机构重要嘉宾、“广州之夜”欢迎晚宴、广州科技创新成果展、非洲和东盟国家投资环境展示，以及投资环境考察等，来自1800多家中外企业及机构近2500名嘉宾出席活动。市领导任学锋、温国辉、刘悦伦、陈志英、王世彤、周亚伟、潘建国、卢一先、蔡朝林、黎明、余明永、唐航浩、李瑾、庾建设等分别出席有关活动。

3月30日　由市商务委指导发起的广州市农村电商行业协会成立大会暨农村电商高峰论坛召开。

3月31日　全球第4座K11购物艺术中心在广州东塔正式开业。商场内设有目前广州商业体中面积最大、超过800平方米的艺术空间，为艺术爱好者和本土艺术家之间搭建起对话交流的平台。这是“博物馆零售”商业模式第一次在广州落地，为市民打造身临其境的购物艺术体验。

四月

4月8~11日　书记任学锋率广州市代表团赴海南省出席博鳌亚洲论坛2018年年会。其间，会见近30位国内外政界人士和国内外知名企业、机构负责人。9日晚，广州市举办“2018广州城市形象国际传播年博鳌推介会”。

4月11日　由市商务委支持、中国饭店协会主办、广州岭南国际企业集团有限公司承办的第七届中国饭店文化节在东方宾馆开幕。市政府副秘书长高裕跃出席大会并致辞。

4月12~13日　2018全球治理高层政策论坛暨2018“一带一路”金融投资论坛在广州市举行，论坛主题为“一带一路”金融合作与可持续投资。市长温国辉在开幕式上致辞，并会见出席论坛嘉宾。

4月15日　第123届广交会开幕。本届展会继续分三期举办，展览总面积为118.5万平方米，展位总数60475个，境内外参展企业25171家。

4月16日　市长温国辉出席2018年外国驻穗领团见面会。常务副市长陈志英主持见面会。

4月18日　常务副市长陈志英召开会展企业发展座谈会，研究优化完善广州市会展业营商环境的有关举措。

4月24日 广东省省长马兴瑞巡视第123届广交会。

4月24日 商务部副部长高燕一行在广州市开展推进粤港澳大湾区建设调研工作。

4月28日 阿里巴巴旗下的盒马鲜生在广州天河北曜一城开出了广州首家门店，面积约4500平方米，消费者可以买到来自100多个国家和地区的6000多种鲜货。消费者可以通过手机24小时下单，第二天早上7点起配送，3000米范围内30分钟送货上门；3000米以外的用户，可以制定3000米范围的地点自提。开店首日，大批市民提前排队等待开业，现场人头攒动。由于人流量较大，工作人员甚至需要使用扩音器引导市民们分流进入超市。

五月

5月5日 第123届广交会闭幕，截至5月3日，本届广交会境外采购商到会人数共203346人，比2017年春交会增长5.3%，创5年来新高；出口成交1891.97亿元人民币，同比增长3.1%，实现“双增长”。

5月7日 由市商务委承办的“广州—里昂新经贸丝绸之路”经贸交流会举办。会后，主任陈杰陪同市委书记任学峰、市长温国辉会见里昂代表团，并出席广州—里昂缔结国际友好城市30周年庆祝晚宴暨广州—里昂进一步加强交流合作备忘录签约仪式。

5月8~9日 由市商务委支持、岭南集团与法国智奥会展集团共同主办的博古斯世界烹饪大赛2018亚太区选拔赛举办。常务副市长陈志英8日出席博古斯烹饪大赛亚太区“名厨之夜”晚宴，并会见法国智奥集团主席奥利维·吉农。

5月9日 由世界美食城市联盟和广州市政府共同商定、市商务委主办的2018年世界美食城市联盟春季会议在广州白云国际会议中心开幕。

5月9~11日 市政府副秘书长刁爱林率广州代表团赴郑州参加第二届全球跨境电商大会。

5月10日 市长温国辉主持召开市招商工作联席会议2018年度工作会议并做重要讲话，常务副市长陈志英对广州招商工作及项目跟进情况进行了点评。

5月17日 省政府与美国全国商会联合主办的“2018中国（广东）—美国投资合作交流会”在广州开幕。广东省省长马兴瑞、副省长欧阳卫民出席开幕式和主题大会。由市政府、中船集团、中国邮轮发展专家委员会支持，市商务委及南沙区政府、中国交通运输协会邮轮游艇分会主办，市旅游局、广州港务局、市口岸办、广州港集团、广州中交邮轮母港投资发展有限公司协办的2018广州邮轮发展圆桌会在广州南沙举办。

5月17日 由市商务委和白俄罗斯驻广州总领事馆联合主办的“中国·广州－白俄罗斯IT投资合作交流会”举办。

5月20日 由省商务厅、市商务委主办，以“提升品质供给，推动消费升级、满足美好生活需要”为主题的大型惠民活动“家·520——2018年广东省促消费（夏季）暨家520购物节”在广州正式启动。

5月20日 集结轻餐、烘焙、咖啡、花艺、服饰、家品等元素于一体的SUPIN＋生活馆在广州沙面岛举行开幕典礼暨乐活生活方式品牌战略发布会。

5月23～25日 常务副市长陈志英率广州市政府和商务代表团访问美国洛杉矶，出席2018“选择洛杉矶”投资峰会暨三城经贸合作活动。其间，市商务委组织商务代表团出席了2018“选择洛杉矶”投资峰会欢迎酒会、峰会大会及三城经贸活动专场等系列经贸交流活动。

5月24日 市委书记任学锋与粤港澳大湾区企业家联盟创会主席、全国政协常委蔡冠深率领的联盟考察团一行座谈。

5月25日 第九届中国（广州）酒店餐饮业博览会圆满落幕，本届展览面积达到5万平方米，参展企业500多家，3天展会一共迎来逾5万名观众。第九届中国餐博会以“酒店餐饮业一站式采购解决方案”为定位，全景展示餐饮业食材、配料、调味品、设备、第三方服务、加盟等。

5月26日 市商务委联合巴西广州企业家协会和圣保罗州工业联盟在

巴西圣保罗市举办“中国·广州—巴西经贸合作交流会”。常务副市长陈志英率代表团出席交流会并介绍广州经济社会发展以及与巴西合作情况。

5月26日 言几又广州第一家、全国第二家旗舰店的形象正式亮相广州K11。作为言几又全国第二家旗舰店，这座占地2900多平方米的超大生活空间，融合了实体书店、咖啡文化、文创产品、文化沙龙、儿童乐园、互动体验与高端生活服务等众多业态。

5月27～28日 常务副市长陈志英率代表团访问巴西里约热内卢市，开展友城和经贸交流活动。

5月29日 常务副市长陈志英率代表团在阿根廷布宜诺斯艾利斯市出席中国（广州）·阿根廷经贸交流会，并开展经贸交流活动。

六月

6月5日 达索系统3D体验高峰论坛暨广州智能制造大会在广州举行。市委书记任学锋会见来穗出席会议的法国达索系统公司董事会副主席兼首席执行官夏伯纳一行。市政府副秘书长高裕跃出席达索系统3D体验高峰论坛暨广州智能大会并致辞，会议期间代表市政府与达索析统（上海）信息技术有限公司签订全面合作框架协议，常务副市长陈志英见证签约。

6月5日 市委书记任学锋会见中国工程院院士沈昌祥一行，双方就推动粤港澳大湾区数据建设有关事宜进行了交流。

6月6日 市委书记任学锋与来穗出席第十五届“构建21世纪金融体系”中美研讨会的嘉宾代表座谈。

6月7日 市委书记任学锋会见来穗出席广东投资发展论坛暨宝洁公司在华30周年回顾活动的宝洁公司全球核心领导团队主要成员、大中华区董事长兼总裁马睿思一行。

6月8日 永辉超市旗下超级物种广州首店在漫广场开业，并开启无人机配送。该店由波龙工坊、鲑鱼工坊、盒牛工坊、生活果坊、健康有机馆、咏悦汇组成，规模约600平方米，以“生鲜+餐饮+超市”零售模式，通过线下门店＋线上 App、微信公众号、小程序等平台，实现全场景打通的体验。

6月11～15日 市商务委与市委组织部联合在广东外语外贸大学举办“广州市推动形成全面开放新格局”专题培训班。商务委主任陈杰为培训班作“准确把握国际国内发展大势，推动广州加快形成全面开放新格局”专题授课。

6月12日 商务部、中央宣传部、文化和旅游部、广播电视总局发布公告公布国家文化出口基地名单，广州市天河区成为首批公示的全国13个国家文化出口基地之一，也是广东省唯一一个获得公示的国家文化出口基地。

6月12日 由市商务委与香港中华总商会联合主办的广州现代服务业投资推介会在香港举办，超过100位香港中华总商会会员企业、广州市部分企业代表参加会议。会上，副主任吴尚伟就粤港澳大湾区和“一带一路”背景下的穗港现代服务业合作进行主题发言。

6月15日 作为正佳集团“三馆一街”战略项目中承载着浓郁广府味儿的广正街，正式举行开幕仪式。这标志着历时整整1年，占地总面积达1100平方米的广正街，正式对公众开放。

6月20日 常务副市长陈志英出席广州市“一带一路”投资企业联合会揭牌仪式。

6月21日 澳门特别行政区行政长官崔世安率澳门代表团来穗考察，市委书记任学锋、市长温国辉陪同并座谈。

6月22日 2018中国创新创业成果交易会暨2018年“创响中国”广州站启动仪式举行，任学锋、黄宁生、温国辉、陈建华等省市领导出席启动仪式。

6月24日 市委书记任学锋与来穗出席2018广州人工智能工作交流会的嘉宾代表座谈。

七月

7月2日 卜蜂莲花旗下 Lotus Plus 精品生活超市首次进驻广州，落子安华汇，规模约4000平方米，刷脸支付、声波技术促销等网红科技均为首次在广州超市领域应用。

7月6日　市商务委与香港贸发局签署《关于共同推进粤港澳大湾区经贸合作备忘录》。

7月9日　由市委宣传部、市商务委及法国达索系统公司联合主办，以“新时代·新广州·新机遇”为主题的2018世界城市峰会·广州新加坡推介会在新加坡滨海湾金沙会议展览中心举办。

7月10日　商务部党组成员、部长助理任鸿斌一行到广州市调研，实地考察重点企业并召开座谈会。市长温国辉会见调研组一行。

7月11日　市委书记任学锋会见来穗出席2018《财富》全球科技论坛新闻发布会的美国时代公司首席内容官兼《财富》杂志总裁穆瑞澜一行。

7月11～12日　常务副市长陈志英率队赴香港出席“2018粤港经济技术贸易合作交流会”及粤港两地政府与粤港全球500强企业高层圆桌会等系列活动。

7月12日　由广州市社会科学院、广州市商务委员会、广州商业总会、社会科学文献出版社共同主办的《广州蓝皮书：广州商贸业发展报告(2018)》发布会在广州举行。广州市社会科学院副院长杨再高、广州商业总会首席代表荀振英、广州市商务委综合处处长蔡启良等出席了新闻发布会。

7月12～17日　由市政府指导的“广州设计之夜暨2018广州时尚周”活动在广州国际媒体港举行。17日晚，常务副市长陈志英出席活动闭幕式并致辞。

7月13日　市长温国辉到广交会展馆调研，并召开专题会议研究会展业发展工作。

7月14日　由市商务委牵头起草的《广州市参与国家“一带一路”建设三年行动计划（2018～2020年）》由市政府正式印发。

7月17～18日　商务部、国家发展改革委、海关总署、国家税务总局、国家市场监管总局、国家外汇管理局等相关司局组成联合调研组，赴广州市调研市场采购贸易方式。

7月18日 由市商务委牵头起草的《广州市促进企业加快落户若干办法（试行）》由市政府办公厅正式印发。

7月19日 布什中美关系基金会主席尼尔·布什访穗。市商务委组织有关广州企业高层与尼尔·布什一行交流，并安排城市考察参观。

7月24日 广州衣布就到味网络科技有限公司在广州东方宾馆举行旗下产品衣脉合成APP 1.0版本的上线发布会，行业专家、领军人物、学者、企业家、精英人才等逾千人共同出席见证。

7月25日 市商务委和越秀区人民政府联合举办的2018广州·越秀“商业保理生态圈协同创新发展”大会在中国银行广东省分行新闻发布中心举行。

7月28日 广州首家喜茶DP店在珠江新城凯华国际中心正式开业。这家店的主题为“山外山”，是“白日梦计划”第三家门店。

7月29日~8月5日 市长温国辉率广州市代表团赴日本和韩国访问，出席在日本福冈召开的第12届亚太城市峰会等26场公务活动，推介广州开放创新发展的营商环境。30日，市长温国辉在东京出席由市政府和日本贸易振兴机构联合主办、市商务委承办的广州市投资推介会并发表主旨演讲。31日，市长温国辉出席福冈—广州经贸交流会，市商务委主任陈杰在会上介绍广州经济发展现状和未来发展方向。在韩期间，代表团访问了多家知名企业和机构。

八月

8月9日 由椰林海鲜码头团队精心打造的79号渔船正式开进广州，广州首店——耀中广场店正式开业。

8月13日 常务副市长陈志英在京拜会商务部国际贸易谈判代表（正部长级）兼副部长、党组副书记傅自应。

8月16日 盒马鲜生在广州两店齐开，分别位于海珠区家信商业广

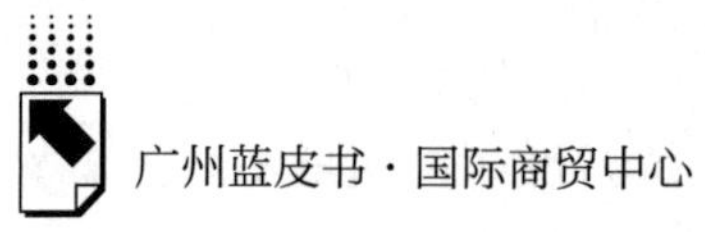

场ICC珑润街区及越秀区保利中环广场北塔。截至目前，盒马鲜生在广州已有3家实体门店（天河曜一城店、海珠家信店、越秀保利中环店），其中两家位于社区型购物中心，一家位于社区型街区商业。

8月18日 万科首个自营新零售品牌“万物市集”在广州基盛万科中央公园亮相。万物市集集美食广场+生鲜市场+生活服务+共享厨房+城市客厅于一身的模式，是广州万科商业近年来在垂直内容领域、空间、服务等方面的探索。它的面世，意味着广州万科商业从场地租赁运营商向真正的商业内容创作者转变。

8月27日 省人大代表第一调研组一行33人调研广州市开展生鲜农产品+冷链配送体系建设情况。

8月28日 市长温国辉、常委卢一先出席“广州市台资企业协会第十三届理事就职仪式暨成立二十八周年庆典大会”活动。

8月28日 副市长马文田出席思科（广州）智慧城产业发展中心落成暨项目签约仪式并见证签约。

8月29日 市委书记张硕辅出席2018穗台交流系列活动开幕式并致辞。市领导陈志英、潘建国、卢一先，市商务委主任陈杰出席活动。市商务委副主任吴尚伟在“2018穗台交流系列活动之百名台商会长广州峰会”上作推介广州投资环境的主题演讲。

8月29日 市商务委联合哥伦比亚驻穗总领事馆等单位共同主办哥伦比亚投资推介会。

8月31日 永辉超市开在广州漫广场的超级物种重装开业，这是超级物种在全国开出第44家门店，除了主打的各种招牌物种，最引人注意的是其基于永辉生活App推出的无人机配送，超级物种称，这是国内第一批正式获批的无人机物流配送常态化运行飞行航线。

九月

9月2日 全球知名咖啡品牌Costa广州首家手调咖啡门店成功登陆恒

宝广场 L1 层，对于正在进行形象、品牌、业态全面升级的恒宝广场而言，无疑是场内组合业态上的一大突破，也标志着整个“大荔湾商圈”商业格调的提升。

9 月 3 日 由市政府支持、市商务委和市工信委组织、中国机械工业集团有限公司主办的 2018 广州国际汽车零部件及售后市场展览会开幕。

9 月 3 日 阿里零售通在战略发布会上公布“天猫小店 2.0”计划，针对小店店主发布了智慧门店管家如意、购便利无人零售机等新工具，助推传统小店升级转型。以天猫小店为圆心，打造 300 米便利生活圈。

9 月 4 日 副省长欧阳卫民率工作组专题调研广州市受中美贸易摩擦影响的 3 家重点企业。

9 月 5 日 由百信商业主办的题为“智信·致远 FIGHTING!”百信广场招商答谢派对在广州康莱德酒店举行。百信集团核心领导、主创团队，以及永辉超市、超级物种、全明星滑冰俱乐部、金逸影院、广州购书中心、一兆韦德、尚宠小镇、HERO 极限滑板、MELAND、玩具反斗城、花悦小馆、陶陶居、大家乐、小米之家、好孩子、ELLASSAY、ICICLE 等 300 多家国内外知名品牌商家代表、主流媒体代表共计 400 余人莅临活动现场，共同见证这场商业盛宴。

9 月 6 日 常务副市长陈志英会见新加坡丰益国际有限公司首席运营官潘锡源，双方签署《广州市人民政府新加坡丰益国际有限公司战略合作协议》。

9 月 7 日 市委书记张硕辅至雪松控股集团等民营企业调研。

9 月 11 ~ 12 日 商务部服务贸易司司长冼国义率调研组到广州市调研服务贸易创新发展试点工作。

9 月 12 日 “保利时光里·广州”TEA HOUSE 正式“开门营业”。由乐高视觉元素和以方块圆点的波普色彩元素组合而成茶餐厅场景的 TEA HOUSE，无论是落单收银处、取餐区还是用餐卡座的设置和墙壁上经典电影海报，现场都对港式茶餐厅场景进行了一比一的还原。

9 月 16 日 2018 年世界航线大会在广州开幕。常务副省长林少春、市委书记张硕辅等出席开幕式并致辞。

9月18~20日 市长温国辉率广州市代表团参加在天津举行的2018年夏季达沃斯论坛。论坛期间，温国辉及代表团有关市领导分别与企业和机构负责人会谈。19日，由雪松控股集团主办，市商务委和市文广新局、市外办、市府新闻办等指导的“广州之夜”活动举行，温国辉市场出席活动并致辞。

9月26日 市商务委在广州萝岗万达广场召开2018年广州商务领域安全生产工作现场会议。

9月29日 常务副市长陈志英出席2018年广州国际购物节启动仪式并致辞。

9月29日 广州国际购物节在天河路商圈开幕，吸引市民的不仅是全年打折力度最大的“购”，更是不出国门就能体验异国风情的“文”和“旅”。在国内诸多商圈不景气的当下，天河路商圈却靠着文商旅的有效融合和商圈管理创新逆势而上，还将目标瞄向了更高层级。

十月

10月9日 市商务委与中国工商银行广州分行签署战略合作框架协议。市商务委主任陈杰、中国工商银行广东省分行副行长兼广州分行行长周骏分别致辞，并代表双方签署协议。

10月11日 中央纪委国家监委驻商务部纪检监察组组长、党组成员李仰哲率调研组来穗专题调研贸易摩擦对广州外贸外资的影响情况。

10月12日 穗港澳“一带一路”企业合作联盟战略合作框架协议签约活动在南沙举行。

10月14~16日 书记张硕辅率广州市代表团访问香港，市商务委主任陈杰随代表团一行参加有关活动。16日下午，市商务委承办的“推进粤港澳大湾区建设座谈会”在香港召开，会议由常务副市长陈志英主持，书记张硕辅出席并讲话，常委蔡朝林参加会议。

10月15日 第124届广交会开幕。省委书记李希、省长马兴瑞调研了第124届广交会，市长温国辉陪同调研。

10月17~19日 市商务委主任陈杰率队参加第23届澳门国际贸易投资展览会和2018年葡语国家产品及服务展。

10月18日 为庆祝东方宝泰9周年及回馈顾客们的支持，东方宝泰推出了一系列周年庆典活动。

10月19日 广州地标式购物中心天环Parc Central宣布，天环正式推出其首个“Fun肆购·双11必购节”，开启史上最大力度的购物狂欢。

10月25日 市长温国辉会见日本京都大学创新投资有限公司首席执行官室田浩司一行，并见证该公司与广州民营投资股份有限公司签署共同推进科技项目孵化的战略合作协议。

10月25日 2018广东21世纪海上丝绸之路国际博览会在东莞举办，常务副市长陈志英出席开馆仪式并巡馆。

10月25日 副市长马文田赴广州海印实业集团有限公司、时代中国控股有限公司开展联系服务活动。

10月25日 商务部部长助理任鸿斌率调研组一行到南沙调研自由贸易试验区和外贸高质量发展。

10月26日 2018广东21世纪海上丝绸之路国际博览会主题论坛开幕式在广州举行。副省长欧阳卫民、市长温国辉、常务副市长陈志英出席开幕式。

10月26日 位于环市东的保利中环广场华丽升级，变身“保利时光里·广州”。

10月26日 六元素体验天地举行了“六福齐来六店齐开”的开业活动，极智之星、风行生活、YBDL篮球馆、粤为龙式足球、甘思咪哚和国酒行情研究所的六大品牌同步开业，为六元素体验天地的发展历程又写下了浓墨重彩的一笔。

10月27日 书记张硕辅、市长温国辉到黄埔区、广州开发区民营企业调研，并召开座谈会。

10月27日 焕然一新的流花展馆改名为“流花展贸中心”后正式开

业，昔日承办广交会的流花展馆经过改造后已经变成了综合商场，增加了购物、餐饮等各项功能。

10 月 30 日 市商务委与集商网络科技（上海）有限公司签署战略合作协议。

10 月 30 日 时尚集团在广州塔举办了“三十而立”30 周年庆典。出席本次庆典大会的有时尚集团董事长郭奎章、广州时尚天河总经理孔琦、深圳时尚 MEGO 总经理安娜，以及数十位业界精英，超过 3000 家优质品牌业户，上百家知名媒体，还有来自全国各地的时尚家人们。

十一月

11 月 1 日 书记张硕辅、市长温国辉到唯品会、尚品宅配等企业调研现代服务业发展情况，并召开座谈会。

11 月 3 ~5 日 由广州百货企业集团有限公司主办、广百集团下属企业广州市广百展贸股份有限公司承办的 2018 广州国际眼镜展览会在广州保利世贸博览馆举行。本次展会规模宏大，以“亮出品牌，走向世界”为主题，展位数量超 1000 个，参展企业达 300 多家，其中海外参展商同比增加 100%，参展品牌逾 600 个。

11 月 5 日 首届中国国际进口博览会在国家会展中心（上海）举办。常务副市长陈志英率广东广州交易分团赴沪参观采购，市商务委主任陈杰作为广东交易团三名代表之一参加虹桥论坛平行分论坛——“贸易与创新”论坛。

11 月 9 日 永旺梦乐城广州金沙项目正式开门迎客，项目规模达 19.5 万平方米，约 170 个品牌入驻，拥有 3000 个停车位，是广东第 3 家都市型永旺梦乐城。

11 月 11 日 截至 24 时，2018 年天猫“双 11”全天成交额定格在 2135 亿元，而 2017 年“双 11”全天交易额为 1682 亿元。

11 月 12 日 市长温国辉会见德国法兰克福市市长彼得·费尔德曼率领的

法兰克福市代表团，并与费尔德曼共同签署两市加强交流合作备忘录，见证广州开发区与德国默克集团签署默克广东创新中心项目投资合作协议。

11月12日 常务副市长陈志英出席“法兰克福邂逅广东/广州——德国法莱美地区最佳投资者颁奖仪式”并致辞。

11月12日 凯德集团以人民币8.82亿元拍得位于广州市黄埔区广州科学城核心区的商业商务用地，规划打造以办公楼为核心、以临街商业中心及服务公寓为配套的完整商务生态链。

11月14~15日 市长温国辉率广州市代表团赴港开展交流活动，并与在港中资企业座谈。

11月14日 市政府副秘书长周玉梅出席“广州设计之夜暨2019春夏广州时尚周”闭幕式并致辞。

11月16日 由市政府和中国烹饪协会联合主办，市商务委等单位组织承办的2018年广州国际美食节开幕。当天下午，市商务委联合中国烹饪协会在美食节主会场举办全球餐饮发展大会。

11月19~20日 商务部副部长王炳南一行调研广东民营企业情况。

11月22日 沃尔玛惠选超市将正式进入广州市场，首店设在天河区富力院士庭负一层，营业面积约1000平方米。作为沃尔玛在业态创新上迈出的重要一步，惠选超市定位于服务社区，为当地居民提供贴心便捷的全渠道购物体验。

11月28日 纯商业规模达12万平方米的百信广场西区盛大开业。

11月28~30日 欧美同学会（中国留学人员联谊会）第七届年会暨海归创新创业广州峰会举办。30日下午，由市商务委和黄埔区委、区政府承办的欧美同学会（中国留学人员联谊会）第七届年会留学人才科技项目对接会召开，副秘书长马曙出席并致辞。

十二月

12月7日 升级改造完成的苏宁易购达镖店将重新开业。该店是华南地区第一家苏宁自营的生鲜店，消费者可通过平台在线下单，3000 米范围内可 1 小时内送达。

12 月 15 ~23 日 广州友谊以“环东闪耀 40 载”为主题，举办为期 9 天的年度重磅感恩回馈——2018 广州友谊冬季感恩节。

12 月 17 日 香港投资推广署在广州举办粤港澳大湾区投资推广与机遇交流会。市商务委主任陈杰出席交流会并发表主题演讲。

12 月 20 日 市商务委联合日本驻广州总领事馆、日本贸易振兴机构广州代表处及广州日本商工会举办“日资企业投资与营商环境交流会”。常务副市长陈志英出席并致辞。

12 月 20 日 市商务委组织召开庆祝改革开放 40 周年开放型经济发展座谈会。市政府副秘书长周玉梅出席，委领导吴尚伟、黄耀丹、李永涛，以及广州改革开放 40 年来利用外资、外贸、内贸和对外投资领域的 36 家企业代表和有关行业机构代表参会。

12 月 20 日 “长风起南粤、扬帆新航程”——庆祝改革开放 40 周年广州市商务发展图片展活动在市商务委机关一楼大堂举办。

12 月 21 日 为庆祝改革开放 40 周年，广州市人民政府地方志办公室与广州商业总会联合举办的“改革峥嵘路 创新更辉煌”广州商业 40 年图片展在广州市地方志新馆正式开展。

12 月 22 日 新世界中国地产有限公司打造的“新世界·云门 NEW PARK”正式亮相，首创“mall + park”的模式，以 50 万平方米的超大体量打造公园沉浸式购物创新体验空间。

12 月 22 ~23 日 商务工作座谈会和 2018 年全国商务工作会议在京召开。副总理胡春华出席商务工作座谈会并做重要讲话，商务部部长钟山在全国商务工作会议上做工作报告。

12 月 26 日 由广州地铁博物馆、万胜广场主办的“‘我在地铁口等你’——万胜园区 2 周年地铁文化分享会”落幕，百余位媒体、嘉宾到场共同聆听关于“人、城市与地铁”的创意之言，并畅想广州地铁未来为公众带来的美好生活场景。同时，广州地铁博物馆正式发布“地铁 YO 计划”，以“新场景、新连接、新产品”三维层面为公众传递未来“地铁+”的多元城市生活新方式。

12月28日 新塘万达广场开业。新塘万达广场是新塘镇首个集特色餐饮、生活精品、儿童业态、欢乐体验、服装服饰业态于一体的大型商业综合体，坐落于广州市增城区新塘镇新福路，总建筑面积15.71万平方米，停车位1500个。

12月29日 全新的百信广场西区迎来了满月庆，活动期间，百信广场面向全城征集28~48岁射手座人群共同参与满月庆典。活动现场还准备了11.28米的超长蛋糕，更有百信广场的原创IP形象“美萌猴”带来歌舞表演，与每一位到场嘉宾共同分享了满月庆的喜悦。

12月29日 广百折扣店荔湾店在推动广州市荔湾区零售商业升级换代的道路上迈出新步。广百折扣店荔湾店位于荔湾区荔湾路100号，经营面积7400平方米，是广百首家折扣店独立店，瞄准的是年轻新生代消费，在业态品牌上焕新升级，锁定时尚、物优价廉路向，探索全新的经营模式。

12月30日 京东7FRESH广州琶洲保利广场店正式开门迎客。至此，京东、阿里、苏宁、永辉等国内生鲜超市大咖企业都已在广州推出线下生鲜超市。此次，京东方面表示，会致力于使7FRESH成为京东线上、线下融合业态的前沿阵地。

12月30日 广州保利广场开业亮相，8.8万平方米的体量、以“城市趣活中心”为主题定位，给广州增添一座全业态生活购物中心。

12月30日 南沙J·LIFE金茂时尚生活中心“深藏BLUE”金茂湾潮趣艺术节正式与观众见面。此次艺术节，以国际克莱因蓝与白色搭配为主题色，打造一个BLUE潮趣街区及艺术盛典，为市民提供了一个元旦假期的好去处，受到了广大家长和小朋友的关注。

12月30日 广州商业总会发布“2017年广州零售业30强最佳购物中心”榜单。据榜单显示，入选企业销售额构成中，电商占了半壁江山，达46.67%，其次是专业/专卖店、百货店、综合超市，占16.67%，第三是便利店，占3.33%。与2016年相比，零售业30强企业构成中的比例有所变化，电商及百货企业略有减少，专业专卖店企业略有增加。总体而言，企业规模稳健发展，尤其是专业/专卖店，在经济下行压力较大的情况下，仍然有一定的新开门店数量。

附　　录

Appendix

B.20 2012～2018年广州商贸业发展指标

表1　2012～2018年广州市国民经济发展主要指标

类别 \ 年份	2012	2013	2014	2015	2016	2017	2018
地区生产总值(亿元)	13551	15420	16707	18100	19611	21503	22859
第一产业增加值(亿元)	214	229	238	228	240	233	223
第二产业增加值(亿元)	4721	5227	5606	5786	5926	6015	6234
第三产业增加值(亿元)	8617	9964	10863	12086	13445	15254	16402
第三产业对地区生产总值增长的贡献率(%)	64.3	70.6	68.8	70.6	77.0	79.0	73.0
固定资产投资总额(亿元)	3758	4455	4890	5406	5704	5919	5938
社会消费品零售总额(亿元)	5977	6883	7698	7933	8706	9402	9256
城市居民家庭人均可支配收入(元)	38054	42049	42955	46734	50941	55400	59982
城市常住居民家庭人均消费支出(元)	30490	33157	33385	35752	38398	40637	42181

资料来源：2012～2018年《广州市国民经济和社会发展统计公报》。

表 2　2012 ~ 2018 年广州市商业发展主要指标

单位：亿元

类别 \ 年份	2012	2013	2014	2015	2016	2017	2018
批发和零售业零售额	5169	5986	6753	6929	7626	8259	8081
住宿和餐饮业零售额	809	897	945	1003	1081	1143	1175
金融机构本外币各项存款余额	30187	33838	35469	42843	47530	51369	54788
金融机构本外币各项贷款余额	19937	22016	24232	27296	29670	34137	40749

资料来源：2012 ~ 2018 年《广州市国民经济和社会发展统计公报》。

表 3　2012 ~ 2018 年广州市会展业发展主要指标

单位：万平方米，个

类别 \ 年份	2012	2013	2014	2015	2016	2017	2018
重点场馆累计展览面积(万平方米)	828.97	831.75	858.57	861.7	896.5	989.6	1020
10 万平方米以上大型展会(个)	13	16	16	16	16	15	17
广交会展馆举办展览面积(万平方米)	639	—	—	632	642	600.23	754

说明：①广州市主要展览馆可展览面积（万平方米），为广州市统计局统计的广州期末拥有主要会展场馆面积数。②重点场馆展览面积包括中国进出口商品交易会展馆、保利世贸博览馆、广州白云国际会议中心、东方宾馆等约 20 个场馆及宾馆酒店的展览面积。③广交会展馆举办展览面积使用市统计局统计的口径。

表 4　2012 ~ 2018 年广州市物流业发展主要指标

单位：亿吨，万标箱

类别 \ 年份	2012	2013	2014	2015	2016	2017	2018
全社会货运量	7.60	8.93	9.65	10.04	11.27	12.07	12.78
港口货运吞吐量	4.51	4.73	5.00	5.20	5.44	5.9	6.13
集装箱吞吐量	474.36	550.45	1661.00	1759.00	1884.97	2037.20	2192.21

资料来源：2012 ~ 2018 年《广州市国民经济和社会发展统计公报》。

表 5　2012 ~ 2018 年广州市对外经济贸易发展主要指标

类别 \ 年份	2012	2013	2014	2015	2016	2017	2018
商品进出口总值(亿美元/亿元)	1171.31	1188.88	1306.00	306.41 亿元	8566.92 亿元	9714.36 亿元	9810.15 亿元
商品进口总值(亿美元/亿元)	582.19	560.82	578.85	3271.74 亿元	3379.87 亿元	3922.21 亿元	4202.57 亿元

续表

类别＼年份	2012	2013	2014	2015	2016	2017	2018
商品出口总值(亿美元/亿元)	589.12	628.06	727.15	5034.66亿元	5187.05亿元	5792.15亿元	5607.58亿元
合同外资金额(亿美元)	68.02	71.14	80.40	83.63	99.01	133.91	399.59
实际使用外资金额(亿美元)	45.75	48.04	51.07	54.16	57.01	62.89	66.11

说明：2011～2014年外贸数据以美元计价；根据海关总署的统一安排，2015年起以人民币计价。

资料来源：2012～2018年《广州市国民经济和社会发展统计公报》。

表6　2012～2018年广州市旅游业发展主要指标

类别＼年份	2012	2013	2014	2015	2016	2017	2018
旅游业总收入(亿元)	1911.09	2202.39	2521.82	2872.18	3217.05	3614.21	4008.19
旅游外汇收入(亿美元)	51.45	51.69	54.75	56.96	62.72	63.14	64.82
接待过夜旅游者(万人次)	4809.57	5041.92	5330.00	5657.95	5940.56	6275.62	6532.55
入境游旅游者(万人次)	792.21	768.20	783.30	803.58	861.87	900.48	900.63
境内旅游者(万人次)	4017.36	4273.72	4546.75	4854.37	5078.69	5375.14	5631.93

资料来源：2012～2018年《广州市国民经济和社会发展统计公报》。

皮书起源

“皮书”起源于十七、十八世纪的英国，主要指官方或社会组织正式发表的重要文件或报告，多以“白皮书”命名。在中国，“皮书”这一概念被社会广泛接受，并被成功运作、发展成为一种全新的出版形态，则源于中国社会科学院社会科学文献出版社。

皮书定义

皮书是对中国与世界发展状况和热点问题进行年度监测，以专业的角度、专家的视野和实证研究方法，针对某一领域或区域现状与发展态势展开分析和预测，具备原创性、实证性、专业性、连续性、前沿性、时效性等特点的公开出版物，由一系列权威研究报告组成。

皮书作者

皮书系列的作者以中国社会科学院、著名高校、地方社会科学院的研究人员为主，多为国内一流研究机构的权威专家学者，他们的看法和观点代表了学界对中国与世界的现实和未来最高水平的解读与分析。

皮书荣誉

皮书系列已成为社会科学文献出版社的著名图书品牌和中国社会科学院的知名学术品牌。2016 年，皮书系列正式列入“十三五”国家重点出版规划项目；2013~2019 年，重点皮书列入中国社会科学院承担的国家哲学社会科学创新工程项目;2019 年,64 种院外皮书使用“中国社会科学院创新工程学术出版项目”标识。

权威报告·一手数据·特色资源

皮书数据库

ANNUAL REPORT(YEARBOOK) DATABASE

当代中国经济与社会发展高端智库平台

所获荣誉

- 2016年，入选“‘十三五’国家重点电子出版物出版规划骨干工程”
- 2015年，荣获“搜索中国正能量 点赞2015”“创新中国科技创新奖”
- 2013年，荣获“中国出版政府奖·网络出版物奖”提名奖
- 连续多年荣获中国数字出版博览会“数字出版·优秀品牌”奖

成为会员

通过网址www.pishu.com.cn访问皮书数据库网站或下载皮书数据库APP，进行手机号码验证或邮箱验证即可成为皮书数据库会员。

会员福利

- 已注册用户购书后可免费获赠100元皮书数据库充值卡。刮开充值卡涂层获取充值密码，登录并进入“会员中心”—“在线充值”—“充值卡充值”，充值成功即可购买和查看数据库内容。
- 会员福利最终解释权归社会科学文献出版社所有。

中国社会发展数据库（下设12个子库）

全面整合国内外中国社会发展研究成果，汇聚独家统计数据、深度分析报告，涉及社会、人口、政治、教育、法律等12个领域，为了解中国社会发展动态、跟踪社会核心热点、分析社会发展趋势提供一站式资源搜索和数据分析与挖掘服务。

中国经济发展数据库（下设12个子库）

基于"皮书系列"中涉及中国经济发展的研究资料构建，内容涵盖宏观经济、农业经济、工业经济、产业经济等12个重点经济领域，为实时掌控经济运行态势、把握经济发展规律、洞察经济形势、进行经济决策提供参考和依据。

中国行业发展数据库（下设17个子库）

以中国国民经济行业分类为依据，覆盖金融业、旅游、医疗卫生、交通运输、能源矿产等100多个行业，跟踪分析国民经济相关行业市场运行状况和政策导向，汇集行业发展前沿资讯，为投资、从业及各种经济决策提供理论基础和实践指导。

中国区域发展数据库（下设6个子库）

对中国特定区域内的经济、社会、文化等领域现状与发展情况进行深度分析和预测，研究层级至县及县以下行政区，涉及地区、区域经济体、城市、农村等不同维度。为地方经济社会宏观态势研究、发展经验研究、案例分析提供数据服务。

中国文化传媒数据库（下设18个子库）

汇聚文化传媒领域专家观点、热点资讯，梳理国内外中国文化发展相关学术研究成果、一手统计数据，涵盖文化产业、新闻传播、电影娱乐、文学艺术、群众文化等18个重点研究领域。为文化传媒研究提供相关数据、研究报告和综合分析服务。

世界经济与国际关系数据库（下设6个子库）

立足"皮书系列"世界经济、国际关系相关学术资源，整合世界经济、国际政治、世界文化与科技、全球性问题、国际组织与国际法、区域研究6大领域研究成果，为世界经济与国际关系研究提供全方位数据分析，为决策和形势研判提供参考。

法律声明